cbx

Lukas Diringshoff

Der islamische Terror

Wie der IS unsere Weltordnung gefährdet

Mit einem Vorwort von Hamed Abdel-Samad

FSC
www.fsc.org
MIX
Papier aus verantwortungsvollen Quellen
FSC® C012536

Originalausgabe
1. Auflage 2015

Frankfurter Ring 150
80807 München
info@cbx-verlag.de

Umschlaggestaltung: Nina Knollhuber
Umschlagabbildung: Depositphotos | Olesha
Buchsatz: text-wird-buch.de
Druck und Bindung: Druckerei Theiss, St. Stefan
Printed in Austria

ISBN: 978-3-9816801-2-6

Inhaltsverzeichnis

Vorwort

von Hamed Abdel-Samad

Eine Theologie von Terror und Gewalt breitet sich aus. Sie stellt nicht nur eine Bedrohung für die westliche Welt dar, sondern vor allem für die Mehrheit friedlicher Muslime. Der Begriff „Islam“ bedeutet wörtlich die Unterwerfung, die völlige Hingabe an Gott. Im Glauben, dass die Religion Gewalt toleriert, ja sie geradezu fordert, lässt sich jegliche Art von militantem Vorgehen rechtfertigen.

Diese folgenschwere Unterwerfung beginnt mit dem Irrglauben „So will es Gott, und ich habe keine andere Wahl“. Allzu viele Muslime leben im Glauben, dass Gott nicht nur ihre Gedanken permanent überwacht und jedweden Fehltritt abstraft, sondern dass sie geradezu dazu verpflichtet sind, ihre Religion mit Gewalt zu verteidigen. Ungläubige und Andersgläubige zu töten ist keine Sünde, sondern wird u.a. mit Sure 48 aus dem Koran gerechtfertigt: „tötet sie, wo auch immer ihr sie findet“. Aus Angst vor der Strafe Gottes geraten immer mehr Anhänger des Islam in eine fatale innere Abhängigkeit, die dazu führt, dass einige von ihnen bedingungslos den Heilsversprechungen des IS folgen. Dass dahinter nicht nur religiöse, sondern oft rein politische oder kriminelle Absichten stecken, ist vielen Anhängern des IS nicht bewusst.

Der selbst ernannte Kalif Abu Bakr al-Baghdadi drückt es in einer Ansprache an seine Anhänger so aus: „Ich verspreche euch nicht, was andere Herrscher Ihren Untertanen versprechen: keine Sicherheit, keinen Wohlstand. Nein, ich verspreche euch, was Allah den Gläubigen im Koran versprach: dass Er sie zu seinen Stellvertretern auf Erden werden lässt. [...] Ein islamischer Staat kann nur bestehen, wenn das Gesetz Allahs vollstreckt wird. Dazu brauchen wir Macht und Stärke: ein Buch, das den Weg weist, und ein Schwert, das der Religion zum Sieg verhilft.“

Besteht Grund zur Angst vor dem IS? Ja, denn der Terror im Namen Allahs breitet sich immer weiter aus, der militante Islamismus findet mittlerweile seine Anhänger auch im Westen. Warum aber ist der IS so erfolgreich und was versprechen sich junge Kämpfer davon, ihr Leben dem Kampf für den Glauben zu verschreiben?

Um begreifen zu können, was den IS auch hierzulande so gefährlich macht, müssen wir uns mit dem religiösen und weltanschaulichen Hintergrund genauer beschäftigen. Nur wer die Gefahren und die Verlockungen des radikalen Islamismus kennt, hat auch eine Chance, sich – und die Jugendlichen in seinem Umfeld – zu schützen.

Das vorliegende Buch gibt einen Einblick in die Entwicklung einer Terrororganisation, die sehr wahrscheinlich noch gefährlicher ist als al-Qaida. Denn anstelle von Rachefeldzügen gegen den unterdrückerischen und ausbeuterischen Westen strebt der IS ein weltweites Kalifat an – einen islamistischen Staat. Für die Errichtung dieses Staates sind alle Mittel recht, die man sich irgendwie aus dem Koran oder seinen Auslegungen herleiten kann. So bleiben die Anhänger in dem Glauben, sie würden das Richtige tun, wenn sie sich nicht gegen die Menschenrechtsverletzungen auflehnen, die durch den IS begangen werden. In dem Wunsch, ein gottgefälliges Leben zu führen, werden sie für den Terror instrumentalisiert.

Der IS hat im Gegensatz zu al-Qaida nicht nur vor, den Westen anzugreifen, um ihn zu erschüttern. Vielmehr geht es den Anführern um konkrete Eroberungspläne, um die Errichtung eines weltweiten Kalifats. Dies ist eine Kampfansage nicht nur an die Denkweise des Westens, sondern auch an die gemäßigteren Muslime – doch von ihnen kommt (noch) zu wenig Widerstand. Und oft genug findet der Traum vom Kalifat als einer neuen Lebensordnung in ihnen Widerhall.

Besonders junge Muslime und Konvertiten sind gefährdet, den radikalen Ansichten zu folgen – nicht ohne Grund gehen Tausende junger Männer aus dem Westen nach Irak und Syrien, um sich dem selbsternannten Kalifen anzuschließen. Sie sind bereit zu kämpfen – und zum ersten Mal in ihrem Leben haben sie wirklich etwas zu gewinnen: Ruhm und Ehre (im Diesseits wie im Jenseits) genauso wie die Macht, sich als Herr über Leben und Tod zu gebärden. Die Wut über die soziale Benachteiligung und die Chancen, die ihnen im Westen verwehrt wurden, dies alles können sie nun kompensieren. Endlich führen sie ein Leben, in dem sie Aufstiegschancen haben – auch wenn dies andere Menschen das Leben kostet. Für die

Errichtung des islamischen Staates sind sie sogar bereit, ihr eigenes Leben zu geben.

Lukas Diringshoff nimmt den Leser in diesem Buch mit auf eine Reise in die Welt des islamistischen Terrorismus. Die Terrororganisation wurde zu Beginn unterschätzt, sie galt als lediglich regionales Phänomen. Dass der IS jedoch eine kriminelle Vereinigung ist, die über umfangreiche finanzielle Mittel und über Tausende von Kämpfern verfügt, die zu allem bereit sind, ist vielen Menschen nicht klar.

Die Enthauptungen vor laufender Kamera schockieren zwar, doch dass wir in Deutschland in Gefahr sind, glauben nur wenige. Lukas Diringshoff zeigt jedoch auf, warum dieses Thema gerade jetzt auch in Deutschland brandaktuell ist – und warum wir unsere Jugend vor den Einflüssen islamistischer Propaganda schützen müssen. Denn nicht nur ist Deutschland ebenfalls Teil des Gebietes, das für das Kalifat „erobert" werden soll, die Jugendlichen, die in den Kampf ziehen, kehren auch in unser Land zurück – tickende Zeitbomben, die jederzeit gezündet werden können. Sie predigen, bekehren und rekrutieren. Und sie sind nach wie vor bereit, Gewalt anzuwenden. Niemand weiß, welche Verbrechen sie bereits im Namen Allahs begangen haben – und welche sie noch begehen werden.

Hier ist nicht nur Prävention vonnöten. Ein Eingreifen ist nötig, bevor die Situation eskaliert. Und auch die gemäßigten Muslime sind gefragt. Sie können Radikalisierung schon weitaus früher erkennen und entgegenwirken. Denn Religion ist – wie so vieles – Auslegungssache. Man kann sie also auch als friedenstiftend auslegen. Um die Jugendlichen davon zu überzeugen, braucht es jedoch einer neuen Perspektive für sie. An dieser Stelle sind Gesellschaft und Politik gefragt – schlussendlich wir alle.

Vorzeichen: Die schwarze Flagge des Dschihad

Am 12. Oktober 2014 wurde eine schwarze Flagge am Zwehrenturm in Kassel gehisst. Wie die *Hessische Niedersächsische Allgemeine* berichtet, meldeten sich einige Bürger beunruhigt bei der Zeitung. Die schwarze Flagge mit den in Weiß gehaltenen, arabischen Schriftzeichen erinnere sie an die schwarze Flagge des Dschihad.

Dass es sich dabei nicht um die schwarze Flagge des „Islamischen Staates" gehandelt hat, wird die Bürger wohl in diesem Fall beruhigt haben. Die Flagge sollte nämlich auf eine aktuelle Kunstausstellung des persischen Künstlers Farhad Fozouni im Museum Fridericianum aufmerksam machen und hatte nichts mit IS zu tun. [1]

Doch durch solche Verwechslungsaktionen wird deutlich, wie erschreckend die schwarze Flagge des Dschihad selbst hierzulande bereits wirkt. *Spiegel Online* schreibt zu diesem Phänomen: „Die Dschihadisten wollen mit dem Symbol Angst verbreiten – und haben Erfolg." [2] Sie nutzen die schwarze Flagge offenbar gezielt, um Ängste zu schüren und ihre Propaganda zu verbreiten.

Nahezu immer, wenn der „Islamische Staat" (kurz IS, manchmal auch ISIS) öffentlich auftritt oder etwas veröffentlicht, ist die schwarze Flagge des Dschihad auf den Bildern zu sehen. Wegen der Dauerpräsenz dieses Symbols schreibt *Spiegel Online* ein wenig ironisch: „Stoffproduzenten gehören zu den großen Gewinnern im ‚Islamischen Staat'. Wo immer IS-Milizionäre vorrücken, haben sie riesige schwarze Flaggen im Marschgepäck, die sie über eroberten Dörfern und Städten hissen." [3] Doch was genau symbolisiert die schwarze Flagge des Dschihad eigentlich und welche Bedeutung hat sie für den „Islamischen Staat"?

Auf der Flagge sind vor einem komplett schwarzen Hintergrund in der Regel zwei Zeilen eines Schriftzugs in weißer Farbe ersichtlich. [4] Dieser ist meist in arabischer Sprache verfasst. [5] Auf dem oberen Teil der Flagge kann man die Hälfte der Schahāda lesen, dabei handelt es sich um das islamische Glaubensbekenntnis. [6] Die Schahāda bildet gemeinsam mit Salat, dem Gebet, Zakat, der Almosensteuer, Saum, dem Fasten, sowie Haddsch, der Pilgerfahrt, die fünf Säulen des Islam. [7] Wörtlich übersetzt steht folglich auf der schwarzen Flagge des Dschihad: „Es gibt keinen Gott außer Allah.“[8] Auch der zweite Schriftzug, der sich darunter befindet, ist auf die Schahāda zurückzuführen. Dort steht: „Mohammed ist der Prophet Gottes“. [9]

Der Schriftzug hat im Islam eine große Bedeutung, was vor allem in seiner Geschichte begründet liegt. So fand man ihn unter anderem auf einem Siegel Mohammeds. [10] Der IS nutzt die schwarze Flagge nicht ohne Grund. Die Symbolik des Glaubensbekenntnisses auf schwarzem Grund taucht an wichtigen Schlüsselstellen in der Geschichte des Islam auf – und dass es sich auf den Propheten beruft, will IS seinen Anhängern wie auch seinen Feinden suggerieren.

Woher genau die schwarze Flagge stammt, ist nicht eindeutig belegbar; dennoch finden sich zahlreiche Legenden und Überlieferungen, in denen die schwarze Flagge eine symbolträchtige Bedeutung hat. Diese sind im Bewusstsein vieler Muslime präsent. Darauf bezieht sich der IS, wenn er vorgibt, die Interessen des Islam weltweit zu vertreten: „Wer gegen das Banner des Propheten kämpft, kann schließlich kein rechtschaffener Muslim sein – das ist die Botschaft, die der IS verbreiten will.“ [11] Die historischen Bezüge dienen also mehr der Propaganda, als dass sie geschichtlich korrekt wären. Doch selbst wenn man die Legenden nicht kennt, so dienen die schwarzen Flaggen dem Wiedererkennungswert. Der Vorfall in Kassel zeigt, dass nicht nur bei Werbung funktioniert, etwas immer und immer wieder auf die gleiche Weise zu zeigen: Der weiße Schriftzug auf schwarzem Grund funktioniert mittlerweile als Auslöser von Angst vor dem Terror.

Doch IS ist nicht die erste terroristische Vereinigung, welche das schwarze Banner verwendet: 1996 wurde es zur Staatsflagge der Taliban in Afghanistan nach deren Machtübernahme. Auf diese Weise löste die Farbe Schwarz, die erst in den 1990er-Jahren unter Salafisten wiederentdeckt wurde, das Grün der Muslimbrüder und der Hamas ab. [12]

Schon früh in der Geschichte des Islam soll die schwarze Flagge im Zusammenhang mit Kämpfen gestanden haben, die der Islam auszufechten hatte. Zwar gab es auch die weiße Flagge, die als „Al-Liwaa“ bekannt ist und als Zeichen des muslimischen Armeeführers galt. Doch die schwarze Flagge unter dem Namen „Ar-Raya“ soll ebenfalls bei der muslimischen Armee zum Einsatz gekommen sein. [13] Bekannt ist die Flagge auch unter dem Namen „Die Flagge des Djihad“. Sie gilt als Symbol des Kampfes, mit ihr zog man in die Schlacht. [14] In Überlieferungen heißt es, dass Mohammed bei seinem Einzug in seine Heimatstadt Mekka nach acht Jahren im Exil als Eroberer zurückkehrte und von muslimischen Soldaten begleitet wurde. Sie trugen die schwarzen Flaggen, das Wort „Bestrafung“ soll auf einer dieser Flaggen erkennbar gewesen sein. [15]

Eine weitere Überlieferung besagt, dass die Flaggen auf die Schlacht von Mutâ zurückzuführen sind. [16] Demnach soll der Herrscher von Basra einen Abgesandten getötet haben, was Allahs Gesandter nicht hinnehmen konnte. Mit 3000 Kämpfern zog er in einen Krieg gegen eine Übermacht von 200 000 feindlichen Römern. Der Prophet soll drei Kämpfern eine Flagge gegeben und genau bestimmt haben, wer die Führung der Kämpfer übernimmt, solle einer von ihnen sterben – die Flagge steht also hier auch für die direkte Nachfolge des Propheten. [17] Nach und nach starben die Führer und Flaggenträger den Märtyrertod. Erst als ein „Schwert der Schwerter“ (ein Krieger Gottes) die Flagge übernahm, ermöglichte Allah den Sieg. [18]

Der Islam-Wissenschaftler Sheikh Kabbani sieht einen Bezug der Flaggen zum Erscheinen des „Mahdi“ (ein Nachkomme des Propheten, der die Endzeit einleitet und das Unrecht in der Welt beseitigt): „Im Hadith [also nicht im Koran, sondern in den Überlieferungen, Anm. d. Red.] gibt es den Hinweis, dass schwarze Flaggen aus dem Gebiet Khorasan kommend das baldige Erscheinen des Mahdi bedeuten. Khorasan befindet sich im heutigen Iran, und manche Gelehrte haben (schon) gesagt, dieser Hadith bedeute das bevorstehende Kommen des Mahdi, wenn die schwarzen Flaggen aus Zentralasien, d. h. aus Richtung Khorasan, in Erscheinung treten.“ [19] In einer anderen Tradition heißt es ähnlich: „Der Gesandte Allahs sprach: Die schwarzen Banner werden aus Osten kommen und ihre Herzen werden so hart wie (aus) Eisen sein. Wer auch immer sie (kommen) hört, sollte sich ihnen anschließen und ihnen Treue erweisen, auch wenn es heißt, durch den Schnee zu kriechen." [20]

Immer dann, wenn es um den geschichtlichen Zusammenhang geht, ist es wichtig, die Unterschiede zwischen dem Koran und dem Hadith zu kennen. Der Journalist Yassin Musharbash erklärt im *Zeit*-Blog, warum das so ist: „Erstens, weil man nach gängiger Lehre Koran und Hadith nicht vermischen darf. Zweitens, weil der Koran-Inhalt Muslimen als ewig richtig und wahr gilt, der Hadith-Kodex hingegen zeitgebunden zu interpretieren ist." [21] Um das zu verdeutlichen, gibt er ein Beispiel, das auch im so genannten „Brief an Baghdadi" wiederzufinden ist. Es handelt sich dabei um einen Brief, den 126 Islamgelehrte aus verschiedenen Ländern der Welt unterzeichnet haben, um gegen die IS-Führung zu protestieren. Yassin Musharbash greift das Beispiel wie folgt auf: „In einer Rede erklärte al-Baghdadi, der Prophet Mohammed sei mit dem Schwert als eine Gnade in die Welt gekommen. Tatsächlich steht im Koran, der Prophet sei als eine Gnade in die Welt gekommen. Dass er mit dem Schwert gekommen sei, findet sich aber im Hadith – im Kodex der überlieferten Aussagen und Aussprüche und Handlungen des Propheten." [22]

Dies bedeutet, dass diese gewalttätige Auslegung des Koran eine Interpretation ist, die der Großteil der Muslime nicht mit den radikalen Islamisten teilt. Einige Experten betonen sogar, dass die schwarze Flagge, wie al-Qaida, der IS oder die Nusra-Front sie verwenden, mit den schwarzen Flaggen aus der Überlieferung, die den Mahdi ankündigen, nichts zu tun haben. Vielmehr sei es im Sinne des Propheten, sich den verschiedenen „Sekten" nicht anzuschließen und sich vor ihnen in Sicherheit zu bringen. [23]

Der IS hingegen nutzt die Überlieferung zur Selbstinszenierung, vor allem um jungen Menschen zu imponieren, die für seine Zwecke rekrutiert werden sollen. Wie *Focus Online* mitteilte, ist Rom nun ins Visier der Terrormiliz geraten: „Der neueste Videoclip der Terrorgruppe untermauert die bizarren Welteroberungspläne – es zeigt, wie IS die italienische Hauptstadt Rom erobert. In einer Animation prangt eine Flagge der Terroristen auf einer Säule, direkt neben dem wohl bekanntesten Wahrzeichen Roms: dem Kolosseum." [24] Die Szenen könnten an die Schlacht von Mutâ angelehnt sein, da es auch in dieser Schlacht gegen die Römer ging. [25]

Dass bereits echte Flaggen auf dem Petersplatz in Rom gesichtet wurden, ist für viele erschreckend. Ein Bild, das auf der Webseite katholisches.info veröffentlicht wurde, zeigt einen jungen Mann mit fast kahl geschorenem, schwarzem Haar. Er trägt einen relativ langen schwarzen Bart und lächelt in die Kamera, neben ihm ein schwarzer Koffer. In den Händen hält er die schwarze Flagge des Dschihad, die so groß ist, dass sein Oberkörper davon bedeckt wird. Stolz hält er die schwarze Flagge, und es hat fast den Anschein, als wäre es ein normales Touristenfoto. Doch ganz so harmlos ist das Bild nicht. [26] Denn wie der Imam Bilal Hussein Bosnic der italienischen Tageszeitung *La Repubblica* gegenüber offenbart, hegt der IS Eroberungsabsichten: „Ich spreche zu den Moslems, damit sie eines Tages den Vatikan erobern können." [27]

Einer der ersten Deutschen, die über die IS-Propaganda angeworben wurden, war Kreshnik B. Als mutmaßlicher IS-Terrorist stand er im September 2014 vor einem deutschen Gericht. Die Staatsanwaltschaft wirft dem 19-Jährigen vor, für den „Islamischen Staat" gekämpft zu haben. Zuvor hatte er bereits mehrere Schwüre geleistet, einen davon auf die schwarze Flagge. [28] Das zeigt deutlich, wie wichtig den IS-Kämpfern die schwarze Flagge des Dschihad ist.

Der „Islamische Staat" versucht die schwarze Flagge des Terrors stets prominent zu platzieren – sei es in Propaganda-Videos oder bei öffentlichen Auftritten und in Publikationen. Auch wenn Gewalttaten verübt werden, ist die Flagge stets mit dabei: „Inzwischen ist die schwarze Flagge zu einem Symbol geworden, mit dem die IS-Dschihadisten ihre Gegner bewusst einschüchtern wollen." [29] Kein Wunder also, dass die schwarze Flagge auch immer wieder in den Hinrichtungsvideos des IS zu sehen ist. Die *BILD-Zeitung* schreibt hierzu: „Mit erhobener IS-Flagge steht einer der Terroristen da, als die Gefangenen ankommen. Mit über dem Kopf erhobenen Händen müssen sie zu ihrer eigenen Hinrichtung gehen." [30] Das grausame Ereignis selbst wird mit folgenden Worten beschrieben:

„Dutzende junge Männer werden auf Lkws zusammengepfercht, möglicherweise Deserteure der schiitischen irakischen Armee. In ihren Gesichtern steht die Panik geschrieben, sie müssen gewusst haben, was geschieht. Irgendwo in der Wüste halten die Fahrzeuge an, die Terroristen brüllen sie an, einer der IS-Kämpfer hält stolz die Flagge der Gruppierung hoch. In einer flachen Mulde müssen sich die Männer hinlegen, Arme über dem Kopf, eng nebeneinander. Unerträglich: Einer der ISIS-Männer erschießt scheinbar in aller Ruhe einen nach dem anderen." [31]

Doch nicht nur die schwarze Flagge allein besitzt eine besondere Symbolik für den IS, sondern auch ganz generell die Farbe Schwarz: „Die Besessenheit des IS mit der Farbe Schwarz geht sogar so weit, dass sie ihre wichtigsten Bauten wie Scharia-Gerichte und Verwaltungsgebäude in Rakka, Manbidsch und anderen eroberten Städten komplett schwarz angemalt haben." [32] Außerdem sorgen sie für immer größere Flaggen, die ihnen immer mehr Aufmerksamkeit schenken, um so ihre Präsenz noch stärker zu verdeutlichen: „Die Dschihadisten lassen immer größere Fahnen nähen, die weithin sichtbar sein sollen. Wenn Kobanê erobert ist, wollen sie ein Banner über der Stadt hissen, das Dutzende Quadratmeter groß ist." [33]

Doch auch ein weiteres muslimisches Zeichen macht sich der IS zu eigen. In zahlreichen Videos und auf Fotos winkeln die IS-Kämpfer den rechten Arm an und strecken ihren Zeigefinger nach oben. Der erhobene Zeigefinger verweist wieder auf das Glaubensbekenntnis, die Schahāda. Dieses Bekenntnis ist Teil des Tauhid, womit der Glaube an die Einheit Gottes gemeint ist. Die IS-Kämpfer jedoch nutzen dieses Zeichen für ihre Propaganda. [34]

Das Symbol ist jedoch auch ein Produkt geworden, das ähnlich wie in Souvenirläden oder Fan-Shops beispielsweise in der Türkei vertrieben wird. Neben den Flaggen selbst gibt es auch Aufkleber, T-Shirts, Schlüsselanhänger und vieles mehr, die mit dem Symbol des IS versehen sind. Inwiefern mit diesen „Fan-Artikeln" und Spenden, damit gesammelt werden, die Terror-Akte mitfinanziert werden, ist unklar. Fakt ist jedoch, dass die symbolträchtige schwarze Flagge des Dschihad verkauft wird und viele Interessenten anlockt – auch über die sozialen Netzwerke, wie zum Beispiel durch Facebook. [35]

Problematisch ist vor allem, dass der IS mit der Flagge auf allgemeine muslimische Symbole verweist und diese für seine Machenschaften missbraucht. Das, was diese Symbole aussagten, galt für die Gläubigen insgesamt, sie hatten vorher nichts mit islamistischen oder dschihadistischen Strömungen zu tun. Und es stört die Muslime sehr, dass ihr Glaubensbekenntnis und ihre Geschichte für die IS-Propaganda genutzt werden: „Viele nicht-dschihadistische Muslime finden aber, dass der ‚Islamische Staat' ihre Symbole gewissermaßen gehijackt hat." [36]

Keinesfalls stehen alle Muslime hinter dem IS oder einer anderen Terrororganisation, auch wenn der IS das durch das alle Muslime verbindende Glaubensbekenntnis suggerieren will. Immer mehr distanzieren sich auch prominente Einzelpersonen und sogar ganze Gemeinden von der Gewalt des IS gegen Menschen gleich welcher religiösen Zugehörigkeit. [37]

Viele Muslime sehen die Entwicklung des IS mit größter Besorgnis. Der saudische Scheich Abd al-Aziz bin Abdullah brachte den Unfrieden, der auch innerhalb der muslimischen Weltgemeinschaft gesät wird, auf den Punkt: „Extremistische und militante Ideen und Terrorismus, die der Erde Ruin bringen und die menschliche Zivilisation zerstören, sind nicht Teil des Islam, sondern sein größter Feind." [38] Auch Scheich Abdel Asis und der ägyptische Großmufti Shawqi Allam bezogen öffentlich Stellung und erklärten den IS zu einer „Gefahr für den Islam und die Muslime". [39]

Auch der Vorsitzende des Zentralrats der Muslime Aiman Mazyek verurteilt die Vertreibung der irakischen Christen durch die Terrororganisation und betont, dass dies gegen die Grundsätze des Islam sei. Mazyek ist außerdem der Meinung, dass alles dafür getan werden müsse, damit den „christlichen Brüdern und Schwestern ihr Recht zurückgegeben wird". [40]

Es wird schnell klar, dass das radikale Gedankengut nur von einer Minderheit der Muslime stammt – doch auch wenn es im Verhältnis nur wenige sind, so sind sie dennoch gefährlich. Die marokkanisch-deutsche Journalistin Sounia Siahi erwiderte in einem bei

Spiegel Online veröffentlichten Brief den Beitrag des Kolumnisten Jakob Augstein, der vor einer übertriebenen Hysterie bezüglich der Scharia-Polizei gewarnt hatte: „Natürlich gibt es solche und solche Muslime. Und natürlich darf man nicht alle über einen Kamm scheren. Schließlich bin ich ja selber Muslimin und habe persönlich und beruflich sehr viel mit Muslimen zu tun." [41] Sie möchte mit ihrem Schreiben dennoch deutlich machen, welche Gefahr sie in den radikalen salafistischen Strömungen sieht: „Ich liebe meine Heimat, aber ich kann dort nicht leben, weil ich dort nicht frei bin. Diese Welt akzeptiere ich so, wie sie ist, und lasse sie dort, wo ich nichts dagegen ausrichten kann: in Nordafrika, hinter dem Mittelmeer. Jetzt aber greifen diese Anmaßungen, Bedrängungen und Nötigungen aus Ländern, die ich meinte, hinter mir gelassen zu haben, in mein wunderbares Deutschland." [42]

Auch der Verfassungsschützer Behnam T. Said meldet Grund zur Besorgnis an: „Bei Isis handelt es sich um extreme, dschihadistische Salafisten. Grundsätzlich unterscheiden sie sich ideologisch nicht von al-Qaida, sind aber in ihrem Vorgehen noch kompromissloser und brutaler." [43] Und tatsächlich: „Alle Attentäter des 11. September 2001 in den USA waren Salafisten – drei der vier Todespiloten kamen aus Hamburg" [44], so die *Süddeutsche Zeitung*.

Der Vorsitzende des Zentralrats der Muslime Aiman Mazyek hat noch weitere Bedenken in Bezug auf den IS und die Lage in Deutschland: „Wir befürchten, dass die Trennschärfe zwischen Islam und Extremismus weiter aufgeweicht wird. Und das geht zulasten des gesellschaftlichen Friedens in Deutschland." [45] Ähnlich sieht das auch Ali Dogan, Vorstandsmitglied der Alevitischen Gemeinde Deutschland: „Ich sehe eine sehr große Gefahr. Ich wohne ja ganz in der Nähe von Bonn-Tannenbusch, eine Hochburg der Salafisten in Deutschland. [...] Die Gefahr für Deutschland besteht nicht nur durch die Rückkehrer, sondern auch durch die gesamte Vorlaufphase der Radikalisierung dieser jungen Menschen. Sie haben dieses Gedankengut schon vor ihrer Abreise hier präsent – und es verbreitet sich rapide." [46]

Die schwarze Flagge des Dschihad ist seit dem 12. September 2014 in Deutschland verboten. Dazu zählt vor allem das Zeigen der

Flagge in der Öffentlichkeit, wie zum Beispiel bei Versammlungen. Das gilt insbesondere dann, wenn mit der schwarzen Flagge für die Rekrutierung von weiteren Kämpfern geworben wird. Wer die schwarze Flagge in Deutschland seit diesem Tag verbreitet, öffentlich zur Schau stellt oder diese für die Zwecke des IS nutzt, macht sich strafbar. [47] Konkret bedeutet das: „Jedem, der ab sofort ein IS-Symbol öffentlich zeigt, drohen Geldbußen oder Gefängnisstrafen bis zu zwei Jahren." [48] Das Verbot geht also über das Einsetzen der Flagge zu Propagandazwecken hinaus. Bundesinnenminister Thomas de Maizière (CDU) erklärt dies wie folgt: „Verboten sind das Werben für den Islamischen Staat, das Zeigen seiner Symbole, jede Art von Unterstützungshandlung, das Einwerben von Geld, von Material und vor allem das Anwerben von Kämpfern für diesen mörderischen Krieg." [49]

Die Entscheidung, die schwarze Flagge des Dschihad in Deutschland zu verbieten, wurde stark kritisiert. Das liegt vor allem am Schriftzug mit einem Teil des Glaubensbekenntnisses, denn dieses gehört zum Schutzbereich der Religionsfreiheit. [50] Das Bundesinnenministerium teilte hierzu gegenüber dem *Handelsblatt* mit: „Das Kennzeichenverbot richtet sich nicht gegen islamische Symbolik allgemein. Es werden weder Teile des islamischen Glaubensbekenntnisses noch das sogenannte Prophetensiegel an sich verboten, sondern allein die spezifische Verwendung dieser Kennzeichen durch den IS für seine verfassungswidrigen Zwecke. Der IS benutzt dieses Kennzeichen in dieser spezifischen Kombination seit 2004 ausschließlich in einem terroristischen Kontext. Er missbraucht damit zentrale Symbole des Islam für seine terroristischen Zwecke. Das heutige Verbot erschwert diesen Missbrauch von Religion und religiöser Symbole durch den IS oder Extremisten und Terroristen, die dem IS nahestehen."[51]

Dieser Ansicht ist auch der Journalist Yassin Musharbash: „Ein verzwicktes Problem. Denn diese spezielle Kombination verwendet tatsächlich nur der ‚Islamische Staat'."[52] Musharbash erklärt weiter: „An diesem Dilemma zeigt sich übrigens das propagandistische Geschick des ‚Islamischen Staates'. Er verwendet eine Flagge, gegen die ein gläubiger Muslim eigentlich nichts einzuwenden haben kann – und dürfte sich so richtig freuen, wenn es durch ein Verbot zu Situationen kommt, in denen Muslime, die mit dem IS gar nichts zu tun haben, sich über das Flaggenverbot empören und womöglich sogar strafrechtlich verfolgt werden. Ganz sicher würde der ‚Islamische Staat' das nämlich als Ausweis genereller Islamfeindlichkeit im Westen ebenfalls propagandistisch ausnutzen: Dort dürfen wir nicht einmal unser Glaubensbekenntnis zeigen! Es gibt hier also eine Falle, in die man tappen kann."[53]

Der deutsch-ägyptische Politologe und Autor Hamed Abdel-Samad erklärt in seinem Werk „Der islamische Faschismus" detailliert, wie wichtig eine Abgrenzung zwischen dem Islam und einer solchen Terrororganisation ist. „Die Mehrheit der in Europa lebenden Muslime ist apolitisch und will das Beste für ihre Kinder. Sie pauschal als potenzielle Terroristen anzusehen wäre falsch und ebenfalls eine Gefahr für den Frieden. Eine generelle Verdächtigung oder offene Abneigung kann ebenfalls leicht in Gewalt münden." [54] Trotz dieser Ansicht ist sich Abdel-Samad sicher, dass die Muslime einen wichtigen Teil zur Bekämpfung solcher Terrororganisationen und anderen radikalen Denkweisen beitragen könnten: „Aber genau diese schweigende Mehrheit ist nun gefragt. Sie hat es in der Hand, den Extremisten etwas entgegenzusetzen. Doch sie lässt sich kaum mobilisieren, um den Einfluss von Salafisten und konservativen Islamverbänden einzudämmen. Sie lässt Reformer wie Mouhanad Khorchide und Lamya Kaddor alleine kämpfen. Diese Mehrheit schaut einfach nur zu, bis diese Einzelkämpfer entkräftet aufgeben." [55] Und genau hier sieht Abdel-Samad das Problem. Wenn Muslime diese Entwicklungen weiterhin stillschweigend hinnehmen würden, so ist sich der Autor sicher, dass dies dem Ansehen der Muslime weltweit schaden wird: „Wenn das geschehen ist, wird eine Mehrheit der Deutschen behaupten, es gäbe keinen Reformislam, sondern nur ‚Vogelisten' und Dschihadisten. Was die apolitischen Muslime wiederum als Rassismus und Diskriminierung deuten werden. Ein Teufelskreis." [56] Abdel-Samad appelliert dafür, nicht nur auf die Straße zu gehen, wenn es um Mohammed-Karikaturen und antiislamische Filme gehe, sondern auch dann zu protestieren, wenn es um Islamverbände und Salafisten geht. [57]

Ein erstes Zeichen haben die Muslime in Deutschland bereits gesetzt. Am 19. September 2014 gab es einen Aktionstag in deutschen Moscheen. Aiman Mazyek, der Chef des Zentralrats der Muslime, erklärt, warum das so wichtig ist: „Wir wollen klarmachen, dass die Terroristen und Verbrecher nicht im Namen des Islam sprechen, dass sie die Gebote des Islams mit Füßen treten und dass Mörder und Verbrecher in unseren Reihen, in unserer Religion keinen Platz haben." [58]

Doch auch der deutsche Staat ist laut Abdel-Samad gefragt. Er dürfe nicht zulassen, dass die Islamverbände zu viel Macht über die anderen Religionsmitglieder erhielten. [59] Inzwischen hat die deutsche Regierung reagiert und den „Islamischen Staat" verboten. Doch handele es sich laut Terrorismus-Experte Guido Steinberg bei diesem Verbot allerdings in erster Linie um eine symbolische Maßnahme: Da der IS vorher schon als terroristische Organisation verboten war und es eine Verfolgungsermächtigung des Bundesjustizministeriums gab, liegt der Schwerpunkt jetzt darauf, auch die Propaganda unter Strafe zu stellen. [60] Der Terrorismus-Experte sieht die Schwierigkeiten in der Umsetzung: „Das wird allerdings sehr schwierig nachzuweisen, und ich möchte auch gerne sehen, wie deutsche Polizisten beispielsweise die Flaggen von al-Qaida und von IS auf der Straße unterscheiden. Das wird in der Praxis sehr schwierig werden." [61] Rainer Wendt von der Deutschen Polizeigewerkschaft kündigte deshalb an: „Wir müssen die Ermittlungsbehörden, wir müssen die Nachrichtendienste weiter stärken, um die Szene hier in Deutschland im Griff zu behalten." [62] Konkret bedeutet das, dass die Polizei jetzt nach dem Verbot die IS-Fahnen, aber auch Spendengelder, die in die terroristische Organisation fließen, beschlagnahmen kann. Ferner sollen in den sozialen Netzwerken keine IS-Botschaften mehr verbreitet werden, die in deutscher Sprache verfasst wurden. Zu einer entsprechenden Maßnahme soll die Polizei entsprechende Plattformen, wie beispielsweise Facebook oder YouTube, angewiesen haben. [63]

Die schwarze Flagge des Dschihad und der IS werden stark kritisiert – ganz besonders von weiblichen Aktivistinnen. Am 23. August 2014 veröffentlichte die 23-jährige Aliaa Magda Elmahdy, eine Aktivistin und Bloggerin aus Ägypten, ein Bild auf ihrem Facebook-Profil, das für Aufsehen sorgte. Auf diesem Bild ist Elmahdy mit einer weiteren Frau zu sehen. Sie selbst ist komplett nackt und schaut in die Kamera. Auf ihrer Brust stehen die Buchstaben „IS". Neben ihr sitzt eine Frau mit dem Rücken zur Kamera, sie trägt einen Hidschāb (einen Schleier) und ist ansonsten ebenfalls nackt. Sie streckt ihren Mittelfinger zum Betrachter des Bildes und auf ihrem Rücken steht „o/o", das Symbol für die FEMEN-Aktivistinnen, das zwei nackte Brüste darstellen soll. Darunter erkennt man die zwei Buchstaben „IS". Die beiden Frauen sitzen auf der schwarzen Flagge. Elmahdy menstruiert auf die Flagge, während ihre Mitstreiterin offensichtlich Kot auf der Flagge ausscheidet. Hinter ihnen erkennt man zwei auf dem Boden liegende Maschinengewehre. [64]

Inna Schewtschenko, die Gründerin von FEMEN, die mit ihren Aktivistinnen bereits für Furore gesorgt hat, zum Beispiel durch Oben-ohne-Proteste, verbreitet das Bild der beiden Frauen weiter im Netz – via Twitter. Wenige Tage später gibt Schwetschenko gegenüber der französischen Zeitschrift *Paris Match* an, dass die Aktion von Elmahdy im Namen der Organisation FEMEN durchgeführt wurde. Sie stellt klar, dass sie eine Kritik an dieser Darstellung als heuchlerisch empfindet. Denn angesichts der Taten, für die der IS stehe, sei das Bild keinesfalls als zu „heftig" zu bezeichnen. [65]

Das Magazin *Vice* interviewte schließlich Schwetschenko, um mehr über Elmahdys Motivation herauszufinden. Elmahdy selbst lehnt Interviews mit den Medien nämlich strikt ab. Auf die Frage, warum FEMEN diesmal ein Bild gewählt haben und nicht auf die Straße gegangen seien, antwortete Schwetschenko: „Dieses Mal haben wir eine fotografische Botschaft gewählt, weil wir eine passende Antwort auf die letzte Videobotschaft des IS geben wollten, bei der die Hinrichtung des Journalisten James Foley gezeigt wird. Durch das Foto wollen wir zeigen, wie wir die Ideen des Islamischen Staats ‚hinrichten'".Die Bildunterschrift lautet entsprechend: „Ihr Tiere, so sieht unsere Hinrichtung eurer Ideen aus! Seht genau hin! Wir verlangen kein Lösegeld, wir drohen nicht mit weiteren Morden, wir SCHEISSEN EINFACH AUF EUCH, IS!" [66]

Die Aktivistin erzählt dann auch, warum sie sich für die Veröffentlichung des Bildes entschieden hat: „Mit dem Bild wollen wir die Morde, die Vergewaltigungen und die öffentlichen Hinrichtungen der islamischen Faschisten kritisieren, die immer die Schlagzeilen bestimmen … genau das will der IS doch. Die wollen, dass sich die Welt ihren Ideen unterwirft. Durch das Verbreiten der Videobotschaften mit Hinrichtungen und der Ansprachen tun wir dem Islamischen Staat nur einen Gefallen. Stattdessen sollten wir ihnen lieber unsere Botschaft mitteilen. Unsere Toleranz hat ihre Grenzen erreicht! Habt keine Angst davor, sie wütend zu machen. Lasst uns lieber mit unseren Antworten zurückschlagen, anstatt ihnen einen größere Bühne zu geben. Die Welt hat Angst und damit hat der IS sein Ziel erreicht. Wir rufen dazu auf, keine Angst mehr zu haben und zu protestieren.“ [67]

Die FEMEN-Aktivistinnen wagen sich in den Kampf gegen die Terroristen und Unterdrücker, und sie versuchen mit den medialen Waffen zurückzuschlagen, die auch der IS für seine Propaganda nutzt. Nicht alle muslimischen Frauen heißen die feministischen Aktionen gut, da sich in den Aussagen der FEMEN-Aktivistinnen islamische Kultur und Terrorismus vermischen. Es ist also immer wieder wichtig zu betonen, dass es einen Unterschied zwischen den Muslimen und den salafistischen oder gar dschihadistischen Radikalen gibt.

Was ist der „Islamische Staat“ (IS)?

Seit einigen Monaten steht der IS (Islamischer Staat, manchmal auch die Abkürzung ISIS für Islamischer Staat im Irak und Syrien) so stark wie keine andere islamistische Gruppe im Zentrum der internationalen Aufmerksamkeit. Aber was sind die Wurzeln der militanten Gruppe, was ihre Geschichte und Motivation? Welche Werte und Vorstellungen treiben die Kämpfer an? Kann der IS in Verbindung mit dem Islam gebracht werden und wenn ja, wie? Welche Rolle kommt der Terror-Miliz im Syrien-Krieg zu? Und inwiefern besteht ein Zusammenhang mit al-Qaida – ist es nur die schwarze Flagge, die beide Gruppen benutzen, oder ist IS gar die Nachfolgeorganisation?

Was IS genau ist, lässt sich nicht in einem Satz abhandeln – zu vielfältig sind die Hintergründe und das Spektrum seiner Aktivitäten: So handelt es sich zum einen um eine Terrormiliz, die auf ihrem Vormarsch eine blutige Spur nach sich zieht, er ist zum anderen aber auch eine politische Einheit, die Steuern abkassiert und diverse Dienstleistungen und Beschäftigungsmöglichkeiten anzubieten hat. Und schließlich ist er eine überterritoriale islamische Idee. Der IS ist zudem eine kriminelle Vereinigung mit den oft üblichen Merkmalen wie der Erpressung von Schutzgeldern und der Organisation von Schmuggel. Genauso greift die Bezeichnung als Verbrecherbande, die Bankraub und Plünderungen begeht und die mittels Entführungen Lösegelder einfordert. Nicht zuletzt agiert der IS als finanzkräftiger Konzern mit vielfältigen Geschäftsfeldern, die vom Antiquitäten- bis zum Ölhandel reichen. Die Liste dessen, was der IS ist, könnte man aber noch lange fortführen – die Widersprüche dabei sind allerdings enorm: Einerseits glaubt man sich ins Mittelalter zurückversetzt, wenn ein mit einem Schwert bewaffneter Mann die Kehle eines anderen durchtrennt, andererseits wird die Veröffentlichung dieser Tat mit Hilfe moderner Medien erst möglich. [1]

Ein wenig verwirrend können die diversen Bezeichnungen für die radikalislamistische Terrorgruppe sein, die derzeit im Nahen Osten für blutigen Schrecken sorgt. In der Regel beinhalten Begriffe bereits Deutungen der jeweils beschriebenen Dinge – das bewahrheitet sich auch hinsichtlich der Suche nach der richtigen Bezeichnung jener Terrororganisation, die in unseren Breitengraden vornehmlich „Islamischer Staat im Irak und in Syrien“ (ISIS) oder „Islamischer Staat“ (IS) genannt wird, während in anderen Ländern auch die Begrifflichkeiten ISIL (vor allem in den USA) oder DAESH auftauchen. Dabei ist die Gruppe selbst an dem Begriffswirrwarr nicht ganz unschuldig: Zu Beginn haben sich die Kämpfer selber als ISI (Islamischer Staat im Irak) bezeichnet, mit der Ausdehnung ihres Machtanspruches wurde entsprechend das Wort „Levante“ angehängt: ISIL ist das Ergebnis. Das aus dem Italienischen kommende Wort Levante (levare = in die Höhe heben; auch im Deutschen seit dem 15. Jh. verbunden mit der Vorstellung, es handele sich um die Länder der aufgehenden Sonne des östlichen Mittelmeers) steht folglich für ein Gebiet, das Syrien, Jordanien, Palästina, Irak und Teile der Türkei, manchmal auch Zyperns, umschließt und welches auch Groß-Syrien oder al-Sham genannt wird – das wiederum ist der eigentliche Hintergrund für die Abkürzung ISIS: Der Begriff ISIS, verstanden als „Islamischer Staat im Irak und in Syrien“, ist nämlich ungenau, weil die Terroristen gar nicht ausschließlich das Staatsgebiet Syriens im Visier haben. Ein weiteres Pendant zu ISIL ist DAESH – die Abkürzung setzt sich aus den Anfangsbuchstaben der arabischen Bezeichnung des Islamischen Staates zusammen. „DAESH“ wird seit Kurzem auch von der französischen Regierung verwendet, verbreitet ist der Terminus ebenso im Hebräischen. Die Kämpfer selbst lehnen diese Variante allerdings ab, da es wie ein Schimpfwort klingt und so auch von ihren Feinden eingesetzt wird. Ebenso wirkt es im Französischen etwas abwertend, weil es an „dèche“ (Pleite) erinnert. Frankreichs Präsident François Hollande benutzt diesen Ausdruck jedoch bewusst, um direkte Assoziationen mit dem Islam zu vermeiden – muslimische Geistliche und Politiker in Frankreich kritisierten nämlich, dass ihre Religion sprachlich in einen Zusammenhang mit Verbrechern gebracht wird, deren Opfer faktisch größtenteils selbst Muslime sind. In Deutschland bzw. in den Papieren des deutschen Verfassungsschutzes, des BKA und des BND kursierte übrigens bis vor einiger Zeit noch die Bezeichnung

ISIG (Islamischer Staat im Irak und Groß-Syrien), welche die von der Terrorgruppe fokussierten Länder auch sehr genau beschreibt. Ende Juni 2014 hat die Organisation ihre Eigenbezeichnung allerdings kurz in IS (Islamischer Staat) umfunktioniert – damit sollen die universellen Ziele hervorgehoben und die alten Staatengrenzen endgültig für bedeutungslos erklärt werden. [2]

Um eine einheitliche Begriffsverwendung in diesem Buch beizubehalten, werde ich meistens von IS sprechen. Nur dann, wenn gezielt die Organisation in einer anderen Namensgebung gemeint ist, wird die Bezeichnung verwendet, die zur jeweiligen Zeit aktuell war.

Aktuell gilt IS als eine der brutalsten Terrororganisationen im arabischen Raum, die in den Gebieten rund um Syrien und im Irak aktiv ist. Die Mitglieder zählen sich zur Religionsgruppe der Sunniten und kämpfen für einen sunnitischen Gottesstaat zwischen dem Mittelmeer und Irak, der in erster Linie Syrien, den Irak, zudem den Libanon, Israel und Jordanien umfassen soll – das würde eine Überwindung der teilweise durch die Kolonialmächte eher willkürlich gezogenen nationalen Grenzen in diesem Gebiet bedeuten. Um ihr Vorhaben umzusetzen, geht die Terrorgruppe mit aller Gewalt vor. 2013 forderten Terroranschläge im Irak beispielsweise mehr als 7000 Menschenleben. [3] Weite Teile Syriens und des Irak stehen bereits unter der Kontrolle von IS.

Wie IS entstand

Ende 2014 beherrschte die Terrororganisation IS mit ihren wechselnden Bezeichnungen die Schlagzeilen wie keine andere – dabei war der Name in der breiten Öffentlichkeit bis Mitte 2014 noch so gut wie unbekannt. Tatsächlich führt die militante Gruppe aber bereits seit 2011 einen verheerenden Terrorkrieg in Syrien. Hätte man damals einen beliebigen Syrer oder Iraker gefragt, was sich hinter dem Begriff verbirgt, die Antwort wäre rasch gekommen: eine islamistische Terrorgruppe, die sich bis vor einiger Zeit auf al-Qaida berief.

Vor allem 2013 und 2014 befand sich der IS in Syrien auf einem grauenvollen Terror-Feldzug gegen die gesamte Gesellschaftsordnung, die Regierung, die vorhandene Infrastruktur und vor allem auch gegen die Menschen. Der Grund, wieso in unseren Breitengraden bis vor Kurzem beinahe niemand Genaueres von dieser Terrorgruppe weiß, ist einfach erklärt: In den Massenmedien und der westlichen Politik galten sie als die „Demokraten, Rebellen und Oppositionellen", die sich in einem verzweifelten Kampf gegen den Diktator Assad befinden. [4]

Es war im Juni 2014, als der IS ins Zentrum der Weltöffentlichkeit rückte – damals nahm die Organisation weite Teile des Nordwest- und Westiraks inklusive der Millionenmetropole Mosul ein. Nur wenig später ernannte sich der aktuelle Anführer der Terrorkämpfer Abu Bakr al-Baghdadi zum Kalifen aller Muslime, gleichzeitig fand die Umbenennung seiner Organisation in „Islamischer Staat" (IS) statt. Hinter der großspurigen Rhetorik rund um IS steckt in Wahrheit allerdings „lediglich" eine militante Gruppierung, die es unter mehrfach wechselndem Namen erst seit dem Jahr 2000 gibt und welche vor Mitte 2014 nie mehr als 10.000 bis 20.000 Kämpfer in ihren Reihen zählte. Als Begründer gilt der aus Jordanien stammende Terrorist Abu Musab al-Zarqawi (1966–2006). Dieser war ursprünglich ein Kleinkrimineller, der in einer jordanischen Haftanstalt zu extremistischen Ideen fand. In Afghanistan kämpfte er von 1989 bis 1992 gegen die Regierung in Kabul, wurde 1994 wieder von den Jordaniern inhaftiert, kam aber fünf Jahre später im

Zuge einer generellen Amnestie erneut auf freien Fuß [5]. Ein Jahr später gründete er die terroristische Vereinigung, die heute als IS bekannt ist. Auf eine lange Historie kann der IS zwar nicht zurückblicken, doch ist seine Geschichte wechselvoll und dramatisch.

2000–2006: Ursprünge und Gründung

Als der jordanische Terrorist Abu Musab ab-Zarqawi im Jahr 2000 die Organisation „Tauhid“ (Bekenntnis zur Einheit Gottes) ins Leben rief, begründete er damit die Ideologie und die Strategie, welche die Geschichte von IS bis heute beeinflussen. Die ersten Anhänger waren Dschihadisten aus Jordanien, Syrien, Palästina und dem Libanon. Abu Musab al-Zarqawi schlug sein Hauptquartier damals zwar in Afghanistan auf und befand sich in engem Kontakt mit der Al-Qaida-Führung, dennoch hatte er einen direkten Anschluss an die Organisation zunächst vermieden. Nichtsdestotrotz erhielt er von den im Lande herrschenden Taliban die Genehmigung, ein Trainingslager in der Nähe der Stadt Herat aufzuschlagen. Dabei waren die Ziele des Anführers von „Tauhid“ zu Beginn noch begrenzt und spiegelten vor allem die überwiegend palästinensische und jordanische Zusammensetzung der Organisation wider: Abu Musab al-Zarqawi hatte vor, das Königshaus seiner Heimat zu stürzen und danach Jerusalem zu befreien.

Ende 2001 mussten al-Zarqawi und seine Gefolgschaft aus Afghanistan flüchten, sie begaben sich über den Iran in den Nordirak. Dort wartete die Gruppe die britisch-amerikanische Invasion ab, welcher es im Frühling 2003 schließlich gelang, Saddam Hussein zu stürzen, dessen nationalistische Baath-Partei zu verbieten und das Militär aufzulösen. Im Sommer desselben Jahres begann ein Aufstand gegen die fortbestehende US-amerikanische Anwesenheit – beteiligt daran waren diverse sunnitische Gruppierungen, die unterschiedliche ideologische Ausrichtungen aufwiesen. Die Extremisten führten allerdings nicht nur Angriffe auf US-Soldaten durch, sondern verübten zudem Selbstmordattentate auf Christen und Schiiten. [6]

Es war al-Zarqawi, der eine der größten Gruppen anführte; ihm gelang es nämlich, viele Iraker in seine Organisation einzugliedern. Diese benannte er nun um in „at-Tauhid wa-l-Jihad“ (Einheitsbekenntnis und Heiliger Krieg); die nächste neue Bezeichnung ließ aber nicht lange auf sich warten: Im Oktober 2004 leistete al-Zarqawi einen Eid zur Gefolgschaft auf den Al-Qaida-Führer Osama bin Laden und wurde im Anschluss daran der Emir von „al-Qaida fi Bila dar Rafidain“ (al-Qaida im Zweistromland, auch AQI – al-Qaeda Organization in the Land of the Two Rivers). Zunächst führte die AQI Angriffe auf Zivilisten westlicher Staaten im Irak aus, diese wurden Opfer von Anschlägen, Entführungen und Hinrichtungen, welche man filmte und medial verbreitete. Vom Herbst 2005 an konzentrierte sich die Organisation auf medienwirksame Sprengstoffanschläge, in erster Linie in Bagdad und Nordwestirak, am 9. November 2005 wurden diese auf mehrere Hotels in Amman/Jordanien verübt. [7]

Unter dem Namen „Mujahideen Shura Council“ vereinte al-Zarqawi im Dezember 2005 verschiedene Terrororganisationen unter seiner Führung (darunter seine AQI, außerdem Jaish al-Taifa al-Mansoura, al-Ahwal Brigades, Islamic Jihad Brigades, al-Ghuraba Brigades und Saraya Ansar al-Tawhid). Da sich viele Iraker bzw. im Irak tätige Gruppierungen in die Organisation integrierten, weiteten sich auch die Ziele der irakischen al-Qaida aus: Als Erstes ging es darum, die US-amerikanischen Truppen aus dem Irak zu vertreiben, danach sollte ein islamischer Staat errichtet werden – und im Anschluss daran würden die Dschihadisten den bewaffneten Kampf auf die Nachbarstaaten Syrien, Jordanien und Libanon ausdehnen, schlussendlich in den Kampf gegen Israel ziehen und die Eroberung Jerusalems vornehmen, so lautete zumindest der Plan. [8]

Die Strategie von al-Zarqawi im Irak war sowohl einfach als auch gewagt, trug aber letztlich auch selbstzerstörerische Züge. Brutale, viele Opfer fordernde und Aufsehen erregende Anschläge auf schiitische Würdenträger, Sicherheitskräfte, Zivilisten und Heiligtümer sollten Gegenschläge gegen die sunnitische Bevölkerung heraufbeschwören, wobei al-Zarqawi im daraus resultierenden Bürgerkrieg selbst zum wichtigsten Verteidiger der Sunniten avancieren wollte. Seine Strategie sollte allerdings nicht von Erfolg gekrönt sein: Es kam zwar – infolge der Zerstörung der den Schiiten besonders heiligen Al-Askari-Moschee in Samarra durch einen Bombenanschlag im Februar 2006 – in der Tat zum Ausbruch eines Bürgerkriegs. Allerdings erwies sich rasch, dass al-Qaida nicht wie angekündigt dazu fähig war, den Sunniten vor den schiitischen Milizen Schutz zu bieten; das war auch deshalb nicht möglich, da die Schiiten circa 60 Prozent und arabische Sunniten weniger als 20 Prozent der Bevölkerung im Irak ausmachten. So ließen diverse sunnitische Bewegungen, speziell in der westlichen Provinz Anbar, ab September 2006 vom bewaffneten Kampf ab – auch weil al-Zarqawis Anhänger sehr brutal und wahllos agierten –, schlossen Frieden mit der amerikanischen Besatzung und wandten sich gegen al-Qaida. Abu Musab al-Zarqawi selbst konnte die Niederlage seiner Organisation nicht mehr erleben, er fand im Juni 2006 bei einem amerikanischen Luftangriff den Tod. [9]

Exkurs: das Verhältnis zu al-Qaida

Auch wenn sich al-Zarqawi 2004 an al-Qaida angeschlossen hatte, stand außer Frage, dass die Gruppierung rund um al-Zarqawi (dasselbe gilt später für IS) eine unabhängige Organisation darstellte, die generell einer völlig anderen dschihadistischen Denkschule angehörte als die Zentrale von al-Qaida in Pakistan. Essenzielle Ziele wie die Bekämpfung der amerikanischen Präsenz im Mittleren Osten waren zwar die gleichen, aber eine gemeinsame Vorgehensweise kam nie zustande – speziell die antischiitische Strategie, die al-Zarqawi verfolgte, sein kompromissloses Führungsgebaren gegenüber anderen sunnitischen Gruppierungen und seine brutalen Gewaltakte waren Streitpunkte. Es waren wohl eher profane Gründe gewesen, weshalb sich al-Zarqawi zu einem Anschluss an al-Qaida durchgerungen hatte – diese hatte Rekrutierungs- und Finanzierungsnetzwerke in den arabischen Golfländern, auf die al-Zarqawi infolge der Umbenennung seiner Gruppe Zugriff erhielt.

So stellte sich bereits 2005 heraus, dass das Verhältnis zwischen der irakischen al-Qaida und der Hauptzentrale angespannt war. Obwohl auch Osama bin Laden und seine Nachfolger die Schiiten als Ungläubige betrachteten, lehnten sie den direkten Angriff derselben ab – ihnen ging es vor allem darum, gegen Amerika zu kämpfen, ohne unnötig einen weiteren Gegner zu provozieren. Das verdeutlichte Bin-Laden-Stellvertreter Aiman al-Zawahiri 2005 in einem Schreiben an al-Zarqawi, in dem er den jordanischen Terroristen dafür kritisierte, dass seine antischiitische Strategie und die brutale Gewalt gegen Zivilisten al-Qaida ihrer öffentlichen Unterstützung beraubten. Al-Zarqawi ignorierte die Kritik aus Pakistan, im al-Qaida Hauptquartier wusste man jedoch nicht, wie man sich durchsetzen könnte, und so wurde die Vorgehensweise des „Abkömmlings" im Irak schließlich stillschweigend hingenommen. [10]

Zudem vermittelten die Aktionen der irakischen Organisation den Eindruck, dass es sich bei al-Qaida um ein globales Netzwerk handelte, das möglicherweise sogar fähig war, die US-Supermacht im Irak zu besiegen. Noch einen Vorteil hatte der Anschluss der al-Zarqawi-Gruppe: Dadurch wurden neben Irakern speziell auch Syrer, Jordanier, Libanesen und Palästinenser an al-Qaida gebunden – Rekrutierungsbemühungen waren vor 2004 in diesen Ländern wenig erfolgreich, da der Vorwurf im Raum stand, sich nicht für deren Ziele einzusetzen, speziell im Kampf gegen Israel. Schließlich ging es al-Qaida zunächst darum, die USA zu bekämpfen und aus der arabischen Welt zu vertreiben sowie die Regime in Saudi-Arabien und Ägypten zum Sturz zu bringen – folglich betrachtete man al-Qaida vor 2004 oft als golfarabisch-ägyptische Organisation, was sie hinsichtlich ihrer Personalstruktur (Ägypter, Kuwaiter, Jemeniten und Saudi-Araber) auch war. Vermutlich ließ man al-Zarqawi aber wohl auch wegen der besseren Möglichkeiten zur Rekrutierung gewähren, die er sich zwischenzeitlich erschlossen hatte.

Der Bruch setzte dann erst 2013/2014 ein, als sich die bislang unterschwellige Konkurrenz zwischen der Al-Qaida-Hauptzentrale und der irakischen Organisation (mittlerweile ISIS) im Zusammenhang mit der Frage, wer in Syrien das Kommando übernehmen solle, zu einem offenen Konflikt entwickelte. ISIS verharrte in der Tradition seines ersten Anführers und bestand auch dort auf einen absoluten Alleinvertretungsanspruch und kämpfte gegen sämtliche anderen Aufständischen, während der neue al-Qaida-Anführer Zawahiri ei-

ner konkurrierenden Denkschule zugehört, nach der die Dschihadisten sich auf allen Kriegsschauplätzen auf die Suche nach Verbündeten begeben und pragmatisch mit ihnen kooperieren sollten.

2006–2010: Neue Führung und Niederlagen

Nachdem Abu Musab al-Zarqawi im Juni 2006 ums Leben gekommen war, gelang es der Organisation zunächst nicht, einen passenden Nachfolger für ihren charismatischen Anführer zu finden. An seine Stelle rückte schließlich der weitgehend unbekannte Abu Ayyub al-Masri (alias Abu Hamza al-Muhadschir) aus Ägypten – faktisch sollte dieser bis zu seinem Tod im April 2010 die Führung der Organisation innehaben. An seine Seite stellte man den 1959 geborenen Abu Omar al-Baghdadi (alias Hamid az-Zawi), einen Iraker, der bis 1985 im Sicherheitsdienst des irakischen Regimes tätig gewesen war, diesen jedoch verlassen hatte, nachdem er Salafist geworden war [11].

Am 15. Oktober 2006 proklamierte die irakische al-Qaida die Gründung des „Islamischen Staates Irak“ (ISI); auch andere Gruppen, wie etwa Jund al-Sahaba oder die al-Qaida in Mesopotamien, schlossen sich an. Man gab bekannt, dass al-Baghdadi nun Emir und Führer, al-Masri hingegen nur Kriegsminister sei. Hintergrund dabei war, gegenüber der einheimischen Bevölkerung den irakischen Charakter des „Islamischen Staates Irak“ zu betonen – dieser hatte nämlich den Ruf, von ausländischen Dschihadisten dominiert zu werden. De facto stellte al-Baghdadi jedoch vor allem eine Art Aushängeschild dar, die Kommandogewalt hatte eigentlich al-Masri inne.

Im irakischen Bürgerkrieg geriet ISI in die Defensive, als viele nicht-dschihadistische Aufständische mit den US-amerikanischen Truppen gemeinsame Sache zu machen begannen. Diese verpflichteten sich, Angriffe auf irakische und US-Truppen zu unterlassen und den ISI zu bekämpfen. Als Gegenleistungen erhielten sie von den Amerikanern Geld und Waffen – so konnten Ende 2007 die auf diese Weise auch in Bagdad und Umgebung ausgerüsteten Milizen, welche sich „Räte des Erwachens“ („sahawat“) nannten, schon mehr als 70.000 Anhänger verzeichnen. In Kooperation mit diesen

Kämpfern konnten die US-Truppen zunehmend effektiver gegen ISI vorgehen.

So zeichnete es sich im Laufe des Jahres 2007 immer deutlicher ab, dass der „Islamische Staat Irak" zusehends schwächelte; es kam zu einer Auflösung der sunnitischen Aufstandsbewegung. Spätestens 2008 war offensichtlich, dass ISI – trotz weiterhin zahlreicher Anschläge – nicht mehr fähig sein würde, die Stabilität des irakischen Staates zu erschüttern. Zu einer weiteren maßgeblichen Schwächung führte außerdem der Tod der beiden Anführer Abu Omar al-Baghdadi und al-Masri, welche im Verlauf eines Gefechts mit amerikanischen und irakischen Truppen im April 2010 ums Leben kamen. [12]

Nachdem 2010 der ISI den Tod des bisherigen Anführers Abu Omar al-Baghdadi bestätigt hatte, wurde dieser durch Abu Bakr al-Baghdadi (ursprünglich Ibrahim al-Badri) abgelöst. Er ist bis heute Führer und Emir der Terrororganisation. Al-Baghdadi hatte sich bereits an der Gründung diverser dschihadistischer Gruppierungen im Irak beteiligt. Auch beim von al-Zarqawi gegründeten „Mujahideen Shura Council" war er ein Mitglied der ersten Stunde. In Afghanistan soll er al-Zarqawi sogar persönlich kennengelernt haben. [13]

Exkurs: IS-Führer Abu Bakr al-Baghdadi

Viel ist der Öffentlichkeit nicht bekannt über den derzeitigen Führer der Terrormiliz, der sich seit Ausrufung des Kalifats als „Kalif Ibrahim" bezeichnet. Maureen Mackay hat in ihrem Online-Artikel [14] die wichtigsten Fakten um den schwer fassbaren Mann gesammelt, den der Guardian als „the most wanted man in the Middle East" (den am meisten gesuchten Mann des Mittleren Osten) bezeichnet und gleichzeitig als „an evanescent figure behind the Islamic insurrection sweeping the Syrian and Iraqi interior" (eine unscheinbar wirkende Figur hinter der islamischen Revolte, welche über das Landesinnere von Syrien und Irak hinwegfegt) [15].

Wer ist Abu Bakr al-Baghdadi, früher auch bekannt al Abu Du'a, der sich im Juni 2014 zum Kalifen ernannte? Nur wenige Menschen haben ihn jemals gesehen, noch weniger kennen ihn persönlich.

Der Iraker wurde 1971 als Ibrahim al-Badri in der Nähe von Samarra, 80 Kilometer nördlich von Bagdad, geboren. Er verfügt über eine Promotion in Islamwissenschaften der Universität für Islamstudien von Bagdad. Als die USA im März 2003 ihre Invasion im Irak begannen, war al-Baghdadi noch ein Student. Laut dem Guardian hätte niemand gedacht, dass er Verbindungen zu al-Qaida oder dem lokalen Abkömmling der Terrororganisation hatte. [16]

Einige Jahre soll al-Baghdadi in Camp Bucca im Süd-Irak von den USA interniert gewesen sein – er wurde als Verdächtiger im anti-amerikanischen-sunnitischen Aufstand festgenommen. Es ist allerdings nicht bekannt, wie oder warum und wie lange genau er in Camp Bucca inhaftiert war. Laut dem US-Verteidigungsministerium waren es zehn Monate im Jahr 2004, die er als „Zivilinternierter" dort festgehalten wurde. Andere Quellen geben an, er sei in Camp Bucca gelandet, nachdem ihn US-Truppen 2005 gefangen genommen hätten. Ein Offizier von Camp Bucca äußerte im Zusammenhang mit der Tatsache, dass al-Baghdadi kaum öffentlich auftritt: „A lot of times, the really bad guys tended to operate behind the scenes because they wanted to be invisible." (Häufig neigen die wirklich bösen Jungs dazu, hinter den Kulissen zu agieren, weil sie unsichtbar bleiben wollen.) [17] Laut James Skylar Gerrond, einem Kommandanten in Camp Bucca, hat die Zeit in der Haft zu seiner Radikalisierung beigetragen. [18] Manche, die im Camp Bucca interniert waren, gaben gemäß Al Jazeera an, dass es sich bei diesem Zentrum in Wahrheit jedoch um eine Al-Qaida-Schule handelte. [19]

Nach seiner Entlassung aus Camp Bucca 2009 soll al-Baghdadi zu seinen Bewachern gesagt haben: „I'll see you guys in New York." [20] Es dürfte klar sein, dass dies kein freundschaftliches Wiedersehen wird. Im Anschluss an die Haft wurde er gemeinsam mit anderen ehemaligen Häftlingen zu einer kleineren Einrichtung in der Nähe von Bagdad gebracht. [21]

Später wurde al-Baghdadi tatsächlich zum Führer des ISI ernannt – damals bekannt als die irakische Abteilung von al-Qaida. Das geschah nach dem Tod von Abu Omar al-Baghdadi im Mai 2010. Über die nächsten Jahre war die Terroristengruppe rund um al-Baghdadi für diverse Anschläge im Süden Bagdads verantwort-

lich. 2013 expandierte die Gruppe nach Syrien, am 8. April 2013 rief al-Baghdadi die Errichtung des Islamischen Staates von Irak und Syrien bzw. Levante (ISIS bzw. ISIL) aus. Am 29. Juni 2014 verkündete al-Baghdadi das Kalifat und nannte die Gruppe in Islamischer Staat (IS) um. Derzeit hat das U.S. National Counterterrorism Center ein Kopfgeld in der Höhe von zehn Millionen Dollar auf al-Baghdadi ausgeschrieben.

Man bezeichnet Baghadi auch als „unsichtbaren Scheich", weil er so selten in Erscheinung tritt. Es sind lediglich zwei Fotos von ihm veröffentlicht worden und eine Video-Botschaft, sein Gesicht verhüllt er fast immer mit einem Schleier. [22]

Ab 2011: Terror im syrischen Bürgerkrieg

Im Nachbarstaat Syrien brach unterdessen 2011 ein Aufstand gegen das Regime von Präsident Baschar al-Assad aus, der sich rasch zu einem Bürgerkrieg entwickelte. Der neue ISI-Anführer Abu Bakr al-Baghdadi sandte im Sommer 2011 eine Gruppe von syrischen Kämpfern in ihre Heimat – diese riefen dort im Auftrag des ISI die „Hilfsfront für die Menschen Syriens" (Jabhat an-Nusra li Ahl ash-Sham) ins Leben. Die Nusra-Front avancierte unter der Hand des Syrers Abu Muhammad al-Jaulani im Laufe des Jahres 2012 zu der mit Abstand wichtigsten dschihadistischen, aber auch zu einer der stärksten aufständischen Organisationen. Die Gruppierung konnte davon profitieren, dass beim Aufstand im Irak ab 2003 eines der umfangreichsten ausländischen Kontingente aus Syrern bestanden hatte und beinahe alle Kämpfer aus dem Ausland über Syrien anreisten. Dies ermöglichte es der Nusra-Front, auf die einst aufgebauten Logistiknetzwerke im nördlichen und östlichen Syrien zurückzugreifen.

Mit dem Erstarken der Nusra-Front verschlechterten sich allerdings die Beziehungen zwischen al-Baghdadi und al-Jaulani, da der syrische Kämpfer sich zusehends der Kontrolle durch den ISI entziehen wollte. Zudem wies der Konflikt eine ideologische Dimension auf: Die Nusra-Front orientierte sich überhaupt nicht am Vorbild der Mutterorganisation im Irak – vielmehr hielt sie sich an die Vorgaben der Al-Qaida-Führung und knüpfte überdies intensive Kontakte zu den nicht-dschihadistischen Aufständischen, um einen möglichst raschen Sturz von Assad zu erreichen.

Als sich der Kontrollverlust über al-Jaulani vollends zeigte, verlautbarte al-Baghdadi am 8. April 2013 in einer Audiobotschaft, dass die Nusra-Front nur als verlängerter Arm des ISI agiere. Außerdem schaffte al-Baghdadi die Termini „Nusra-Front“ und „Islamischer Staat Irak“ zugunsten der neuen gemeinsamen Bezeichnung „Islamischer Staat im Irak und Syrien“ (ISIS) ab. Nachdem al-Baghdadi dies öffentlich proklamiert hatte, setzte eine virtuelle Auseinandersetzung zwischen ISIS und der Nusra-Front ein, an der sich im Juni schließlich auch Al-Qaida-Führer Aiman al-Zawahiri beteiligte. Al-Jaulani hatte sich nämlich in einer Audiobotschaft vom 10. April einer Unterstellung der Nusra-Front unter al-Baghdadi verweigert und die Unterstützung bei al-Zawahiri gesucht, indem er diesem einen Gefolgschaftsschwur leistete – so musste dieser in den Konflikt zwischen den beiden Al-Qaida-„Abkömmlingen“ eingreifen: Al-Zawahiri unterstützte al-Jaulani, indem er die Auflösung von ISIS anordnete und bestimmte, dass ISI und die Nusra-Front unabhängig voneinander unter dem Hauptbefehl der Zentrale in ihrer jeweiligen Heimat agieren sollten. Diesem Dekret kam aber wiederum al-Baghdadi nicht nach, was schließlich im Januar 2014 zu seinem Ausschluss aus dem Al-Qaida-Verbund führte.

Zeitgleich zu diesen Konflikten übernahmen Einheiten der ISIS ab dem frühen Sommer 2013 Schritt für Schritt Stützpunkte der Nusra-Front im Norden und Osten Syriens – zudem liefen viele Nusra-Führer und Anhänger zu ihnen über. Mitunter kämpfte ISIS auch gegen Regimetruppen, in erster Linie ging es aber darum, den Einfluss in den bereits von Rebellen gehaltenen Gebieten zu vergrößern. Die Auseinandersetzungen spitzten sich ab dem Sommer zu – ISIS setzte nämlich zunehmend auf Gewalt und zeichnete für die Ermordung zahlreicher Befehlshaber konkurrierender Gruppen verantwortlich. Im Dezember kam es zur Eskalation der Spannungen, speziell zwischen ISIS und der Islamischen Front, einer Vereinigung islamistischer und salafistischer Gruppierungen unter der Leitung der „Freien Männer von Syrien“ (Ahrar ash-Sham). Die Freie Syrische Armee und die Islamische Front werfen der Terrorgruppe das

Verfolgen eigener Interessen vor und dass sie sich in ihren blutigen Feldzügen gegen die syrische Opposition selbst wenden. Diese Spannungen und Vorwürfe führten schließlich zu heftigen Kämpfen, worauf sich ISIS aus Aleppo und Umgebung in den Osten zurückziehen musste. [23]

ISIS hatte in Syrien schätzungsweise zwischen 3000 und 8000 Kämpfer stationiert – unter ihnen befanden sich zudem ausländische Dschihadisten aus den arabischen Golfstaaten, Europa, Nordamerika und Nordafrika. Im Irak verfügte ISIS bis dato bereits über 1000 bis 2000 Kämpfer. [24]

Von der Terrorgruppe zum „Islamischen Staat im Irak" (ISI)

Bereits im Oktober 2006 war offenkundig geworden, dass die irakische al-Qaida die Führungsrolle in der dschihadistischen Bewegungen einnehmen wollte – schließlich nannte sie sich in „Islamischer Staat im Irak" (ISI) um. Der damalige nominelle Anführer, Abu Omar al-Baghdadi, hatte außerdem den Titel „Befehlshaber der Gläubigen" (Amir al-Mu'minīn) angenommen – unverkennbar ein Führungsanspruch für die gesamte Gemeinschaft der (sunnitischen) Muslime. Der zunächst nahezu unsichtbare Konflikt mit al-Qaida kam erst zum Tragen, als der maßgeblich geschwächte ISI nach dem Abzug der amerikanischen Truppen aus dem Irak Ende des Jahres 2011 unter der Führung von Abu Bakr al-Baghdadi erneut erstarken konnte.

Schon Ende 2013 gelang ISI- bzw. ISIS-Kämpfern schließlich die Eroberung der einstigen Hochburg Falludscha und auch von Teilen von Ramadi im Westen Bagdads. Im Juni 2014 fand der Siegeszug in weiten Gebieten des Nordwest- und Westiraks inklusive der Millionenstadt Mosul statt – die Eroberung Letzterer gelang am 8. Juni. Zu dieser Zeit hatte sich ISIS für ein zweigleisiges Vorgehen entschieden: Auf der einen Seite kämpfte man im Nachbarland Syrien, wo im Juni und Juli die Vertreibung der verbliebenen Stellungen der Nusra-Front im Osten gelungen war. Auf der anderen Seite fanden Angriffe auf im Norden und Westen von Mosul stationierten Truppen der kurdischen Regionalregierung statt – daraufhin ordnete die US-Regierung Luftangriffe auf IS-Einheiten an. Ende Juni 2014 wurde der „Islamische Staat" ausgerufen – über die irakisch-syrische Grenze hinweg und mit Abu Bakr al-Baghdadi als Kalifen. Im „Islamischen Staat" herrschen die Gesetze der Scharia, Frauen werden zum Tragen des Schleiers gezwungen. Religiöse Minderheiten wie Jesiden oder Christen mussten flüchten, nachdem auch sie mit dem Tode bedroht wurden. [25]

Im Zuge seiner Erfolge im Irak und in Syrien entwickelte sich al-Baghdadi zu einer ernsthaften Konkurrenz für den Al-Qaida-Führer al-Zawahiri – dies beweist auch die große Anzahl an ausländischen Syrien-Kämpfern, die anderen Organisationen den Rücken gekehrt und sich IS angeschlossen hatten. Vor allem Marokkaner, Tunesier und Saudi-Araber, aber ebenso Türken, Jordanier und Libyer befinden sich darunter, auch Aserbaidschaner, Tschetschenen und Europäer. Für sie alle entspricht wohl al-Baghdadis Hass auf die Schiiten, die hemmungslose Gewalt und Brutalität sowie die Konzentration auf die „Befreiung" Jerusalems mehr dem Wesen der salafistisch-dschihadistischen Ideologie als der politische Pragmatismus von al-Zawahiri. [26]

Zudem verfügt die Terrororganisation über sehr gute finanzielle Mittel – zwar wird sie nicht von staatlicher Seite unterstützt, aber konnte sich während des Siegeszugs im Irak Hunderte Millionen von Dollar erbeuten. Nicht zu unterschätzen sind die Spenden reicher Privatiers aus den Golfstaaten, Steuer- und Zolleinnahmen sowie Einkünfte aus dem Öl- und Gasverkauf; dies ermöglicht dem ISIS sogar die Zahlung von Gehältern für seine Kämpfer sowie die Aushebung neuer Rekruten. Speziell seit dem Sommer 2014 wächst deshalb die Zahl der Mitglieder. [27]

Ob die dschihadistische Denkschule von al-Zarqawi und al-Baghdadi sich gegen jene von al-Zawahiri und von al-Qaida allgemein durchsetzt, wird sich, wie Guido Steinberg in seinem Artikel auf der Webseite bpd.de äußert, in den nächsten Jahren offenbaren: Dies hänge maßgeblich davon ab, ob IS tatsächlich über längere Zeit ein größeres Territorium halten kann und der Aufbau eines staatsähnlichen Gebildes gelingt. Dagegen spreche allerdings die Tendenz von IS, gleichzeitig in den Kampf gegen mehrere seiner unzähligen Feinde zu ziehen – dies sei bereits 2007/2008 im

Irak der Grund für seine Niederlage gewesen. Andererseits wirke sich die offensichtliche Schwäche und wohl anhaltende Instabilität der Staaten in Syrien und im Irak zugunsten des IS aus – allerdings könnten dies auch die Nusra-Front und al-Zawahiri für sich nutzen, die mit ihrer Kompromissbereitschaft politisch auf eine klügere und auf lange Sicht wohl auch erfolgversprechendere Strategie setzen. [28] Eines steht in Bezug auf die Geschichte des IS allerdings fest: Er wird garantiert im Syrien und im Irak noch lange Präsenz zeigen und brutale Gewaltakte gegen Schiiten, Alawiten, Christen sowie andere Minderheiten verüben und in Auseinandersetzungen unter bzw. zwischen Rebellengruppierungen in beiden Ländern weiter mitmischen.

Was hat der „Islamische Staat“ mit dem Islam zu tun?

Eine Frage, die angesichts der grauenhaften Machenschaften der Terrorgruppe die Weltöffentlichkeit inzwischen ganz besonders beschäftigt, ist wohl jene: Wie viel Islam steckt wirklich drin, wenn „Islamischer Staat“ draufsteht? Lässt man islamische Individuen oder Gemeinden zu Wort kommen, erhält man (offiziell) einhellig „niemand“ zur Antwort. Muslimische Vertreter zeigen in diesem Zusammenhang auch häufig mit dem Finger auf den „Wahhabismus“ – dabei handelt es sich um eine abschätzige Fremdbezeichnung für die lokale saudische Variante des Salafismus, eine im 18. Jahrhundert auf der Arabischen Halbinsel entstandene Bewegung rund um Muhammad ibn Abd al-Wahhab. Dieser spielt dabei jedoch nicht die Rolle der Gründerfigur, sondern gilt vielmehr als eine wichtige Autorität in der Auslegung der ursprünglichen Lehre des Islam, die im Selbstverständnis der Wahhabiten nur von ihnen auf authentische Weise vertreten wird. [29] Viele andere Muslime werden von den Wahhabiten als Abtrünnige, Schiiten oder generell als Nichtmuslime betrachtet, zudem lehnt der Wahhabismus die Mystik ab. Die meisten Wahhabiten leben heute in Saudi-Arabien.

Der Wahhabismus

Gemäß der wahhabitischen Lehre steht einerseits alles unter Verbot, was laut dem Koran oder der Überlieferung als solches bezeichnet wird, überdies sämtliche Handlungen oder Situationen, die in einen solchen verbotenen Akt münden könnten – dies ist übrigens der Grund, weshalb laut islamischem Recht (Scharia) Frauen in Saudi-Arabien – im weltweit einzigen Land, kein Auto lenken dürfen. Lange Zeit herrschte ein Musik- und Fernsehverbot, um mögliche schlechte Einflüsse zu verhindern, strikt war auch ein Foto- und Bilderverbot bei gleichzeitiger Passfoto-Pflicht. Innerhalb der muslimischen Gemeinschaft haben die Wahhabiten der Ruf, intolerant und fanatisch zu sein. So sorgt in Saudi-Arabien sogar eine Religionspolizei dafür, dass Passanten zu Gebetszeiten auch tatsächlich beten – dies wird von anderen Rechtsschulen als unislamisch abgelehnt. Außerdem ist Wahhabiten der Besuch von Grabstätten untersagt, zahllose Gräber von Gefährten des Propheten Mohammed verfielen dadurch oder wurden von ihnen zerstört. [30]

Um die Frage, wie viel Islam sich hinter dem „Islamischen Staat" verbirgt, beantworten zu können, sollte man bei den „Salaf", den frommen Urvätern der frühesten islamischen Generation, beginnen. Deren Streben nach Purismus, nach Authentizität, nach einem „reinen" Islam ist das Kennzeichen des klassischen, an sich erst einmal unpolitischen Fundamentalismus. Schon früh trug der Wahhabismus aktivistische Züge. Die frühen islamischen Theologien wurden recht bekannt, allen voran jene von Ibn Taymiya (gestorben 1328).

In der Historie der Arabischen Halbinsel sorgten die Wahhabiten für viel Kritik, weil sie Anfang des 19. Jahrhunderts Kerbala überfielen, die Schiiten niedermetzelten sowie in Mekka und Medina alles ihrer Meinung nach Unislamische zerstörten, darunter auch islamische Bauwerkskunst aus vielen Jahrhunderten. Das heutige Vorgehen des IS im Irak scheint ganz ähnlich zu sein – bedeutet das aber gleich, dass es Rückbezüge gibt?

Gegenstimmen gehen davon aus, dass die 1928 in Ägypten ins Leben gerufene Muslimbrüderschaft, die auf den Salafismus zurückgeht, der Ursprung allen Übels sei. Schließlich hatte die Muslimbrüderschaft den Salafismus, dem es vornehmlich um die Verbreitung des wahren „Monotheismus" ging, in eine politische Bewegung umfunktioniert, der mittlerweile Staatsordnungen demontiert. [31]

Exkurs: Wahhabiten und Salafisten

Die Bezeichnungen der beiden ultra-orthodoxen Glaubensströmungen werden häufig synonym verwendet. Dies könnte darin begründet sein, dass es, obwohl sie einige Unterschiede in ihrer Ausrichtung aufweisen, doch auch Übereinstimmungen gibt. Einig sind sie sich etwa, dass der Islam aus der Zeit des Propheten Mohammed der einzig wahre Glauben ist: Lediglich der Koran sowie die Überlieferungen und Aussagen Mohammeds (Hadith) gelten für beide sunnitischen Glaubensströmungen heute als Maßstab in Gesellschaft und Religion – diese gemeinsame Grundlage existierte zu Beginn aber nicht. Auch wenn sie heute in einem anderen Ruf stehen, hatten die Salafisten anfangs mehr Toleranz als die Wahhabiten; sie verteufelten weder die in vielen muslimischen Ländern verbreitete Heiligenverehrung noch den Gräberkult. Ihnen gingen es zunächst vielmehr darum, möglichst viele Nachfolger zu generieren, um der europäischen Kolonialisierung des Nahen und Mittleren Ostens Einhalt zu gebieten – sich dabei gegen die Massen zu stellen, war in ihren Augen keine gute Strategie. So beschworen die Salafisten ein „islamisches Bewusstsein" herauf und betrachteten die Zuwendung zum Ur-Islam der islamischen Frühzeit als Mittel, um Probleme in Politik und Gesellschaft zu lösen. [32]

Als zunehmend mehr Salafisten, wie beispielsweise die Muslimbrüder, von diversen – größtenteils sozialistischen – Regimen verfolgt wurden, flüchteten viele von ihnen nach Saudi-Arabien, wo der Wahhabismus die Staatsreligion war. Es erfolgte eine Aufnahme der Salafisten ins staatliche Religionsgefüge und dabei ergab sich eine intensive ideologische Vermischung, aber auch wechselseitige Beeinflussung der beiden Glaubensrichtungen. Deutlich darstellen lässt sich dieser Prozess anhand dreier einflussreicher Gelehrter: Abd al-Aziz Ibn Baz (gestorben 1999) und Muhammad ibn al-Uthaymin (gestorben 2001) waren saudischer Abstammung, Muhammad Nasir ad-Din al-Albani (gestorben 1999) kam aus Albanien. Die beiden Erstgenannten lösten sich – infolge des Studiums bei ausländischen salafitischen Gelehrten in Saudi-Arabien – von der strikten Anbindung an die frühe wahhabitische Bewegung und wendeten sich der hanbalitischen Rechtsschule zu. In rechtlichen Fragen gründeten sie sich ausschließlich auf die Autorität des Hadith; unterstützt wurde dieser Prozess teilweise von al-Albani, welcher einige Jahre in Saudi-Arabien weilte und in enger Verbindung zu Ibn Baz und al-Uthaymin stand. Bei al-Albani seinerseits ließ sich hingegen eine Annäherung an die wahhabitischen Positionen in Glaubensfragen beobachten.

Schon seit den 1960er-Jahren hatten weitere Studenten und Lehrkräfte unter dem Einfluss der drei Gelehrten gestanden – ein wesentlicher Faktor für die Verbreitung ihrer Lehren war hier die 1961 gegründete Islamische Universität in Medina, welche Auslän-

dern für das Studium der islamischen Theologie in Saudi-Arabien staatliche Stipendien gewährte. Ibn Baz war Direktor an der Universität in Medina, al-Albani unterrichtete Hadith-Wissenschaft.

So entstand einerseits ein neuer Salafismus, der zum Teil die Ideen des Wahhabismus, allerdings ebenso die politischen Zielsetzungen des frühen Salafismus umfasste. Des Weiteren entwickelte sich auch der Wahhabismus, der zwar nach wie vor Treue zum Königshaus Al Saud hielt, doch auf dem Rechtsgebiet salafitische Ideen aufnahm. Zudem ging es den Wahhabiten nun darum, ihre Ideen über die saudi-arabischen Landesgrenzen hinweg zu verbreiten.

Um zwischen dem aktuellen Salafismus und Wahhabismus zu differenzieren, ist eine Betrachtung der drei Strömungen des heutigen Salafismus notwendig.

- *Erstens gibt es die Puristen, denen es einzig um die Vermittlung des „wahren" Islam geht, ohne politische Zielsetzung, Gewalt wird abgelehnt.*
- *Zweitens unterscheidet man die politischen Salafisten, die eine gottgefällige Gesellschaftsordnung durch die Einführung eines islamischen Staats anvisieren.*
- *Drittens agieren die dschihadistischen Salafisten, die den islamischen Gottesstaat mit Waffengewalt verwirklichen möchten – dabei handelt es sich um die klare Minderheit.*

Wahhabiten lassen sich meistens lediglich der ersten Gruppe zurechnen. Ein klar erkennbarer Unterschied zwischen Wahhabiten und Salafisten besteht darin, dass Wahabiten dem Königshaus der Al Saud loyal verbunden sind, während die Salafisten einen islamischen Gottesstaat anstreben, ohne eine weltliche Macht wie die Monarchie.

Trotzdem gelangen die Begriffe Wahhabismus und Salafismus häufig synonym zur Anwendung – was genau betrachtet aber nicht haltbar ist. Obschon beide – auch aufgrund des wechselseitigen Einflusses – auf fast identischen Glaubensgrundsätzen fußen, unterscheiden sich ihre Methoden. [33]

Konfliktträchtige Mischung

Um mit der Beantwortung der Frage fortzufahren, wie viel der Islam mit dem „Islamischen Staat“ zu tun hat, lohnt sich ein Blick auf die Islam-Politik: Zwischen den beiden großen politischen Orientierungen des sunnitischen Islam – Salafismus und Muslimbruderschaft – herrscht ein offener Konflikt, der aus den arabischen Revolten hervorging. Zentral ist dabei die Frage, wie und von wem die Regierung einer islamischen Gemeinschaft gestaltet sein soll. Sowohl der Salafismus als auch die Muslimbruderschaft haben in ideologischer Hinsicht zum Dschihadismus beigetragen, gemeinsam bildeten sie eine „explosive Mischung“. [34] Ohne politischen Nährboden und strategische Umstände hätte es die folgenden Ereignisse wohl nicht gegeben: die Niederlage der arabischen Staaten gegen Israel 1967, auch jene sämtlicher säkularer arabischen „Ismen“, der ägyptisch-saudische Krieg im Jemen in den 1960er-Jahren, infolge dessen verfolgte Muslimbrüder nach Saudi-Arabien flüchteten, Krieg gegen die Sowjetunion in Afghanistan in den 1980er-Jahren sowie das Ende des Ost-West-Konflikts, 1991 der Golfkrieg und 2003 schließlich die Invasion im Irak.

Nicht zu unterschätzen sind außerdem die Wirkkräfte der Islamischen Revolutionen von 1979, die speziell im schiitischen Iran die sunnitischen Islamisten beeinflussten: Auf der einen Seite galten sie nämlich als Inspiration und Vorbild (natürlich nicht in Bezug auf das schiitische Staatssystem), auf der anderen Seite rief diese aber auch abwehrende Reaktionen hervor. Revolutionsführer Khomeini bezeichnete die saudi-arabische Führung damals als „antithetisch zum Islam“, danach kam dessen wahhabitischer Exporthandel allerdings erst richtig in die Gänge – etwas, das Saudi-Arabien heute zum Vorwurf gemacht wird. [35]

Saudi-Arabien im Visier des IS

Saudi-Arabien und den IS verbindet in der Tat eine bittere Feindschaft. „Quadimum“ (wir kommen) – so lautet das Motto eines dschihadistischen Feldzuges gegen das Königreich. Militärisch betrachtet handelt es sich dabei zwar um ein unrealistisches Vorhaben, aber die Eroberung von Medina und Mekka zählt ohne Zweifel zu den Zielen des von Abu Bakr al-Baghdadi ausgerufenen Kalifats, bedeutete doch die Kontrolle über diese beiden Städte stets islamische Legitimation.

Heute wirkt Saudi-Arabien glaubwürdig in seiner Kampagne gegen den Extremismus und hat, wie US-Experten bezeugen, wirklich angefangen, die Wege abzuschneiden, auf denen Geld zum IS wie auch zu anderen radikalen Organisationen gelangt. Nach wie vor setzt man sich allerdings nicht mit der eigenen, streng geführten salafistischen Tradition sowie den politischen Fehlentscheidungen der letzten Jahrzehnte auseinander – denn, wie es Gertrud Harrer in ihrem Artikel im *Standard* so schön sagt: „Die schiitische Bedrohung überlagert alles." [36]

Dafür lässt man die PR-Maschine auf Hochtouren laufen: So erinnerte der saudi-arabische Vordenker Nawaf Obaid an einen zwar nicht gänzlich neuen, aber in der westlichen Welt größtenteils nicht bekannten Diskussionspunkt auf der Agenda. In seinem Artikel in der *New York Times* hat er den „fälschlicherweise sogenannten" Wahhabismus freigesprochen und an die Erinnerung an die Existenz der „dritten Gruppe" appelliert, die – nachdem der Prophet Mohammed gestorben war – nach 632 an der Diskussion darum, wie der legitime Führer der Islam-Gemeinschaft beschaffen sein sollte, maßgeblich beteiligt war.

An der Wurzel der Behauptung, dass Saudi-Arabien den IS hervorgebracht hat, steht die Annahme, dass sie zusammengehören, weil sie beide dem Salafismus angehören, einer islamischen Strömung, die fälschlicherweise im Westen als Wahhabismus bezeichnet wird. Der Salafismus geht auf die Frühzeit des Islam zurück, noch heute beruft er sich auf die ersten Nachfolger des Propheten Mohammed. Die Salafisten glauben, dass der Islam auch heute noch so praktiziert werden sollte, wie es damals der Fall war. Doch auch hier entstanden verschiedene Schulen.

Der IS folgt der Ideologie einer Sekte, die als Charidschiten bekannt waren. Diese glaubten, dass jeder zu töten sei, der nicht an den Islam in dieser Ausprägung glaube. Auch Massentötungen von Frauen und Kindern seien legitim. Der Rückbezug auf die Charidschiten zeigt, dass die Anhänger des IS sich von den Salafisten in der saudi-arabischen Ausprägung deutlich unterscheiden. Deren

Version des Salafismus nämlich wurde von dem muslimischen Juristen Ahmad ibn Hanbal im neunten Jahrhundert formuliert. In den Gesetzen des Juristen ist verankert, dass Aufwiegelung, Blutvergießen und der Zwang zur Konversion verboten sind. Ein Zitat von Ibn Hanbal verdeutlicht die Theologie der saudischen Muslime sehr gut: "Ehre sei Gott! Blutvergießen! Blutvergießen! Ich stimme weder zu noch habe ich dies angeordnet; in unserer Situation geduldig zu sein ist besser als Aufruhr, was noch mehr Blutvergießen verursachen würde." [37]

Die Charidschiten – Inspiration für den IS?

Vom IS wird hingegen die brutale Ideologie der Charidschiten fortgeführt. Dazu gehört etwa, dass jeder, der nicht mit ihnen übereinstimmt, (als Ungläubiger) umgebracht werden soll. Auch legitim sind Massenmorde an Zivilisten (auch an Frauen und Kindern). Die Charidschiten – das sind jene, die damals aus der Gemeinschaft „auszogen" sind; übrigens aus einer Gemeinschaft, die schon damals in Bezug auf die Nachfolgefrage in zwei Lager unterteilt war: nämlich in jene der Sunniten und Schiiten. Die Vertreter der „Schiat Ali" (die Partei Alis, Schwiegersohn und Neffe des Propheten Mohammed) hatten eine dynastisch geprägte und damit religiös legitimierte Nachfolge der direkten Nachkommen Mohammeds, während die Sunniten das Konzept des „fähigsten Herrschers" bevorzugten.

Die „abtrünnigen" Charidschiten hingegen – aus denen 661 der Mörder Alis hervorging – hatten in der Tat auf einen radikalen Ansatz: Der Nachfolger Mohammeds sollte ausschließlich der beste Muslim sein. Wer damit nicht übereinstimmte, war selbst kein wahrer Muslim. Dieses Phänomen nennt man „takfir" – das bedeutet, wie Gertrud Harrer es erläutert, „einen anderen Muslim zum Kafir, zum Ungläubigen, erklären". Die IS-Dschihadisten sind dementsprechend sogenannte „Takfiris" – ähnlich der Extremisten in Algerien und Ägypten in den 1990er-Jahren. [38]

Islamische Elemente beim IS

Es zeichnet sich jedenfalls ab, dass sich für beinahe sämtliche Ideen oder Praktiken des IS in der islamischen Historie Belege aufspüren lassen, dies bedeutet aber nicht, dass es sich bei dem IS um eine „natürliche Fortsetzung einer etablierten Tradition" [39] handelt. Vielmehr erfolgen ein Rückgriff auf Versatzstücke und der Aufbau von etwas Neuen: „Die islamische ‚Authentizität' ist eine Fiktion – mit der aktuelle politische Fragen beantwortet werden sollen." [40] Laut Harrer haben unter anderem die USA diese geschaffen: nämlich 2003 mit der Irak-Invasion. Das Kartenhaus Saddam Husseins brach zusammen, die von ihm vehement gepflegte sunnitisch-arabische Identität des Iraks wurde gegen eine irakisch-schiitische ausgetauscht. Harrer führt weiter aus: „Der selbstbewusste Iran, das politische und intellektuelle Vakuum unter den Sunniten, der von ihnen verlorene Bürgerkrieg, ihre nächste Chance in Syrien, die Passivität des Westens: Die seltsame Obskurantentruppe, gegründet 2004 als al-Qaida im Irak, krallte sich fest. Der Vergleich mit den Roten Khmer in Kambodscha liegt nahe. Auch dort spielten eine abstrakte Leit-Ideologie (der Kommunismus), konstruierte historische Bezüge und eine äußere Intervention eine Rolle in der Entstehungsgeschichte." [41]

Bleibt noch zu erwähnen, dass der IS nicht nur einen religiösen Nerv zu treffen vermag, sondern sein „Projekt der Abschaffung der von Großbritannien und Frankreich aufgezwungenen Neuordnung des Nahen Ostens nach dem Ersten Weltkrieg [...] für viele einem überfälligen antikolonialistischen Akt" [42] gleichkommt. „Frustrierte Subjekte der kaputten arabischen Nationalstaaten und Monarchien träumen vielleicht nicht so sehr von der Wiedererrichtung des historischen ‚Al-Sham' der frühen Kalifatszeit als einfach nur von der ‚Unabhängigkeit'. Nur einmal nicht mehr Spielball fremder Mächte sein." [43]

Die Aufgabe eines Kalifen gemäß Scharia: Aufschlussreich in Bezug auf die Frage, wie viel Islam im IS steckt, ist zudem die Betrachtung der Aufgaben eines Kalifen, zu dem Abu Bakr al-Bagdhadi ernannt wurde. Was der Kalif zu tun hat, lässt sich dem Kompendium der Scharia entnehmen. In der englischen Übersetzung des zum Islam konvertierten Amerikaners Nuh Ha Mim Keller, die von der Al-Azhar-Universität in Kairo als authentisch zertifiziert wurde, liest sich das wie folgt: „Der Kalif führt gegen Juden, Christen und Zoroastrier Krieg, nachdem er sie zuerst eingeladen hat, sich der sozialen Ordnung des Islam zu fügen, indem sie die Kopfsteuer zahlen." Das passiert heute auch im Herrschaftsgebiet des IS. Die dort lebenden Christen (wie generell alle „Abtrünnigen") sollen gedemütigt und unterworfen sowie durch die Kopfsteuer zur wirtschaftlichen Ressource islamischer Herrschaft werden – schließlich hatte Mohammed zunächst die Juden aus Medina vertrieben, um sie später massenweise zu köpfen. Später erklärte man sowohl Christen als auch Juden zu „Schriftbesitzern": Fortan war es ihnen unter islamischer Herrschaft erlaubt, ihre Religion weiterhin auszuüben – vorausgesetzt, sie zahlten Kopfsteuer und unterwarfen sich diversen diskriminierenden Handlungsweisen. In Sure 9,29 ist zu lesen: „Kämpft gegen diejenigen, die [. . .] nicht der wahren Religion angehören – von denen, die die Schrift erhalten haben – kämpft gegen sie, bis sie kleinlaut Tribut entrichten." [44]

Am Anfang stellten die Muslime im muslimischen Herrschaftsgebiet in der Regel eine Minderheit dar, ihre Herrschaft basierte auf der großen Anzahl an „dhimmis", der so genannten „Schutzbefohlenen". Sowohl Juden als auch Christen und andere „Schriftbesitzer" galten nicht als „Ungläubige": Sie durften als „dhimmis" ihr Leben behalten, auch wenn sie keine Muslime wurden. Die heute von der IS verfolgten Jesiden gelten nicht als „Schriftbesitzer". Sie haben die Wahl: Konversion zum Islam oder Tod. Die islamische Theologie verfügt über keine argumentativen Ressourcen, um das IS-Vorgehen als „unislamisch" zu verurteilen. Im Islam herrscht kein generelles Tötungsverbot, aber eine generelle Lizenz dazu – in Sure 9,5 findet sich nämlich Folgendes: „... tötet die Heiden, wo immer ihr sie findet, greift sie, umzingelt sie und lauert ihnen überall auf! Wenn sie sich aber bekehren, das Gebet verrichten und die Almosensteuer geben, lasst sie ihres Weges ziehen! Gott ist barmherzig und bereit zu vergeben." [45]

Dabei wird ersichtlich, dass der Islam in seinem Wesen mehr als eine Religion ist: Es handelt sich vielmehr um ein politisches, soziales wie auch kultisches Regelwerk. Der Islam möchte die religiöse und soziale-politische Ordnung in sich vereinen – kriegerisch war er von Beginn an. Es geht tatsächlich darum, wie Martin Rhonheimer es in seinem Artikel in der *NZZ* schreibt, das „Haus des Islam“ auf der ganzen Welt zu verbreiten – weniger steht dabei eine religiöse Bekehrung der Nichtmuslime als vielmehr deren Unterwerfung unter die Scharia im Mittelpunkt. In Sure 2,256 liest man: „In der Religion gibt es keinen Zwang.“ Das ist wohl war, Glaube kann man nicht erzwingen, Unterwerfung unter das islamische Recht jedoch schon – und das tut auch der IS. Eine Widersetzung gegen diesen Zwang kann für die Betreffenden ein tödliches Ende bedeuten.

Die Historie zeigt allerdings, dass die islamische Einheit von Religion und Politik häufig Programm und selten Realität darstellte. Es entwickelten sich politische Machtzentren, welche nicht der geistlichen Führung eines Kalifen unterstanden – gemäß der islamischen Lehre kann der Kampf (Dschihad) gegen die Nichtmuslime stets dann unterbrochen und mit den Ungläubigen ein Waffenstillstand vereinbart werden, wenn keine Erfolgsaussichten in Bezug auf eine weitere Expansion bestehen – das ist der Grund für die langen und häufig friedlichen Perioden der Koexistenz. Darüber hinaus müssen sich muslimische Minderheiten in nichtmuslimischen Ländern an die Verpflichtung halten, sich der lokalen Rechtsordnung zu unterwerfen. [46]

In den westlichen Gesellschaften leben unzählige integrierte Muslime, welche mit dem Dschihad nichts zu tun haben, und auch in Staaten mit muslimischer Bevölkerungsmehrheit spricht sich lediglich ein kleiner Teil dafür aus. Viele Menschen müssen um ihr tägliches Brot kämpfen und werden häufig selbst zu Gewaltopfern – speziell diese sind mitunter aber auch anfällig für Radikalisierung. [47]

Das IS-Kalifat als Terror-Geschäft? Einen weiteren Denkanstoß, der gut zur Fragestellung „Wie viel Islam steckt im Islamischen Staat?“ passt, gibt Ulrich Ladurner in seinem Artikel in der *Zeit*. [48] Seiner Meinung nach verfügt die Terrororganisation nicht im Geringsten über eine religiöse Glaubwürdigkeit. Dass sich IS auf das alte islamische Gottesreich beruft, lässt sich laut ihm vor allem darauf zurückführen, dass die Organisaton „sich selbst adeln" möchte. Die Botschaft von IS lautet: „Wir führen Krieg im Namen Gottes. Alle Muslime müssen uns folgen. Wir sterben, damit Ihr ein gottgefälliges Leben in dieser verruchten Welt führen könnt!" Doch in ihrem Kern sei der IS hingegen eine Terrorgruppe, welche die Religion lediglich als Alibi heranzieht, dementsprechend handele es sich beim Kalifat um einen Markennamen, der dem Geschäft dienlich sein soll – betrachtet man die Fakten, trifft dies den Nagel auf den Kopf. Folglich bezeichnet Ladurner den IS als eine der extremistischen Terrorgruppen, in deren Mittelpunkt nicht das Streben nach einem gottgefälligen Leben, sondern die Gier nach Macht und Geld steht. Des Weiteren vergleicht er islamistische Terrororganisationen in Nigeria, in Somalia, Mali, Afghanistan und im Irak miteinander und gelangt zu dem Schluss, dass sie einige Gemeinsamkeiten haben: Mit unterschiedlichem Erfolg wird jeweils versucht, ein Territorium unter ausschließliche Kontrolle zu bringen, um dort ungestört illegalen Aktivitäten nachgehen zu können. Die beliebtesten Handelswaren stellen dabei Menschen, Drogen und Waffen dar. Weiters ist zu lesen: „Wenn wir von Isis und ähnlichen Gruppen reden, dann müssen wir also im Grunde von großorganisierter Kriminalität sprechen. Sie haben keine Ideologie, die es wert ist, als solche bezeichnet zu werden. Sie haben ein ökonomisches Modell, das sie durchsetzen wollen." [49] Ladurner ist auch nicht der Erste, der festhält, dass der IS das Produkt einer Reihe von Kriegen darstellt. Und er listet entsprechend den „Krieg gegen den Terror" auf, den die USA seit 2001 führen, welcher in erster Linie den Irak, Pakistan und Afghanistan in Mitleidenschaft gezogen hat. Mit auf der Liste stehen auch der nun seit mehr als drei Jahre währende Krieg des syrischen Diktators Bashar al-Assad gegen sein eigenes Volk und den Stellvertreterkrieg, welchen die regionalen Mächte Iran und Saudi-Arabien auf dem Rücken der syrischen Bevölkerung austragen. Diese Kriegshistorie zeigt sich in der extremen Brutalisierung des IS. Ladurner schließt seinen Artikel mit folgenden Worten: „Die Geschichte von Terrororganisation zeigt eines: Wenn der Terror überhaupt eine ideologische Basis hat, wird diese im Kampf relativ schnell abgeschliffen. Alles Politische verschwindet, auch alles Religiöse. Es bleibt nur mehr Gewalt, Gier und Größenwahn. Das sind die drei Gs des Kalifats von Isis.“ [50]

IS als Kalifat

Um zu verstehen, worum es dem IS geht und nach welchen Werten sich die Terrormiliz richtet (bzw. sich auch künftig vermutlich richten wird), ist eine genauere Betrachtung des „Kalifats" notwendig. Die Hauptfragen in diesem Zusammenhang sind: Was ist ein Kalifat, was ist ein Kalif und was bedeutet die Ausrufung des Kalifats durch den IS? Was möchten die Islamisten damit bezwecken?

Am 29. Juni 2014 hat der IS offiziell über eine Audiobotschaft das Kalifat ausgerufen, welches sich zunächst vom syrischen Aleppo im Westen bis in die irakische Provinz Diyala im Osten erstreckt. Die Schura, das oberste Gremium, hat Abu Bakr al-Bagdhadi zum Kalifen auserkoren, dieser nennt sich seither Kalif Ibrahim (genau: Ibrahim ibn Awad ibn Ibrahim ibn Ali ibn Muhammad al-Badri al-Hashimi al-Husaini al-Kurashi [51]). Er betrachtet sich als Vertreter aller Muslime weltweit – und seine Ernennung geschah wohl auch nicht zufällig am ersten Tag des Fastenmonats Ramadan nach dem islamischen Kalender. Der menschenscheue Anführer des IS hat das Kalifat allerdings nicht selbst ausgerufen – sein Sprecher Abu Mohammed al-Adnani verkündigte für ihn am späten Sonntagabend des 29. Juni 2014, dass es an der Zeit für die Wiederauferstehung der Umma (die islamische Nation) Mohammeds sei. [52]

Über den offiziellen IS-Sprecher al-Adnani, der am 18. August 2014 vom US State Department zur Liste der Terroristen hinzugefügt wurde, ist nicht viel bekannt. Er stammt aus der nordsyrischen Stadt Binnish, soll zu den ersten Mitgliedern des IS zählen und einer der engsten Vertrauten von al-Baghdadi sein. [53]

Die Audiobotschaft mit der Ausrufung des Kalifats wurde zunächst über offizielle IS-Accounts bei Twitter veröffentlicht und dann auf dschihadistischen Websites zum Download zur Verfügung gestellt. Die vom offiziellen Sprecher der Terrororganisation stammende Erklärung holt sehr weit aus: Am Beginn stehen Beispiele aus der Lebensgeschichte des Propheten Mohammed und der frühislamischen Geschichte, welche vor allem die Themen Führung der Muslime sowie Ausrufung eines Staates oder Gemeinwesens betreffen. Yassin Musharbash hat in einem Blogartikel der *Zeit* die Hauptaussagen der Erklärung übersichtlich zusammengefasst:

- ISIS nennt sich offiziell in IS („Islamischer Staat") um.
- Es werden alle Muslime weltweit aufgefordert, Abu Bakr al-Baghdadi die Treue zu schwören.
- Sämtlichen bereits existierenden muslimischen Staaten wird die Existenzberechtigung entzogen – das Kalifat möchte seine Grenzen erweitern.
- Es sei nicht zu rechtfertigen, die Ausrufung des Kalifats zu verschieben, da die religionsrechtlichen Bedingungen nun gegeben seien. [54]

Tradition und Interpretation des Kalifats

Die Terrormiliz hat nicht ohne Grund Abu Bakr al-Baghdadi zum Kalifen ernannt. Denn ihrer Ansicht nach können Muslime nur in einem Kalifat ein dem wahren Islam gemäßes Leben führen. Referenzen zu einem solchen Kalifat bietet vor allem die islamische Historie bis 1924, denn immer wieder kam es Herrschaftswechseln, die sich religiös legitimierten.

Ein Großteil davon betrachtete sich mehr oder weniger berechtigt als Nachfolger Mohammeds, zudem gab es sowohl sunnitische als auch schiitische Ausprägungen – deren widersprüchlichen Auslegungen des Islam kommt auch aktuell wieder enorme Bedeutung zu. [55]

Der neue „Kalif" richtet nun an sämtliche muslimische Glaubensanhänger weltweit den Appell, sich diesem „Kalifat" unterzuordnen – ob das Erfolg haben wird, ist in Anbetracht der Grausamkeit des Vorgehens des Islamischen Staates allerdings fraglich.

Geht man der Bedeutung des Wortes „Kalifat" nach, so stellt sich heraus, dass er sich auf den Begriff der Nachfolge (khilafat) des Propheten zurückführen lässt. Die Frage nach der „wahren" Nachfolge Mohammeds sorgte dann auch nach dessen Tod zum Zerwürfnis zwischen Sunniten und Schiiten. Die Schiiten gestehen die legitime Nachfolge, also die Herrschaft über das Kalifat, nur Ali (dem Vetter und Schwiegersohn des Propheten) sowie seinen direkten leiblichen Nachkommen zu. Sie verstehen sich deshalb auch als „Partei Alis“ – dieser hatte jedoch gar keinen Sohn, was die Frage der Nachfolge nicht vereinfachte. Die meisten Sunniten hingegen waren der Ansicht, es genüge, dass der Kalif jeweils aus dem Stamme des Propheten, den Kureish, hervorgehe (dies ist im Übrigen auch der Grund dafür, dass IS-Chef al-Baghdadi seit Jahren den Namenszusatz „al-Kureishi“ führt, damit suggeriert er die Erfüllung dieser Bedingung – ob zu Recht oder nicht, ist nicht nachzuweisen). Nach sunnitischer Lehre muss der Kalif überdies gesund und gebildet sein sowie die Zustimmung eines Großteils der Rechtsgelehrten auf sich vereinigen. [56]

Die vier Kalifen in der Nachfolge Mohammeds waren Abu Bakr, Omar, Uthman und Ali. Die Omajjaden von Damaskus (661–750), eine Untersippe der Kureish, machten das Kalifat dann auch zur Erbsache. Sie wurden abgelöst von den Abbasiden von Bagdad (751–1258), wiederum eine andere Untergruppe der Kureish, deren Kalifat sich vorübergehend vom Maghreb bis nach Mittelasien und Indien spannte und heute als die Blütezeit der islamischen Zivilisation betrachtet wird. [57]

Als herrschaftliche Ordnung beschrieben wurde das Kalifat übrigens erstmals von Gelehrten des Mittelalters wie al-Mawardi (972–1058), al-Djuwanyni (1028–1085) sowie al-Ghazzali (1058–1111) – zur damaligen Zeit war man sich jedoch nicht einig, ob es überhaupt ein Kalifat geben müsse. Manche glaubten, das Kalifat hätte die Funktion, die Herrschaft an den Islam anzubinden und die Herrschaftsordnung dem islamischen Recht zu unterstellen, denn ohne ein Kalifat gäbe es lediglich Zwietracht unter den Muslimen. Andere hielten ein Kalifat in Form einer Art religiöser Vertretung der islamischen Ökumene für empfehlenswert, aber nicht für unbedingt notwendig. Laut al-Ghazzali hatte der Kalif zwei Aufgaben zu bewältigen: jene des Imams, also die Führung der Muslime in Religionsangelegenheiten, sowie jene des Sultans, also die Exekutive der Herrschaftsordnung – Letzteres müsse er allerdings nicht persönlich erfüllen, sondern könne diese an König, Sultane sowie Fürsten übertragen, die sich per Vertrag zur Anerkennung des Kalifen zu verpflichten haben. Dass damals ein solches Gerangel um die

Legitimität des Kalifats herrschte, lässt sich auch auf geschichtliche Gründe zurückführen, denn es existierten in der damaligen islamischen Welt mehrere Kalifate. [58]

Die durch das omajjadische Kalifat beherrschten Teile der iberischen Halbinsel blieben bis 1031 bestehen und konkurrierten nicht ohne Erfolg mit den Abbasiden: Das Kalifat wurde geführt von einem Nachkommen der Omajjaden, welcher das Massaker von 750 überlebt hatte. Über Nordafrika, Syrien und Ägypten wiederum begründeten die heterodox-schiitischen Fatimiden ein schiitisches Gegenkalifat, welches sich bis auf Fatima, die Prophetentochter und Ehefrau Alis, zurückberief. Nachdem diese Dynastie im 12. Jahrhundert unter den Ayyubiden und Mameluken niedergegangen war, blieben die politische Situation und die Frage der Legitimation lange ungeklärt. Das hatte ein Ende, als der aus dem osmanischen Reich hervorgehende Sultan Selim I. im Jahre 1517 das ägyptische Reich einnahm und sich von einem scheinbaren Nachkommen der abbasidischen Kalifen – deren Reich übrigens 1258 durch mongolische Hand zu Fall gebracht wurde – in Kairo zum Kalifen ausrufen ließ.. [59] Zuvor hatte das Kalifat vorwiegend als ein Instrument zur Bildung von Allianzen zwischen Fürsten durch die symbolische Bindung an einen Kalifen gedient. [60]

Seit 1517 also handelte es sich beim Osmanischen Reich um ein Kalifat und der Sultan von Istanbul bzw. Konstantinopel beanspruchte für sich, ein legitimer Nachfolger des Propheten zu sein – und auch aus späterer osmanischer Interpretation galten die Sultane zugleich als Kalifen. Dennoch war der türkische Sultan in der Lage, als „Amir al-Mu'minīn" (Befehlshaber der Gläubigen) über ein Kalifat zu herrschen, das sich über mehrere Erdteile erstreckte: In seiner Person fielen das religiöse Oberhaupt („zill Allah fi al ard", Schatten Gottes auf Erden) und der weltlicher Machthaber zusammen, ganz ähnlich wie einst bei Mohammed selbst. Im Gegensatz zum Propheten jedoch musste der türkische Sultan dem Scheichülislam (einem Religionsgelehrten) gegenüber Rechenschaft ablegen. Dieser kontrollierte, ob der Herrscher sich an das religiöse Gesetz (Scharia) hielt –und es kam dabei häufiger zu Intrigen, die das Ziel hatten, den Sultan abzusetzen. [61]

Das Reich der Osmanen beinhaltete zahlreiche Ethnien und Anhänger verschiedenster religiöser Strömungen. Um diese zu regieren, bestand das geistige und das weltliche Oberhaupt in ein und derselben Person; neben dem Kalifen fungierte etwa im Kalifat der Fatimiden der oberste Militärbefehlshaber als „sulta" (der Macht), er agierte folglich als Sultan. Der Iran der Safawiden, später der Kadscharen, war über Jahrhunderte hinweg der große Feind der Osmanen, denn diese verstanden sich als legitimierte Repräsentanten des orthodoxen, zwölferschiitischen Gefolges von Ali. Ähnliches gilt auch heute: Das eigenmächtig ausgerufene Kalifat der radikal-sunnitischen Terrorgruppe „Islamischer Staat" steht der Islamischen Republik Iran in erbitterter Feindschaft gegenüber. [62]

Dass das Osmanische Reich in den Jahren zwischen 1922 und 1924 zum Niedergang gezwungen wurde, wird von vielen Islamisten heute als das „Urverbrechen gegen den Geist des Islams" durch den Westen interpretiert – und das, obwohl die muslimischen Araber 400 Jahre der Fremdherrschaft durch das Reich erduldet hatten. Doch war für sie nichts schlimmer als die Entstehung der säkularen Nationalstaaten in Europa. Denn diese fußten auf der Souveränität des Volkes und nicht auf der Gottes. Die Interpretation ging sogar so weit, diese als „Götzendienst" anzusehen, bei dem die Nation anstelle von Allah angebetet und zum Ideal deklariert werde. Dies wiederum wird von einigen Islamisten und Dschihadisten als „schikr" angesehen, die einzige Todsünde im Islam, dass man – ganz ähnlich wie in den christlichen zehn Geboten – einen anderen Gott hat neben Allah.

Das ist jedoch nicht alles: Viele Staaten des heutigen Nahen Ostens wurden stark geprägt vom Sykes-Picot-Abkommen von 1916 und der Balfour-Deklaration von 1917, beide entstanden im Verlauf des Ersten Weltkriegs. Obwohl beide starke Auswirkungen auf die späteren Staatsgebilde hatten, wurden die betroffenen Länder nicht in die Verhandlungen mit einbezogen. Realisiert wurde dies nach dem Sieg Frankreichs und Großbritanniens über die Osmanen in Versailles und San Remo mithilfe von – wie sie bezeichnet werden – muslimischen „Verrätern". Dschihadisten, aber auch Islamisten vertreten die Meinung, dass die damals aufgezwungene Ordnung durch die Gründung eines Kalifats rückgängig gemacht werden soll. Sie wollen die herrschende Gesellschaftsordnung auch deshalb demontieren, weil sie ihre Wurzeln im säkularen arabischen Nationalismus hat – ein schwerwiegender Fehler in den Augen derer, die der Ansicht sind, dass dies nicht gottgefällig ist. [63]

Entsprechend kritisch wurde und wird Mustafa Kemal Atatürk (1881–1938), der Gründervater der modernen Türkei, in diversen islamistischen Kreisen gesehen, für viele ist er die „Hassfigur" schlechthin. Doch der sich in engem Kontakt mit den Jungtürken befindende Atatürk hatte seinerzeit bereits früh begriffen, dass die bisherige Staatsordnung nicht weiter aufrechterhalten werden konnte. Zwar hatte er dem Sultan-Reich treu als Soldat gedient, doch nach dem Sieg über die Griechen im Jahr 1922 wurden Sultanat und Kalifat aufgehoben. 1923 wurde die türkische Republik ausgerufen, im Jahr danach erklärte man das Kalifat an sich für nichtig. Doch etliche Muslime hätten es lieber gesehen, wenn Atatürk sich selbst zum Kalifen erklärt hätte, was dieser jedoch unterließ. Der vorherige und damit vorerst letzte Kalif war Abdülmedschid II. aus dem Hause Osman gewesen. Aus diesem Hause waren seit der osmanischen Reichsgründung um 1300 insgesamt 37 Herrscher hervorgegangen. Atatürk räumte Abdülmedschid II. zwar wohlwollend ein, noch als Vertreter religiöser Autorität auftreten zu dürfen, dieser begab sich aber ins französische Exil und starb 1944 in Paris – die Hoffnung auf ein Wiederbeleben des Kalifats hatte er vermutlich aufgegeben. [64]

Der Idealvorstellung nach lässt sich das Kalifat folglich als das Zusammenfallen von Reich und Religionsgemeinschaft beschreiben – auch wenn es das geschichtlich beinahe nie war, genauso wenig, wie alle Kalifen fromm waren. Wiederholt gab es Gegenkalifate, ein einheitlicher, sämtliche Muslime umgreifender Staat existierte lediglich in der sehr frühen muslimischen Geschichte. Das tut in der dschihadistischen Ideologie, aus welcher Abu Bakr al-Baghdadi hervorgeht, aber nichts zur Sache: Die Dschihadisten akzeptieren große Teile der muslimischen Historie nämlich ohnehin nicht als authentisch muslimisch – dasselbe kann für die islamische Theologie des Mainstreams beobachtet werden. Aus diesem Grund knüpft die Proklamierung des Kalifats auch nur bedingt an das Jahr 1924 an – vielmehr handelt es sich beim IS um eine Neugründung: Laut Yassin Musharbash würde der IS sich selbst eher auf die ersten vier Kalifen (bis einschließlich Ali) als Vorbilder beziehen als auf einen der nachfolgenden. [65]

Für viele fromme Sunniten, die nicht mit der dschihadistischen Ideologie übereinstimmen, bedeutet die Ausrufung des Kalifats allerdings eine Provokation. Eine Herausforderung bedeutet dies auch für jene muslimischen Führer, die sich ebenfalls als Nachfahren des Propheten und der Kureish sehen – besonders für die Könige von Marokko und Jordanien (allerdings nicht für die saudischen Könige, welche das nicht für sich beanspruchen). [66]

In puncto Klarheit lassen die Positionen des vom IS ausgerufenen Kalifats jedenfalls keinen Wunsch offen: Der Sprecher der Terrormiliz rief Muslime dazu auf, Demokratie, Nationalismus sowie Laizismus und andere „Verfehlungen" des Westens abzulehnen und zu ihrer Religion zurückzukehren. Er fügte außerdem hinzu, dass mit Errichtung des Kalifats sämtliche anderen islamistischen sowie dschihadistischen Gruppen keine Legitimität mehr besitzen würden. [67]

Wozu das Kalifat also ausgerufen wurde, beantwortet Yassin Musharbash in seinem Blogartikel vom 30. Juni 2014 folgendermaßen: „Ich vermute, dass die IS-Führung im Zuge ihrer jüngsten, ja tatsächlich gewaltigen Ausdehnung im Irak das Gefühl bekommen hat, über genügend Sympathien und Rückhalt in der muslimischen Welt zu verfügen, um diesen Schritt zu wagen. Vermutlich erhofft Isis sich, dass Stämme, kleinere Städte etc. in verschiedenen muslimischen Ländern nun ihren Anschluss an das Kalifat erklären. Das würde in diesen Staaten Chaos auslösen – und Chaos mag Isis, denn es bedeutet, dass keine Kapazitäten mehr zur Verfügung stehen, um Isis zu bekämpfen." [68]

Regeln und Werte

Was das Kalifat konkret für die Bevölkerung in den von der Terrormiliz eroberten Gebieten bedeutet, hatte die Gruppe bereits vor der offiziellen Ausrufung des Kalifats im Juni 2014 in einem 16-Punkte-Kodex mit strengen Regeln festgelegt – wer sich nicht daran hält, muss beispielsweise mit einer Bestrafung durch 80 Peitschenhiebe rechnen. [69] Veröffentlicht wurde der Kodex vom „Pressebüro der Provinz Ninive des Islamischen Staates". Die wichtigsten Punkte lauten: [70]

- Frauen sollen die Häuser lediglich dann verlassen, wenn es unbedingt erforderlich ist. Sie sollen ausschließlich Kleider tragen, „an denen Gott Gefallen findet". Dabei handelt es sich um weite Gewänder, welche die weibliche Silhouette verhüllen.
- Jedem Dieb soll – gemäß der Scharia – die Hand abgeschlagen werden. Insbesondere gilt das für jene, die Gelder veruntreuen, welche im Besitz der Allgemeinheit sind. Lediglich dem Imam der Muslime – in dem Fall wohl IS-Anführer Abu Bakr al-Baghdadi – ist es erlaubt, die Entscheidung zu treffen, wie Kriegsbeute verwendet wird.
- Die fünf täglichen Gebete sind von allen Muslimen pünktlich zu den Gebetszeiten in den Moscheen zu verrichten.
- Der IS warnt die Stammesführer in der Provinz Nineve davor, „mit dem abtrünnigen Feind und den Verrätern" zusammenzuarbeiten. Sowohl Polizisten, Soldaten als auch Vertreter anderer „ungläubiger Institutionen" sollen ihr bisheriges Leben aufgeben. Der IS habe besondere Einrichtungen gegründet, in denen Repräsentanten des irakischen Staates Abbitte leisten könnten – Iraker, die das nicht tun, müssen mit der Todesstrafe rechnen.
- Es herrscht ein Verbot von Alkohol, Zigaretten und Drogen.
- Versammlungen, deren Veranstalter nicht IS ist, sind genauso verboten wie das Tragen von Waffen.
- Sämtliche Denkmäler, Mausoleen sowie Schreine, die dem Zweck der Totenverehrung dienen, sollen kategorisch zerstört werden.

Das über zwei Seiten reichende Dokument [71] endet mit einem Appell an die Bevölkerung: „Ihr habt alle säkularen Systeme ausprobiert und ihr habt unter ihnen gelitten [...]. Jetzt ist das Zeitalter des islamischen Staates gekommen." [72]

Strategie gegen Feinde und Abtrünnige

Aufschluss über die Werte von IS gibt aber auch die im Oktober 2014 erschienene, vierte Ausgabe von *Dabiq*. Das terrormilizeigene Magazin wird seit Juli 2014 herausgegeben. In dem 56-seitigen Heft mit dem bezeichnenden Titel „The failed Crusade" („Der gescheiterte Kreuzzug" – was sich auf die US-geführte Militärkoalition bezieht) finden sich viele Beispiele dafür, wonach der IS strebt, nach welchen Werten er sich richtet und wie er sein Handeln in Bezug auf seine Gegner legitimiert. Die folgenden Zitate stammen aus der vierten Ausgabe des *Dabiq* und zeigen eindrucksvoll die Haltung des IS gegenüber „andersgläubigen" Menschen: [73]

- „Wir werden euer Rom erobern."
- „Wir werden eure Kreuze zerbrechen."
- „Wir werden eure Frauen versklaven."
- „Ihr werdet euch noch nicht einmal in euren eigenen Schlafzimmern sicher fühlen können."
- „Man sollte nicht vergessen, dass es Teil der Scharia ist, dass man die Familien der Ungläubigen als Sklaven nehmen und ihre Frauen als Konkubinen halten darf."
- „Kriegsbeute ist mehr rechtens als anderes Einkommen."
- „Tötet die Ungläubigen, ob Militärs oder Zivilisten, denn sie haben den gleichen Glauben."
- „Es ist notwendig geworden, dass ein Gericht gehalten wird, um den Schmutz auszuweisen und die eigenen Reihen zu bereinigen ..."
- „Auch getötet zu werden [...] ist [für den Muslim] ein Sieg. Das ist das Geheimnis. Ihr kämpft also gegen ein Volk, das nicht besiegt werden kann."

Was man über das IS-Kalifat wissen sollte

In einem Blogartikel der *Zeit* fasst Yassin Musharbash fünf Fakten zusammen, die man über das IS-Kalifat wissen sollte, um sich ein Bild machen zu können. Denn besonders in Bezug auf den IS ist häufig nicht klar, dass wichtige Fakten für die Beurteilung der Organisation fehlen. Musharbash listet deshalb fünf Fragen auf, deren Antworten man in der Regel noch nicht genügend kennt: [74]

1. Wie viel Kontrolle hat Abu Bakr al-Baghdadi?
Dass al-Baghdadi oder Kalif Ibrahim, wie er seit Ausrufung des Kalifats genannt werden will, der Anführer von IS ist, das theologische Kapital der Gruppe darstellt und durch sein Amt (eben auch als „Kalif") sicherlich weitreichende Entscheidungen trifft, steht außer Frage. Das muss aber nicht bedeuten, dass er für den militärischen Kurs verantwortlich ist und detaillierte Kenntnisse der militärischen Operationen des IS besitzt. In diesem Zusammenhang treten weitere wichtige Fragen in den Vordergrund, auf die es keine eindeutigen Antworten gibt:

- Wie steht es um al-Baghdadis Verhältnis zu den Kommandeuren im Feld?
- Wie viel Freiraum für eigenständige Entscheidungen wird ihnen gewährt?
- In welchem Rahmen organisiert er die Aktionen mit?
- Wird er regelmäßig über sämtliche Operationen unterrichtet oder agiert er eher als graue Eminenz?

Laut Musharbash sind diese Fragen auch deshalb bedeutend, weil es Hinweise dafür gibt, dass diverse Kommandeure frühere Baath-Militärs (im weiteren Sinne Anhänger von Saddam Hussein) sind – dementsprechend interessant ist aus diesem Grund das Verhältnis zum „Kalifen". Es würde zum Verständnis des IS entscheidend beitragen, mehr Wissen darüber zu erhalten.

2. Gibt es einen Expansionsplan?
Damit meint Musharbash, ob ein ausgereifter militärisch-taktischer Plan existiert und nicht nur eine ideologische Vorstellung davon, was man erreichen möchte. Bislang wurden zwar Ziele wie die irakischen Städte Samarra oder Nadschaf und natürlich Bagdad ge-

nannt, wesentlich ist aber auch Kobanê, und außerhalb des Irak wurden Jerusalem, Mekka sowie Damaskus (wobei hier bereits die Ideologie hineinspielte) als Ziele genannt, und schließlich Rom, was eher symbolisch aufzufassen ist. Generell mangelt es der Öffentlichkeit allerdings an Wissen, wie sich der IS den Verlauf der nächsten Monate vorstellt. Man weiß nicht, ob die Anwesenheit in Mosul oder Rakka, den beiden großen vom IS gehaltenen Städten, gefestigt wird, bevor Angriffe auf eine weitere Großstadt starten. Auch wie ernsthaft der Plan in Bezug auf Bagdad verfolgt wird, hat sich noch nicht ganz gezeigt. Möglicherweise werden aber in anderen Städten bereits Allianzen geschmiedet, um diese „von innen heraus zu übernehmen".

3. Plant al-Baghdadi Anschläge im Westen?
Bei al-Qaida wusste man ziemlich genau, woran man war, da Osama bin Ladens Netzwerk meist die eigenen Interessen verkündete. Es wurde beinahe nie zugeschlagen, ohne zuvor eine Warnung oder Drohung publik zu machen. Doch der IS ist nicht al-Qaida, und wie al-Baghdadi über den Westen denkt, weiß man leider nicht.

4. Kommuniziert der IS mit den Al-Qaida-Gruppen?
Hier wirft Musharbash im Konkreten folgende Frage auf: „Ist es denkbar, dass wir eines Morgens aufwachen und eine Deklaration der Al-Qaida-Filialen in der Arabischen Halbinsel (AQAP) und in Nordafrika (AQIM) finden, in der sie sich dem Kalifen unterstellen?" Musharbash hält das für möglich – als Worst-Case-Szenario. Tausende neue Kämpfer in diversen Staaten und Unruhegebieten würden dann im Namen al-Baghdadis agieren – zugleich wäre das zwar das Aus von al-Qaida, für den IS aber der Durchbruch schlechthin. Viel hat al-Qaida in Bezug auf den Islamischen Staat bisher nicht verlautbaren lassen. Man weiß von Sympathisanten im Umfeld von AQAP und AQIM, aber ob Kommunikationskanäle bestehen oder es gar schon Verhandlungen gibt, weiß man nicht. [75]

Allerdings rücken die zwei rivalisierenden dschihadistischen Organisationen IS und al-Qaida näher zusammen – als Folge einer Entscheidung der USA, nicht nur den IS in Irak und Syrien anzugreifen, sondern auch eine Gruppe von Al-Qaida-Kämpfern, die beschuldigt wurden, die USA zu attackieren. [76]

5. Wie stabil sind die Allianzen von IS?
Zwar hat sich der IS mit Baath-Kadern sowie sunnitischen Stammesführern zusammengeschlossen, um Mosul sowie andere Ortschaften zu übernehmen – wie stabil diese Bündnisse allerdings auf Dauer sind, weiß man noch nicht. Es stellt sich in diesem Zusammenhang auch die Frage, welche Rolle Geld dabei spielt, wer davon profitiert, und wer mit all dem unzufrieden ist oder sich gar hinters Licht geführt fühlt. [77]

Die Strategien von IS

In Bezug auf das Vorgehen von IS treten sofort zwei Aspekte in den Vordergrund: Zum einen sind es die von ihnen begangenen Gräueltaten, zum anderen die regelrechte Zurschaustellung derselben mithilfe moderner Kommunikationsmittel. Im Jahr 2012 rief IS das Motto „Baqqiya wa-Tatamadad" (Bestehen und Expandieren) aus, das mit der Eroberung von Mosul, Iraks zweitgrößter Stadt, Realität wurde. Seitdem führten die radikalen Islamisten in den eroberten Regionen und Gebieten eine islamistische Charta ein, bewegten sich nach Süden und nahmen Stadt für Stadt in Richtung Bagdad ein. [78]

Schnell fand dabei eine rasche Umsetzung ihrer extremistischen Ziele statt: Schon wenige Tage nach der Übernahme von Mosul veröffentlichte der IS Aufnahmen von Massenhinrichtungen von Schiiten, die bei den irakischen Sicherheitskräften gedient hatten. Auf den über einen offiziellen IS-Kanal verbreiteten Fotos wurde ersichtlich, wie Hunderte Menschen sich mit dem Gesicht zu Boden legen mussten, um daraufhin durch eine Maschinengewehrsalve getötet zu werden – der IS selbst ließ verlautbaren, dass man in den Tagen nach dem Eroberungsfeldzug auf Mosul mehr als 1700 Schiiten exekutiert hatte. Insgesamt nahm der ISIS damals 4500 irakische Gefangene fest, die 3000 Sunniten darunter sollten laut eigener Propaganda „begnadigt" worden sein. [79]

Die Bilder von IS muten stets brutal an, die gezeigten Gewalttaten sind es auch – überraschen sollte das allerdings niemanden: Schließlich führte der IS in seinem Herrschaftsgebiet eine besonders extreme Auslegung der islamischen Rechtslehre ein, öffentliche Hinrichtungen und Betrafungen stehen dabei im Vordergrund. Auch Videos von IS-Kriegern, die ihre Opfer vor laufender Kamera enthaupten, sind im syrischen Bürgerkrieg längst keine Besonderheit mehr. Die Schiiten sind für radikal-islamische Sunniten nichts anderes als vom Glauben Abgefallene, die man bekämpfen muss. Wie bereits früher im Irak, nachdem der Bürgerkrieg ausgebrochen war, ist auch der Konflikt in Syrien von der tiefen konfessionellen Spaltung der islamischen Gesellschaft zwischen Schiiten und Sunniten beeinflusst. Aufseiten des Assad-Regimes kämpfen neben Truppen der Regierung und syrischen Militäreinheiten auch Kämpfer der schiitischen Hisbollah sowie irakische Schiitenmilizen. [80]

Brutalität als Strategie

Mit der intensiven Zurschaustellung von Brutalität hat der IS aber nicht erst vor Kurzem begonnen. Auch die vom jordanischen Extremisten Abu Musab al-Zarqawi im vergangenen Jahrzehnt geleitete Organisation AQI (irakische al-Qaida im Zweistromland), die Vorgängergruppe der IS, versuchte sich im Irak auszubreiten und hatte Attentate auf zivile Ziele, Massenexekutionen und brutale Vergeltungsfeldzüge auf der Agenda. [81] Dabei greifen die IS-Kämpfer auf die Praxis des bereits erwähnten „takfir" zurück, welche es den Kämpfern „erlaubt", jeden zu einem Ungläubigen („kafir") zu erklären, der mit ihren extremistischen Interpretationen des Islams nicht übereinstimmt – insbesondere die Schiiten müssen unter dieser Praxis leiden. [82]

Öffentliche Hinrichtungen dienten schon früh in der Geschichte der Abschreckung der Gegner – der IS setzt damit die Tradition der arabischen Eroberungen im 7. Jahrhundert fort: Nach dem Tod des Propheten 632 basierte die Existenz des arabischen Reiches auf ständigen Eroberungen – diese und die damit verbundenen Plünderungen ermöglichten die Errichtung des Weltreiches. Als Eroberungen und Plünderungen stoppten, erfolgte Schritt für Schritt der Zusammenbruch. [83] Der IS setzt heute wohl auf ein ähnliches Prinzip: Krieg, Terror, Fanatismus und Brutalität.

Doch der IS stellt dabei seine brutale Vorgehensweise nicht grundlos zur Schau: Bilder von den Gräueltaten werden so veröffentlicht, dass jeder, der Interesse daran hat, einfach Zugriff darauf erhält – so können auch die irakischen Schiiten diese ohne Weiteres sehen. Laut Nahost-Experte Guido Steinberg macht der IS in der dschihadistischen Bewegung die bei Weitem effektivste Medienarbeit: „Das geht zurück auf die irakische al-Quaida, die ihre Medienarbeit 2004 professionalisierte. Heute verbreitet IS Informationen vor allem über soziale Medien. Alle Aktivitäten werden gefilmt und von einer Medienabteilung verarbeitet. Dann wird das Material von Unterstützern weltweit verbreitet." [84] Auf Twitter besteht ein offizieller Account „Islamischer Staat".

Laut Stefan Binder dürfte diese bildhafte Propaganda teilweise darauf abzielen, „die irakische Scharia selbst zu radikalisieren" [85]. Das erhoffte Ergebnis durch diese Stimmungsmache wären wiederum gegen Sunniten gerichtete Gräueltaten – und tatsächlich ließen im Juni 2014 erste Berichte von erschossenen sunnitischen Gefangenen in der Gegend von Bagdad nicht lange auf sich warten [86]. Es geht wohl darum, das Gefühl vieler Sunniten im Irak zu verstärken, dass sie von den Schiiten – einerseits durch die Regierung in Bagdad, andererseits durch die schiitisch dominierenden Sicherheitskräfte – „an den Rand gedrängt werden". Und der IS wiederum „kann sich als Beschützer der sunnitischen Bevölkerung vor den schiitischen Milizen präsentieren". [87] Man könnte aber auch sagen, der IS wiegelt die Sunniten gegen die Schiiten auf.

Irak 2006 und 2014: ein Vergleich

Das Kalkül, den schwelenden Konflikt zwischen Sunniten und Schiiten für eigene Zwecke zu nutzen, ist nichts Neues. Doch als die radikalen Islamisten zuletzt unter al-Zarqawi auf diese Strategie gesetzt hatten, war sie allerdings nicht aufgegangen, obschon im Jahr 2006 schiitische Militäreinheiten Angriffe auf Sunniten starteten, nachdem die sunnitischen Extremisten den Al-Askari-Schrein, das schiitische Heiligtum in Samarra, bombardiert hatten, und der damaligen irakischen al-Qaida gewissermaßen Legitimität einbrachten. Da die sunnitischen Extremisten ihre radikale Ideologie allerdings nicht nur gegenüber Schiiten, sondern auch gegenüber Sunniten durchzusetzen versuchten, verloren sie schnell deren Unterstützung; andere sunnitische Gruppierungen wandten sich von der irakischen al-Qaida ab. [88]

2014 ist der IS, trotz gelungener Offensive in Mosul, von anderen sunnitischen Gruppierungen im Irak nach wie vor abhängig – die wichtigsten darunter sind Jaysh Rijal al-Tariqa al-Naqbashbandia, Jaysh al-Mujahideen und Ansar al-Islam, hinzu kommen diverse irakische Stammesverbände. IS ist dabei militärisch betrachtet die stärkste aller Organisationen und findet auch deutlich mehr Zulauf unter den Sunniten als noch im Jahr 2006. So könnte das Kalkül der radikalen Islamisten diesmal zum Erfolg führen. Zwar ist Mitte August 2014 Premierminister Maliki, der für seinen klar konfessionell geführten Kurs bekannt war, zurückgetreten [89]. Doch zuvor hatte er einen Aufruf gestartet, Freiwilligenmilizen zu unterstützen. Und die neue gemäßigtere, wenn auch noch immer schiitisch dominierte Regierung in Bagdad unter Haidar al-Abadi versuchte, Kurden, Sunniten und Schiiten in politischer Hinsicht erneut zu vereinen. Der Erfolg dieses Versuchs steht jedoch damit im Zusammenhang, ob der IS seinen „Deckmantel als Beschützer der Sunniten" und damit seinen Rückhalt in Teilen der Bevölkerung verliert – und das ist bislang noch nicht der Fall, übrigens weder im Irak noch in Syrien. [90]

So scheiterte der IS 2006 zwar mit einer ähnlichen Strategie, doch 2014 steht das Vorgehen unter anderen Vorzeichen, wie Stefan Binder es in einer Analyse übersichtlich zusammenfasste:

- So steht den sunnitischen Extremisten, anders als 2006, keine US-Besatzungsmacht gegenüber, welche die radikalen Islamisten nicht nur mit militärischen, sondern speziell auch mit politischen Maßnahmen bekämpfte, indem diese die sunnitischen Stämme und Gruppierungen von der Organisation al-Zarqawis entfremdete.
- 2014 hat IS mit Syrien einen fast sicheren Rückzugsort, woran es acht Jahre zuvor gemangelt hatte.
- Überdies hat IS dieses Mal nicht nur eine bessere Organisation vorzuweisen, sondern ist in erster Linie auch in finanzieller Hinsicht besser aufgestellt. Neben einträglichen Geldquellen, wie Erpressung, Schmuggel und Entführungen, verfügen die sunnitischen Extremisten infolge ihrer Eroberungen in Syrien und im Irak über gewinnbringende Ölfelder; der Sturm auf Mosul hat zusätzlich vermutlich 425 Million US-Dollar (Bargeld und Gold) durch das Besetzen von Banken eingebracht.
- Die unzähligen erbeuteten Waffen, Ausrüstungsgegenstände und Fahrzeuge der irakischen Armee gewährleisten es wohl zu-

dem, dass der IS im Irak noch für längere Zeit eine entscheidende Rolle spielen wird. [91]

Unterdessen trägt das irakische Militär alles dazu bei, um die humanitäre Katastrophe zu verschlimmern und gleichzeitig die Gräben zwischen Sunniten und Schiiten zu vertiefen: 1,8 Billionen Binnenflüchtlinge haben sich über das Land verteilt – während Kurden, Jesiden und Christen in den Norden flüchten, treibt es Schiiten nach Bagdad und in den Süden Iraks. Am meisten zu leiden hat derzeit die zivile Bevölkerung in der Provinz Anbar: Hier befinden sich allein 500.000 Menschen auf der Flucht, viele aber nicht vor dem IS, sondern vor dem eigenen Militär. [92]

Anbar – das ist jene Provinz, in der 2013 friedliche Proteste gegen das repressive schiitische Regime in Bagdad einsetzten, welche von der Armee niedergeschlagen wurden. Bereits im Dezember gelang es IS, sich hier festzusetzen – teilweise von lokalen Stammesführern geduldet. Seitdem herrscht hier vonseiten der irakischen Armee ein gleichsam horrender wie stümperhaft anmutender Luftkrieg: Angriffe von Kampfbombern aus dem Westen haben im Irak zwar kaum zum Tod von Zivilisten geführt, irakische Luftangriffe und Mörserattacken haben hingegen die beiden größten Städte in der Provinz Anbar – Ramadi und Falludscha – beträchtlich zerstört. Wiederholt kam es zum Abwurf von Fassbomben, dabei handelt es sich um Fässer, die mit Sprengstoff, Schrapnellen und Schrauben gefüllt sind, welche auch beim syrischen Regime in Stadtteilen mit Oppositionellen Einsatz finden. Obschon Iraks neuer Ministerpräsident Haider al-Adabi bereits im September verkündigte, die Bombardements auf bewohnte Gebiete zu stoppen – eingehalten wird das lediglich bedingt: Krankenhäuser sind zerstört oder haben keinen Strom oder Medikamente zur Verfügung; so können selbst einfachste Krankheiten nicht behandelt werden. [93] Das wiederum kommt dem IS zugute: Mit der wachsenden Verzweiflung und Wut der sunnitischen Zivilbevölkerung erhöht sich nämlich auch das Rekrutierungspotenzial.

Noch immer wirkt außerdem die Regierung des ehemaligen Premierministers Nuri al-Maliki nach, dessen diktatorische Herrschaft in Verbindung mit der Gewalt der Schiiten-Milizen unter seiner Führung bedeutend zur Zerstörung jenes ohnehin fragilen Burgfriedens zwischen Sunniten und Schiiten beigetragen hatte, den die USA nach ihrem Abzug im Jahr 2011 hinterlassen hatten. Auch wenn al-Maliki am 15. August 2014 sein Amt infolge massiven Drucks aus Washington und Teheran dem moderateren al-Abadi überließ [94], sind seine Milizen noch existent. Diese sind nach Angaben der Menschenrechtsorganisation Human Rights Watch (HRW) gemeinsam mit diversen Armee- und Polizeieinheiten für Massenhinrichtungen, Entführungen und Folterungen in Städten mit sunnitischer Dominanz verantwortlich, aus denen sich der IS infolge US-amerikanischer Luftangriffe zurückgezogen hat. Erin Evers, Irak-Expertin bei HRW, weist darauf hin, dass dies bei der US-Regierung „auf taube Ohren" stieße [95].

Der Grund dafür ist nicht ausschließlich eine kalkulierte Blindheit in Bezug auf Menschenrechtsverletzungen, für die die vermeintlich Verbündeten verantwortlich sind. Eine maßgebliche Rolle spielt dabei ebenso der stets wiederkehrende Irrtum, dass die von militärischen Interventionen betroffene Zivilbevölkerung eine hilflose Masse ist, die man diversen Hilfsverbänden und -organisationen überlassen kann. Vergessen wird dabei eines: Die Menschen – sowohl im Irak als auch in Syrien – sind und bleiben trotz allen Elends politische Player, deren Haltung im Zusammenhang mit den Luftangriffen einen essenziellen Faktor in Bezug auf deren Gelingen oder Scheitern darstellt; keinesfalls betrachten sämtliche Zivilisten im Irak oder in Syrien den IS als das schwerwiegendste Problem in ihren Ländern. So sind es nicht wenige Sunniten, die im Irak mit dem „Kalifat" sympathisieren, während es für viele andere zwar eine Geißel bedeutet – es ist für sie jedoch eine, unter deren Führung die Chancen aufs Überleben um einiges höher liegen als unter der Kontrolle der Armee des Iraks sowie schiitischer Milizen. Erin Evers ist der Ansicht, dass die US-Regierung massiven Druck auf Bagdad ausüben sollte, die Racheaktionen an Sunniten zu unterlassen, denn „sonst treibt man sie in die Arme des IS" [96].

Die Situation in Syrien

Auch in Syrien setzt die Führungsriege des „Kalifats“ auf dieselbe Strategie wie im Irak. Die westliche Gesellschaft hält den IS für eine „genozidale Kampftruppe und Personifizierung des Bösen“ [97], während die sunnitische Mehrheit der Syrer die islamischen Dschihad-Kämpfer als einen von zwei Teufeln betrachtet, der allerdings im Vergleich mit dem Regime Assads besser abschneidet, weil er bei seinem Vorgehen bislang deutlich weniger Menschenleben eingefordert hat.

Seit Längerem herrscht außerdem bei vielen Syrern der Eindruck, dass die USA sich im Kampf gegen den IS mit Assad verbünden: Schließlich bombardierten US-Kampfjets bei der ersten Reihe von Luftangriffen Ende September 2014 nicht nur IS-Stellungen, sondern ebenso die Nusra-Front (der al-Qaida-Ableger in Syrien). Für die amerikanische Kriegslogik gegen den Terror wird das wohl sinnvoll erscheinen – wer jedoch die Hintergründe der syrischen Rebellengruppen kennt, weiß, dass es sich dabei um einen großen Fehler handeln könnte: IS und die Nusra-Front, die 2011 vom damaligen ISI-Führer nach Syrien geschickt wurden, haben sich 2012 und 2013 bekämpft, Letztere hat sich außerdem an mehreren Fronten mit gemäßigten Rebellengruppierungen verbündet – der US-amerikanische Eingriff könnte die Nusra-Front nun wieder in Richtung IS treiben.

Das Assad-Regime setzt weiterhin ungestört seine Bombardements auf oppositionelle Städte und Dörfer fort, auch der Kampf gegen jene gemäßigten Rebellen, die nach Plänen der USA zu effektiven Bodeneinheiten gegen den IS aufgerüstet werden sollen, wird fortgeführt (unterstützt von ausländischen schiitischen Kämpfern aus dem Iran und Libanon). Lange hat Assad den IS gewähren lassen, aber indem er öffentlich den US-Luftanschlägen zugestimmt hat, konnte das Regime den Eindruck erwecken, es befinde sich nun gemeinsam mit den USA in einer Koalition gegen die IS-Terroristen – das wiederum bedeutet laut der *Zeit* einen „Propagandaerfolg für Damaskus, dem man aus Washington wenig entgegengesetzt hat“. [98] Die internationale Anti-IS-Militärkoalition geht in Syrien zudem immer mehr das Risiko ein, mit ihren Angriffen den Tod von

Zivilisten zu verantworten – die IS-Kämpfer verstecken sich bei drohenden Angriffen nämlich in Wohnhäusern. Bei den ersten Bombenattacken gegen Stellungen der Nusra-Front in einem Ort in Idlib wurden überdies mehrere Zivilisten getötet, darunter auch Frauen und Kinder. [99]

Nach den ersten Luftangriffen hat das „Kalifat“ in Syrien eine bislang erfolgreiche Rekrutierungskampagne gestartet, „unter dem Schlachtruf, dass man jetzt gegen die USA Krieg führe. Viele der neuen Kämpfer sind unter 18, und viele werden auch vom Geld gelockt. Der IS wirft mit Geld nur so um sich“, [100] wie Abu Mohammed, Mitglied der Gruppe „Raqqa is being slaughtered silently“ (Rakka wird in aller Stille abgeschlachtet) berichtet. Mit Beginn der Bombardements wurde die Lage für die zivile Bevölkerung zusehends schlechter. Nach wie vor beherrscht der IS Rakka, das von der Terrormiliz zur „Hauptstadt“ erklärt wurde. Viele ausländische Dschihadisten, auch aus Europa, haben hier eine neue Heimat gefunden, oft gemeinsam mit ihren Familien. Misslich ist auch die Versorgungslage: Die USA haben Raffinerien ebenso wie Getreidesilos zerstört, um den Geldfluss des „Kalifats“ zu unterbinden – daher gibt es kaum noch Strom und die Preise haben sich für beinahe alle Güter verdoppelt. Ein großer Fehler war wohl auch die Zerstörung der Getreidesilos – der Winter steht vor der Tür und die UN haben bereits aus Geldmangel die Essensrationen für Flüchtlinge in Syrien und den Nachbarstaaten gekürzt. Die US-amerikanische Regierung und ihre westlich-arabischen Verbündeten tun bisher allerdings nichts gegen diese Umstände [101] – auch die Luftanschläge gegen IS-Stellungen in Kobanê Anfang Oktober erfolgten wohl zu spät. [102]

Seit Mitte September 2014 versucht die IS-Miliz, die Stadt Kobanê an der syrisch-türkischen Grenze einzunehmen – Teile der Stadt unterlagen im Oktober 2014 bereits der Kontrolle der Terrororganisation. Zuletzt hatte der IS die Angriffe intensiviert, die Luftangriffe der internationalen Militärkoalition unter Führung der USA hatten bislang zu keinem Rückzug geführt. Auch die Kurden selbst bzw. ihre „Volksverteidigungseinheiten“ konnten wenig ausrichten; auch die aus dem Irak sowie anderen Landesteilen Syriens angereisten Kurden sind bisher wenig erfolgreich gewesen. Die kurdischen Kämpfer betrachten die Verteidigung im Übrigen nicht nur als Notwendigkeit, sondern ebenso als Gelegenheit, ihre militärische Organisation unter Beweis zu stellen und so ihrem Streben nach einem unabhängigen Kurdistan mehr Legitimation zuzusprechen. In der Stadt befinden sich unterdessen nur mehr 500–700 Zivilisten, vornehmlich alte Menschen. [103] Immer häufiger werden Expertenstimmen laut, dass die Stadt nicht mehr lange gehalten werden kann, manche meinen sogar, die USA hätten die Stadt mittlerweile aufgegeben. [104]

Dass der IS wiederum so hartnäckig an Kobanê festhält und nicht aufgibt, hat gute Gründe: Der Kontrolle über dieses Gebiet kommt strategisch eine große Bedeutung zu – einen Landstrich an der Grenze zu Türkei zu erobern würde die geopolitische Bedeutung der extremistischen Islamisten festigen. Dann bestünde nämlich eine direkte Verbindung zwischen den Ausläufern des „Kalifats" sowie der Route, über die viele ausländische Dschihadisten einreisen. Mit dem Ausgangspunkt an der Grenzstadt könnte die Terrormiliz den Versuch starten, durch die neue Handels- und Transportroute in die Hauptzentrale nach Rakka die Herrschaft im östlichen Syrien zu stärken und zu erweitern. Außerdem wäre es von dort aus möglich, Hilfsgüter sowie Waffen von anderen Gruppierungen, die das Regime Assads bekämpfen, abzufangen. [105]

Psychologische Kriegsführung mittels Social Media

Der IS kämpft zwar offiziell für das proklamierte Kalifat, das auf den frühen Islam zurückgeht, aber seine PR- bzw. Social-Media-Strategie ist nicht von gestern: Die Kunst der Selbstinszenierung im World Wide Web beherrschen die Dschihadisten der Terrormiliz „Islamischer Staat" perfekt.

Als der IS zwischen dem 11. und 14. Juni 2014 den Feldzug gegen Bagdad startete, erstatteten die IS-Kämpfer über Twitter wie in einem Liveticker Bericht darüber – und das ist nur eines von vielen Beispielen. Online werden Freunde wie Feinde der Extremistengruppe regelmäßig mit Updates von der Front, über Kampferfolge – welche sich nicht überprüfen lassen – oder Exekutionen versorgt.

Dabei handelt es sich um eine Art psychologischer Kriegsführung, welche die irakische Regierung für so gefährlich hält, dass sie im Juni den Zugang zu Facebook, Twitter und YouTube sperrte. Daraufhin reagierte der IS übrigens mit der Veröffentlichung von Tipps, wie man mithilfe von Proxy-Servern die Sperren umgehen kann. [106]

In der Tat ist die PR-Strategie des IS psychologische Kriegsführung: Die grausamen Fotos sollen schiitische Milizen im Irak provozieren und diese zu brutalen Übergriffen anreizen. Bereits in Syrien hatten online verbreitete Bilder von Gräueltaten einen Beitrag zur Eskalation des Bürgerkriegs geleistet [107].

Längst haben sich sowohl Facebook als auch Twitter in den Internetkrieg zwischengeschaltet: Um Missbrauch zu verhindern, sind IS-Konten oft schnell nicht mehr auffindbar, davon lässt sich die Terrormiliz aber nicht abhalten und eröffnet immer wieder neue Accounts mit ähnlichen Namen. Auch die von der Terrorgruppe persönlich programmierte App für Twitter namens „Dämmerung" lässt sich längst nicht mehr aufrufen – damit konnten die extremistischen Social-Media-Profis ihre PR-Tweets über die Konten aller App-User verbreiten und so ihre Nachrichten zu Twitter-Trends werden zu lassen, ohne im Spamfilter zu landen. [108] Experten sind sich einig, dass die IS-Propaganda-Maschinerie über Twitter sehr gut funktioniert. Laut Informationen des Senders „Sky News" nutzt die Terrororganisation über 60.000 Twitter-Accounts – so setzten die Dschihadisten beispielsweise während der Fußball-WM auf den WM-Hashtag, um Aufmerksamkeit auf ihre Tweets zu ziehen. [109] Auch Instagram und Soundcloud nutzt die PR-Abteilung des IS für dessen Zwecke. Zum Teil stellen sich die IS-Kämpfer online dort als Unterstützer der Zivilbevölkerung dar – beim Verteilen von Essen oder als Helfer bei der Ernte. Veröffentlicht werden auch Erklärungen von Islamisten aus anderen Ländern, die den Terroristen ihre Unterstützung zusichern. [110]

Der IS scheut aber auch nicht davor zurück, Propaganda-Fotos mit Kindern für ihre Zwecke zu veröffentlichen, um Menschlichkeit zu demonstrieren: Jungen und Mädchen auf Krankenhaus-Betten mit Mundschutz oder Atemschläuchen – angeblich auf einer Krebsstation –, Ärzte, die Neugeborene untersuchen, Kinder mit der IS-Flagge. Besonders schockiert hatte aber eine Aufnahme eines kleinen Jungen, der den Kopf eines ermordeten syrischen Soldaten in die Kamera hält, dabei soll es sich um den Sohn des australischen IS-Terroristen Khaled Sharrouf handeln. [111]

Auch direkt nach der Hinrichtung des US-Journalisten James Foley am 19. August 2014 entstanden 27.000 neue Twitter-Accounts. Das Video von der Enthauptung wurde sofort über den sozialen Nachrichtendienst verbreitet – und auch wenn der Film auf YouTube schnell wieder gelöscht wurde, wanderten Screenshots und Mitschnitte rasend schnell durch das Netz, vor allem über Twitter. [112]

IS produziert– teilweise mit großem Aufwand – Videos von (auch angeblichen) Erfolgen. Damit sollen wohl auch Spender angelockt werden. Des Weiteren zählt auch die Veröffentlichung des Jahresberichts mit der genauen Auflistung der Anschläge zu den PR-Strategien der Dschihadisten. Auch potenzielle Rekruten sollen per Social Media angesprochen werden: So berichtete ein ehemaliger IS-Kämpfer dem US-amerikanischen Sender CNN, wie er über Twitter-Nachrichten mit den Terroristen in Kontakt kam. [113]

Im Internet sind speziell ausländische IS-Rekruten sehr aktiv – dabei handelt es sich um junge Männer, die mit Smartphones und Tablets in die Krisenregionen einreisen; dieses Phänomen ließ sich bereits beim Feldzug auf Bagdad beobachten: Fotos von Schokoladenriegeln, alkoholfreiem Bier und jungen Katzen waren beliebte Motive, die online auftauchten. Dahinter steckt wohl die Botschaft: „Der Feldzug auf Bagdad ist ein vergnügliches, gottgefälliges Werk, das Schlachtfeld ein Abenteuerspielplatz." [114]

Das Al-Hayat Media Center wiederum wurde im Juli 2014 gegründet und ist eine PR-Abteilung von IS, deren Videos sich vor allem an ein westliches Publikum richten. Produziert werden die Filme in Englisch, Deutsch, Russisch und Französisch. Das Al-Hayat Media Center hat beispielsweise auch die grausamen Hinrichtungsvideos der beiden US-amerikanischen Journalisten James Foley und Steven Sotloff und des britischen Entwicklungshelfers David Haines verbreitet. [115]

Ende September 2014 tauchte ein neues von der PR-Abteilung professionell produziertes Video auf, das mit schnellen Schnitten, Dolby-Surround-Effekten und suggestiven Bildern beinahe wie ein Action-Film aus Hollywood wirkt. „Flames of War“, wie IS das 55 Minuten lange Video betitelt, ist aber ein perfider Propagandafilm über den Kampf der Terrormiliz. [116] Generell kommt der IS mit seinen Videos westlichen Sehgewohnheiten entgegen: mit religiös anmutender Filmmusik im Hintergrund, der Unterteilung in Kapitel und mit englischen bzw. arabischen Untertiteln.

Das jüngste Propaganda-Werk soll verdeutlichen, was amerikanische Soldaten im Irak erwartet. Zu sehen sind kämpfende Islamisten, welche US-Soldaten töten und Panzer zerstören. Gezeigt wird außerdem ein Ausschnitt aus einer Rede des US-Präsidenten Barack Obama, in dem dieser verspricht, die Amerikaner würden nicht in den Irak zurückkommen. Das Video soll wohl auch als Drohung dienen: Am 17. September hatte nämlich US-Generalstabschef Martin Dempsey in Erwägung gezogen, amerikanische Truppen in den Irak zu schicken, sollten die Luftangriffe keine ausreichende Wirkung erzielen. [117]

Im Vorspann beschwört eine männliche Stimme in hervorragendem Englisch zu Bildern von amerikanischen Kriegsschiffen und Drohnen das Ankommen der „Kreuzritter“ im historischen Zweistromland (also im Irak). Die „dunkle Welle der Kreuzzügler-Armeen“ habe eine Bewegung entstehen lassen, die die politische Landkarte der Welt für immer verändern werde: den Islamischen Staat. Nach Aufnahmen von George W. Bush und Barack Obama, die das Ende der USA-Mission im Irak erklären, sagt der Sprecher im Video Folgendes: „Sie haben gelogen. Der Kampf hat gerade erst begonnen. Und wir werden siegen.“ Zu sehen sind Bilder von erbeuteten Panzern der irakischen Armee sowie als Helden inszenierte IS-Kämpfer, unterlegt von der Drohung: „Wir werden von überall herkommen, um euch zu bekämpfen.“ Es folgt das Bild eines Reiters mit IS-Flagge – damit soll ein Bezug zu Osama bin Laden hergestellt werden, von dem folgendes Zitat stammen soll: „Die Menschen setzen immer auf das stärkste Pferd.“ Danach werden Sequenzen von zerstörten syrischen Städten gezeigt, auch von getöteten Kindern, dazwischen sind Bilder des syrischen Diktators Assad zu sehen. Dann wieder werden IS-Kämpfer gezeigt, ernste Männer mit gutem Aussehen. Die Stimme aus dem Off fragt: „Was sind die Freuden des irdischen Lebens verglichen mit dem Jenseits?“ sowie „Wenn du nicht in den Kampf ziehst, wird Allah dich bestrafen.“ Einen Auftritt hat auch der medienscheue IS-Anführer Abu Bakr al-Baghdadi, er ist – seitlich gefilmt – beim Predigen in einer Moschee zu sehen, dabei handelt es sich um einen Ausschnitt aus einem im Juli 2014 erschienenen Video, in dem der IS-Chef sich das erste Mal der Weltöffentlichkeit zeigte. Eingeblendet werden aber auch ein Mähdrescher und Berge von Getreidesäcken, zusammen mit der Botschaft: „Wenn wir die Macht haben, dann sorgen wir für euch.“ Laut Off-Sprecher sind die IS-Terroristen „barmherzig den Gläubigen gegenüber“, gezeigt werden dabei einander lächelnd umarmende Männer. Es folgt eine unscharfe Aufnahme von einer Hinrichtung mehrerer Menschen: „Und gegen die Untreuen geht man hart vor“, heißt es dazu. Ein nächtlicher Kampf ist ebenfalls zu sehen, immer wieder auch ein explodierender Feuerball, der alles zerstört. Dann wieder IS-Kämpfer in der Dämmerung, daraufhin ein endlos erscheinender Konvoi aus Pick-ups: „Wir kommen überall hin, wir werden immer mehr …“ Schließlich tritt ein maskierter, Englisch mit amerikanischen Akzent sprechender IS-Terrorist auf, der Gefangene zum Schaufeln ihrer eigenen Gräber anleitet, alles unter einer wehenden IS-Flagge. Der Mann beschreibt, dass es sich bei seinem Standort um den ehemaligen syrischen Militärstützpunkt am Rande von Rakka und der zerstörten Kasernen handelt. Dann sagt ein Mann mit schwarzem Umhang: „Wir graben unsere eigenen Gräber. Unser Schicksal ist es, abgeschlachtet zu werden.“ Er wirft Assad vor, dass er seine Soldaten im Stich gelassen hat, und hebt wiederholt hervor, dass es lediglich einige Dutzend IS-Kämpfer geschafft haben, 800 Soldaten aus der Militärbasis in Rakka zu vertreiben. Damit soll die unglaubliche Kampfmoral von IS verdeutlicht werden. Der maskierte IS-Kämpfer, der vorher gesprochen hat, hantiert mit einer Pistole in einer coolen Manier, die Gesten ähneln typischen Rapper-Bewegungen, dann erschießt er die Gefangenen. Der Abspann des Films richtet sich schließlich direkt an die USA: „In der nahen Zukunft werdet ihr mit Allahs Erlaubnis in eine direkte Konfrontation gezwungen, trotz eurer Zurückhaltung. Und die Söhne des Islam haben sich auf diesen Tag vorbereitet." [118]

Hintergrund der ausgeklügelten PR-Strategie im Internet ist wohl auch, dass IS als Marke eingeführt werden soll – das scheint auch zu funktionieren. Online ist es der Terrororganisation gelungen, weltweit ihre Sympathisanten zu versammeln, aber auch Gegner zu informieren. [119] Die PR-Mitarbeiter des IS beherrschen Programme wie Photoshop und Co. jedenfalls perfekt. Die Propagandafilme werden mit Profi-Equipment gedreht [120], das IS-Magazin *Dabiq* besticht ebenfalls durch höchste Professionalität in Bezug auf seine Aufmachung. Unter anderem ist es auch diese Medienkompetenz, die den IS von anderen Terrorgruppen abhebt und auch so erfolgreich macht – vor allem hinsichtlich Propaganda und der Rekrutierung von potenziellen Kämpfern. In diesem Zusammenhang sind eindeutig der Wiedererkennungswert der eigenen Marke, die Reichweite des Netzwerks und die Möglichkeit, die Social-Media-Präsenz durch eine Kombination aus „offiziellen" Posts und Anhänger, die die Inhalt weltweit verbreiten, die Stärken des IS – und sie sind maßgeblich beteiligt am Vorankommen der Terrormiliz. [121]

***Dabiq* – das Magazin des IS**

Geradezu erschreckend professionell wirkt auch das ebenfalls vom Al Hayat Media Center herausgegebene IS-Magazin *„Dabiq",* das für den Dschihad Propaganda betreibt – mit seiner englischsprachigen Online-Ausgabe ebenso im Ausland. Die Zielgruppe sind Konvertiten oder junge Migranten in Amerika, Europa sowie Russland. Die erste Ausgabe erschien im Sommer 2014, im Oktober 2014 wurde bereits die vierte veröffentlicht. Das Magazin zeichnet sich durch einfach lesbare Texte aus sowie Bilder im Großformat, welche digital bearbeitet wurden. Die Aufmachung orientiert sich generell an westlichen Maßstäben und erinnert an Hochglanz-Magazine. [122]

Man kann zwar die Anhänger der Terrormiliz wohl kaum als Leseratten bezeichnen – kurz nach der Ausrufung des Kalifats säuberten die Milizen des Islamischen Staats nämlich die Universität in Mosul; lediglich wirtschaftswissenschaftliche sowie medizinische Fachliteratur und Bücher über Maschinenbau durften in den Regalen der Bibliotheken Mossuls stehen bleiben. Sämtliche andere Literatur – egal ob Philosophie, Politik oder Kunst – landete im Müll. Die radikalsten Vertreter unter den islamistischen Gruppierungen lesen sehr wenig, denn in Magazinen und Büchern finden sich sündige Inhalte. Nur der Koran und die entsprechenden Begleitwerke sind beliebt – Propaganda ist allenfalls noch erlaubt und wird beim Islamischen Staat auch professionell betrieben. Auch das IS-Magazin *„Dabiq"* ist nichts anderes als ein Propagandablatt, das Websites, Filme und Twitter-Posts gekonnt ergänzt. Auf Englisch findet man es im Internet, die arabische Ausgabe kann man lediglich in den vom Islamischen Staat beherrschten Gebieten in Syrien und im Irak beziehen. [123]

Und der Name des Magazins ist auch Programm. Dabiq ist nämlich ein mythischer Ort nahe Aleppo in Syrien, der in der frühen Geschichte des Islam erwähnt wird. Dort werden gemäß islamischer Prophezeiungen, die Muslime und die „Römer" (heute ist damit vermutlich der christliche Westen gemeint) zu einer entscheidenden Schlacht, einem Armageddon, gegeneinander antreten. [124]

Mit Titeln wie „Die Rückkehr des Kalifats" (1. Ausgabe) oder „Die Flut" (2. Ausgabe) visieren die Herausgeber die nicht arabischsprachigen Muslime an, welche kaum über die Kriegsgräuel der arabischen Welt Bescheid wissen, aber beim Dschihad dabei sein möchten. Die wichtigsten Botschaften behandeln dementsprechend den heiligen Krieg und das Kalifat. Das Kalifat wird etwa in der ersten Ausgabe als einzige akzeptable Staatsform beschrieben. Erwähnt wird in diesem Zusammenhand die aus Jordanien stammende Al-Qaida-Größe Abu Mussab al-Zarqawi, der hier als Vordenker und Vorbild gelobt wird, weil er einen IS-Vorläufer gegründet hatte, bevor er 2006 infolge eines US-Bombenangriffs im Irak starb. Auch religiöse Formulierungen in transkribiertem Arabisch finden sich in den einfach zu lesenden Texten häufig: „Erhebt das Haupt. Ihr habt nun einen Staat und ein Kalifat, das euch Würde, Macht, Rechte und Führerschaft zurückgibt" – so lauten die Worte von Kalif Ibrahim, dem geistlichen und politischen IS-Chef, der sich im Magazin an den Leser wendet. Als Erklärung dazu dienen bluttriefende Bilder: Von den IS-„Gotteskriegern“ geschlachtete schiitische Gegner sind alle „Perser“, die Toten aus den eigenen Reihen jedoch „Muslime“; es folgt Propaganda über den Jubel der Bevölkerung in den „befreiten Gebieten“, Siegeszüge der Dschihadisten und den wirtschaftlichen Aufbau des Kalifats. Erwähnung finden auch andere Konflikte innerhalb der islamischen Welt – so wären „Zeit und Geduld“ notwendig, bis der IS Palästina helfen könne, um die „barabarischen Juden“ zu beseitigen. [125]

Auch die IS-Regeln werden Lesern, die den militanten Islam (noch) nicht aus eigener Erfahrung kennen, nähergebracht: So erfährt man, weshalb Ehebrecherinnen zu Tode gesteinigt und Straßenräuber exekutiert werden. Der Hintergrund hierfür ist vermutlich, das Image des Kalifats auch Dschihad-Neulingen schmackhaft zu machen und nicht nur Gewalttätige anzusprechen – so könnten auch Zivilisten für das Kalifat, etwa Ärzte oder Ingenieure, rekrutiert werden. Dazu würde auch eine Abbildung in der ersten Ausgabe passen: Kalif Ibrahim tritt als Hirte mit Hund auf – das Symbol des guten Hirten und seinen Schäfchen ist eindeutig der christlichen Bildsprache zuzuordnen, keineswegs der islamischen. Etwas irritierend wirkt dabei die Abbildung des IS-Chefs mit einem Hund als treuen Begleiter – im Islam werden Hunde nämlich als unrein betrachtet. [126] Zu finden sind aber auch Artikel über die Festlichkeiten des Ramadan oder wie der IS sich um Waisenkinder sorgt. [127]

Die dritte *Dabiq*-Ausgabe haben die Blattmacher mit „The Call to Hijrah“ betitelt: Es wird betont, wie wichtig es ist, so schnell wie möglich in den Irak und nach Syrien zu reisen und sich dem Kalifat anzuschließen – Hijrah ist nämlich der arabische Ausdruck für Migration und bezieht sich auf die Reise des Propheten Mohammed und seiner Gefährten von Mekka nach Medina im Jahr 662. „The Failed Crusade“ (Der gescheiterte Kreuzzug) lautet der Titel der vierten Ausgabe, die im Oktober 2014 erschienen ist, dieser fokussiert auf die Versuche der US-geführten Koalition, den IS zu schwächen bzw. zurückzudrängen, die laut der Terrormiliz jedoch zum Scheitern verurteilt sind. Ebenfalls in dieser Ausgabe findet sich ein angeblich vom US-Journalisten Steven Sotloff vor seinem Tode verfasster

Brief an seine Mutter. [128] „Mom, please don't let Obama kill me", heißt es in dem im Magazin abgedruckten Text – womit suggeriert wird, dass nicht der IS verantwortlich ist für seine Taten, sondern die vermeintlichen Verursacher, hier die USA und alle Staaten, die sich ihnen anschließen. [129]

Harte Fakten: Zahlen und Daten rund um den IS

Der IS-Jahresbericht „al-Naba“ – mehr als nur Statistik

Am 31. März 2014 hat die terroristische Miliz ihren „Jahresbericht für 2013“ veröffentlicht: Dieser nennt sich „al-Naba“ (arabisch: die Nachrichten) und deckt auf 400 Seiten die Periode von November 2012 bis November 2013 ab. Die dabei präsentierten Zahlen wirken zwar wie der Geschäftsbericht einer Aktiengesellschaft, doch stehen im Mittelpunkt weder Umsatz, Gewinn noch Dividende – vielmehr bezeugen die Zahlen grausame Tatsachen, nämlich Kampf, Blut und Mord. [130]

Experten vom US-amerikanischen „Institute for the Study of War“ (ISW) haben den Bericht einer Auswertung unterzogen und gelangen zu folgendem Ergebnis: Die Organisation IS gleicht mehr einer streng organisierten Militäreinheit denn einem terroristischen Netzwerk. Und sie hat ein politisches Ziel: den Aufbau eines sunnitischen Gottesstaates unter Anwendung der Scharia. [131] Die 400 Seiten belegen zudem die Macht der Terror-Miliz in der Region.

Der in arabischer Sprache publizierte, verständlich aufbereitete Bericht inklusive professioneller Infografiken gelangte durch die I'tisaam Media Foundation [132] – einem der wichtigsten Medien-Instrumente von IS – an die Öffentlichkeit und wurde online rasch weiterverbreitet. Dabei handelt es sich um das zweite Jahrbuch zu den Ergebnissen von militärischen Feldzügen im Irak; im August 2013 hatte der IS bereits einen ähnlichen Bericht zur Periode von November 2011 bis November 2012 präsentiert, damals übrigens als Online-Posting im Al-Shumukh-Forum, das als wichtigstes Informationsorgan von al-Qaida gilt. [133]

Statistisches aus dem Jahresbericht

Fein säuberlich wird darüber Buch geführt, wie und wo der IS Bombenanschläge, Morde und andere Angriffe vorgenommen hat – laut ISW-Analyst Alex Bilger listen die Terroristen für das „Jahr des Propheten 1434“ (2013) im Irak über 9540 Operationen auf, die Aktivitäten haben sich damit gegenüber 2012 beinahe verdoppelt [134]:

- 4465 Straßenbomben
- 1083 Attentate/Morde (zum Vergleich 2012: 585)
- 1047 Tote durch Heckenschützen (im Vergleich 2012: 16)
- 1015 Bomben oder Brandanschläge auf Häuser/Kirchen/ Moscheen (zum Vergleich 2012: 648)
- 607 Mörser-Angriffe (zum Vergleich 2012: 359)
- 537 Autobomben
- 336 bewaffnete Überfälle
- 160 Selbstmord-Attentate mit Sprengstoffweste
- Vertreibung von mehr als 100 Schiiten
- Befreiung von mehr als 100 Gefangenen
- „Umkehrung" von mehr als 100 Ungläubigen
- 78 Selbstmord-Anschläge mit Autobomben
- Errichtung von 30 Checkpoints
- 14 Bombenattentate mit dem Motorrad
- Einnahme von acht Städten [135]

Gelistet sind die Zahlen im Bericht stets nach den Gebieten, in denen die Operationen stattgefunden haben: „Baghdad, Ninewa, South Diyala, Anbar, Salah ad-Din and Northern Baghdad and Kirkuk". [136] Offensichtlich setzte der IS in Bagdad am wenigsten auf Straßenbomben – das ISW fuhrt dies übrigens auf die fehlende territoriale Kontrolle in der Stadt Ende 2013 zurück: Bomben werden zwar häufig eingesetzt, weil diese günstiger und einfacher herzustellen sind, aber das gilt nicht für deren Einsatz. Zudem gestaltet sich in der städtischen Umgebung Bagdads wohl auch das Verstecken von Sprengstoff schwieriger. [137]

Entnehmen lässt sich dem Bericht auch, dass es 2013 innerhalb des IS keinen einzigen Abtrünnigen gab, der seinen religiösen Überzeugungen abgeschworen hätte, 2012 waren es immerhin zwei gewesen. [138]

In finanziellen Belangen hat die Gruppe offensichtlich keine Schwierigkeiten: „al-Naba" lässt sich entnehmen, dass 2013 von

Geschäftsleuten aus Mosul pro Monat rund fünf Millionen Euro erpresst werden. Außerdem hat der IS zig Millionen Euro aus Banküberfällen angesammelt.

Dem Bericht zufolge hatte der IS Ende des Jahres 2013 circa 15.000 Kämpfer, mittlerweile sind es wohl deutlich mehr. Klar zu entnehmen sind dem Dokument auch die Zielsetzungen des IS: So wurde in der Ausgabe 2013 auch die Eroberung von Mosul, der zweitgrößten Stadt im Irak, aufgelistet – was im Juni 2014 auch tatsächlich gelang. [139]

Die Hintergründe der Veröffentlichung von „al-Naba"

Der Jahresbericht zeigt deutlich, wozu der IS im Irak bereit und in der Lage ist. Die Tatsache, dass es gelingt, zentrale Meldeverfahren zu organisieren und die Ergebnisse aller Operationen zu veröffentlichen, beweist laut ISW-Analyst Bilger auch, dass es sich um eine zunehmend strukturierte Organisation handelt, die nicht nur wahllos Angriffe startet. [140] Die Terrormiliz möchte damit vermutlich auch die Aufmerksamkeit potenzieller Sponsoren und Investoren auf sich ziehen.

Es können aber noch weitere Gründe bestehen, weshalb eine militärische Organisation wie der IS Daten sammelt und veröffentlicht: Die Statistiken zeigen die effektive Verwendung von zentral verteilten Ressourcen (dazu gehören auch Selbstmordattentäter), sie präsentieren die Befehlsgewalt und Hierarchien sowie die organisatorische Wirksamkeit – und das eben nicht nur gegenüber Unterstützern, sondern auch Gegnern. Dementsprechend soll der Inhalt des Jahresberichts wohl mehr eine Botschaft vermitteln als lediglich der Auflistung durchgeführter Operationen dienen: „Die IS-Führung im Irak hat seit mindestens 2012 das volle Kommando und die Kontrolle über die eigenen Aktivitäten im Einsatzgebiet." [141]

Zudem ermöglicht die Statistik es, wie Bilger erklärt, den Zuwachs an Territorium abzulesen: „Die Zerstörung von Gebäuden, das Einrichten von Checkpoints und die Übernahme von Städten hängen damit logischerweise direkt zusammen." Mit dem wachsenden Erfolg des IS geht überdies eine Veränderung der Strategie einher: „Der Wechsel von relativ einfachen bewaffneten Angriffen zu gezielten Tötungen und zur Zerstörung von Gebäuden und der Einnahme und Kontrolle von Ortschaften entspricht klassischen Aufstands-Strategien." Als nächster logischer Schritt in dieser „Clear, Hold, Build"-Strategie müsse nun aus Sicht der Islamisten die Einführung der Scharia stattfinden, so Bilger. [142]

Der IS in zehn Zahlen auf den Punkt gebracht

Die Journalistin Erica Morris veröffentlichte in ihrem Online-Artikel vom 8. September 2014 beunruhigende Zahlen rund um den IS [143]:

1. **Einnahme von mehr als 430 Millionen Dollar durch Bankraub:** Mehr als die Hälfte des Wohlstands von IS erschließt sich aus dem Ölgeschäft, doch findet die Terrorgruppe auch andere Einnahmequellen. Bis Juni „verdiente" sie 430 Millionen Dollar durch Bankraub, 36 Millionen Dollar stammen aus dem Verkauf von gestohlenen Waren auf dem Schwarzmarkt.
2. **Pro Tag verzeichnet der IS zwischen einem und vier Millionen Dollar an Einnahmen:** Dass IS so viel an Macht gewinnen konnte, ist einem unglaublichen Finanzpool zu verdanken: Steuereinnahmen, Kunstraub und der Verkauf am Schwarzmarkt, Bankraub und Ölgeschäfte.
3. **Auf dem Konto von IS sind zwei Milliarden Dollar.** Den Taliban oder der Hisbollah steht vergleichsweise lediglich eine „mickrige" halbe Million Dollar als Kapital zur Verfügung.
4. **IS hat insgesamt 90.000 Quadratkilometer Landfläche unter Kontrolle:** Dabei handelt es sich um die Gebiete im Norden des Iraks und große Teile von Syrien.
5. 1,2 Millionen Menschen mussten 2014 auf der Flucht vor IS ihre Häuser im Irak verlassen.
6. **Mehr als sechs Millionen Menschen befinden sich unter der Kontrolle von IS:** Der IS kontrolliert weite Teile des nördlichen Iraks und ein großes Gebiet von Syrien – insgesamt leben geschätzt sechs Millionen Menschen unter der Herrschaft von IS.

7. **Im August 2014 ermordete IS innerhalb von 14 Tagen 700 Menschen:** IS begeht seine Morde auf unterschiedliche Art und Weise, häufig werden diese auf öffentlichen Plätzen ausgeführt und gefilmt.
8. **Schätzungsweise 20 Journalisten wurden in Syrien entführt:** Laut „Committee to Protect Journalists" hat IS 20 Journalisten in Syrien entführt – die US-amerikanischen Reporter James Foley und Steven Sotloff, der zudem Jude war und die israelische Staatsbürgerschaft innehatte, wurden bereits enthauptet. **Diversen Schätzungen zufolge verfügt IS inzwischen vermutlich über 80.000 Kämpfer:** Berichte veröffentlichten unterschiedliche Angaben zur Militärkraft des IS, manche geben diese mit 10.000 bis 20.000 Mann an, während diverse Analysten eine Zahl von 80.000 Kämpfer für realistisch halten.
9. **Bis zu 500 britische Kämpfer haben sich dem IS bereits angeschlossen:** Das „Committee to Protect Journalists" schätzt außerdem, dass sich bis zu 500 britische Kämpfer dem IS angeschlossen haben. Der Mann, der den Journalisten James Foley getötet hat, soll ebenfalls Brite gewesen sein, auf jeden Fall Englisch mit britischem Akzent gesprochen haben.

Geldquellen und Geldflüsse: So wird der Terror finanziert

„Geld ist der Sauerstoff des Terrorismus. Ohne die Mittel, Geld aufzubringen und um den Globus zu bewegen, funktioniert der Terrorismus nicht.", so brachte es Colin Powell, der ehemalige Außenminster der Vereinigten Staaten, einst auf den Punkt. [144] Denn Terror ist ein globales Geschäft. Und der IS hat es perfektioniert. Keine terroristische Organisation war jemals so reich und verfügte über so viele sprudelnde Geldquellen. Die Finanzmittel der IS-Kämpfer entsprechen mittlerweile dem Militärhaushalt einer kleinen europäischen Nation. [145]

Islamistische Terrorgruppen, ihre Sponsoren und Partner nutzen diverse Einnahmequellen. Über offene und verdeckte Kanäle transferieren sie jährlich Milliardensummen in der ganzen Welt. Die Geldströme zu stoppen, scheint kaum noch möglich. Und ohne es zu wollen, zahlt jeder von uns mit – über Spenden für vermeintliche Wohltätigkeitsorganisationen, beim Kauf von Heizöl oder durch Steuergelder, die zum Freikaufen von Geiseln verwendet werden und somit den Terrorismus mitfinanzieren.

Wie viel Geld der IS auf seinen Konten, in Banksafes, Goldspeichern und Geldkoffern gelagert hat, lässt sich nicht exakt beziffern. Die Schätzungen schwanken zwischen zwei und zweieinhalb Milliarden Dollar. Allein bei der Eroberung der irakischen Stadt Mosul raubten IS-Kämpfer umgerechnet 420 Millionen Dollar aus dem Safe der Zentralbank. [146] Und die Expansion der Dschihadisten erfolgt gezielt in Regionen, in denen neue Geldquellen angezapft oder illegale Geldströme kontrolliert werden können.

Geldquellen – woher fließt das Geld der islamistischen Terroristen?

Legale Geschäfte

Ob Fisch, Honig oder Leder – terroristische Organisationen beschaffen sich ihre Finanzmittel auch aus legalen Geschäften. Als Unternehmer fungieren oftmals Schläfer, die von den Islamisten das Startkapital zur Firmengründung bekommen, um damit gesetzeskonforme Einnahmen zu erzielen. Bei Bedarf dient die Firma zusätzlich als Deckmantel für Schmuggel oder illegale Waren- und Geldtransfers.

Eines der Hauptprobleme krimineller Vereinigungen ist es, die illegal erworbenen Gelder in offizielle Wirtschaftskreisläufe einzuspeisen. Darum setzen die meisten Gruppen auf eine Kombination von legalen und illegalen Geschäften – ob Fisch oder Leder, Bau- oder Transportwesen.

Osama bin Laden mehrte seinen Reichtum beispielsweise im Geschäft mit dem Honig, einer beliebten Ware in islamischen Ländern. Mit fingierten Aufträgen und Rechnungen lassen sich fremde Einkünfte waschen. Über Buchungstricks können Handelsgeschäfte zudem schwarze Kassen einrichten, von denen unbemerkt Gelder für bewaffnete Islamisten bereitgestellt werden.

Wie kaltschnäuzig Terroristen selbst aus ihren Anschlägen Profit schlagen, zeigen Börsenspekulationen vor den Anschlägen vom 11. September 2001. Insider verkauften bereits zwei Wochen vorher Aktien von Luftfahrts- und Versicherungsunternehmen und spekulierten auf fallende Kurse. Dafür investierten sie in Gold und Erdöl, weil sie wussten, dass die Werte nach den Terrorakten steigen würden. Diese Transaktionen sind zwar illegal, wie jede Form von Insider-Trading, sie zeigen jedoch, wie gut die islamistischen Führer mit Termingeschäfts- und Wertpapiermaklern vernetzt sind. So ist es nur schwer möglich, die Hintermänner zu entlarven und letztlich eine kriminelle Absicht zu beweisen. [147]

Spender und Sponsoren

Ein steter Geldfluss erreicht die islamistischen Terrorgruppen in Gestalt von Spenden. Eine wesentliche Rolle spielt dabei die „zakat" – die Almosensteuer, zu der gläubige Muslime verpflichtet sind. Auch islamische Banken führen für jede Transaktion oder jeden Vertrag zwei Prozent der Summe als „zakat" an karitative Organisationen ab. Wohin die Gelder fließen, liegt in der Entscheidung des Spenders. In der Bilanz tauchen die Zahlungen nicht auf, nach der Transaktion werden alle Aufzeichnungen verzichtet.

Eine Kontrolle der Wohltätigkeitseinrichtungen ist nach den steuerlichen Regeln in den islamischen Ländern kaum durchsetzbar – eine ideale Einkommensquelle für islamistische Gruppierungen, die so unter dem Deckmantel einer karitativen Organisation unkontrolliert Millionensummen einstreichen können. Reiche Geschäftsleute aus Kuweit, Katar oder Saudi-Arabien können ihre „zakat" so über getarnte Wohltätigkeitsvereine direkt zu den Terroristen weiterleiten.

Bei einem geschätzten Vermögen von 600 Milliarden US-Dollar müsste allein die saudische Königsfamilie jährlich zwölf Milliarden Dollar „Almosen" entrichten. Da das saudische Herrscherhaus für seine Nähe zum Wahhabismus bekannt ist, eine puritanische Variante des sunnitischen Islam, dürften die Gelder vorwiegend an sunnitische Einrichtungen fließen – für die auch der IS kämpft.

Bereits im Jahr 1999 stellte sich bei Buchprüfungen heraus, dass über die saudische National Commercial Bank drei Millionen Dollar zu Tarnorganisationen von Osama bin Laden geflossen waren. Das Geld stammte von fünf angesehenen saudischen Unternehmern. Wie der US-Geheimdienst vermutet, handelte es sich dabei um Schutzgeldzahlungen, mit denen die Geschäftsleute Anschläge auf ihre Firmen verhindern wollten. [148]

Im großen Geldstrom der Terrorfinanzierung machten die drei Millionen nur ein kleines Rinnsal aus, und als Geste des guten Willens legte Saudi-Arabien den Kanal im Jahr 2000 trocken, indem es 50 Prozent der National Commercial Bank an die USA verkaufte. Der Fluss saudischer Spenden kam dadurch jedoch nicht ins Stocken. Im Jahr 2001 transferierten saudische Geldinstitute 267 Millionen Dollar in Regionen, in denen es bewaffnete Konflikte mit Muslimen gab. [149]

Wo die Banken Millionenbeträge verschieben, tragen Privatleute in kleinerem Umfang zur Finanzierung des Terrorismus bei. Islamische Organisationen werben regelmäßig um Spenden für wohltätige Zwecke. Viele dieser Sammlungen bewegen sich in einer Grauzone: Es bleibt unklar, ob die einwerbende Organisation ihren Hilfscharakter nur vorspiegelt und zumindest einen Teil der Spenden für terroristische Zwecke umlenkt. Wie Nachforschungen im Umfeld von al-Qaida ergeben haben, wurden einige Wohlfahrtseinrichtungen speziell mit dem Ziel der Terrorfinanzierung gegründet. Andere wurden von islamistischen Gruppen unterwandert, um Gelder für Ausbildungslager oder bewaffnete Anschläge abzuzweigen. Über einen internationalen Pool fließen die Spenden an Terrorzellen weiter.

Herkunft und Zielort der Spenden sind schwer zu ermitteln. Es ist deshalb denkbar, dass viele muslimische Spender nicht über den Verwendungszweck ihrer Spende informiert sind. Sei es, weil sie bewusst getäuscht werden, oder es vielleicht auch, weil sie es gar nicht so genau wissen wollen. Denn bewaffnete islamistische Gruppen beziehen einen Teil ihrer Stärke gerade daraus, dass sie die Grenzen zwischen Kämpfern und Nicht-Kämpfern aufweichen. So gelingt es, weite Teile der Bevölkerung für die „gemeinsame Sache“ zu mobilisieren. Zugleich richten sich die Attacken des IS in Syrien und dem Irak weitgehend gegen Zivilisten.

Neben den enormen Einnahmen durch Entführungen, Drogenhandel oder Ölgeschäfte scheinen regionale Finanzaktivitäten von Islamisten wenig einträglich. Eine Kuchen-für-Spenden-Aktion in Niedersachsen zeigt jedoch, wie flexibel und unkonventionell salafistische Gruppen bei der Geldbeschaffung agieren. Die beim „Cake Day" gesammelten Spenden sollen direkt zu Aktivisten in Syrien transferiert werden. Parallel laufen Spendensammlungen in Moscheen, bei denen unklar bleibt, wohin die Gelder tatsächlich fließen: zur notleidenden Zivilbevölkerung oder zu den islamistischen Kämpfern. [150]

Eine Art „Patenschaft" für Terroristen entstand, als aus Saudi-Arabien nicht nur Geld zum IS floss, sondern das Königreich auch andere wertvolle Güter entsandte: junge Männer. Nach Schätzungen verschiedener Geheimdienste haben sich bisher 4000 junge Saudis auf den Weg in den heiligen Krieg gemacht, gesponsort von reichen Geschäftsleuten. Das Finanzierungsmodell ist simpel und ähnelt den Patenschaften für Kinder in Somalia oder Bangladesch: Der Sponsor zahlt den Terror-Rekrutierern rund 2400 Dollar für „seinen" Gotteskrieger. Auf Wunsch kann er sich per Video von den erfolgreichen Aktionen seines Investitionsobjektes überzeugen. Vermögende Spender bringen es so auf eine eigene kleine Armee. [151]

Deutsche Gotteskämpfer setzen bei der Finanzierung auf soziale Netzwerke. Auf Facebook und Co. suchen sie nach „Freundschaften" zu spendierfreudigen Unterstützern. Damit die Sponsoren wissen, wofür ihr Geld ausgegeben wird, fügen die potenziellen Terroristen gleich konkrete Wunschlisten an: Tarnkleidung, Ausrüstung und Tickets für die Reise. Auf diese Weise befeuern auch private Sponsoren aus Deutschland den Motor des Terrors in Syrien und im Irak.

Der Erfolg der medialen Inszenierung beweist, wie geschickt der IS moderne Medien zum Einwerben von Geldern nutzt. Um den Zustrom ausländischer Kämpfer zu stoppen, hat der UN-Sicherheitsrat in seiner Anti-Terror-Resolution vom September 2014 deshalb auch die Finanzierung von Milizen unter Strafe gestellt. Alle beteiligten Staaten verpflichten sich, die Rekrutierung und Ausrüstung von IS-Kämpfern zu unterbinden. Damit sind auch private Spenden für die Reise in das Kampfgebiet illegal. Die Sponsoren können gerichtlich verfolgt werden. [152] In Deutschland greift dazu der Paragraf 129 StGB.

Entführungen

Geiseln sind für Terrorgruppen eine ebenso lukrative Handelsware wie Erdöl, Drogen oder Gold. [153] Experten schätzen, dass der IS und seine Vorläuferorganisationen seit 2009 rund 120 Millionen US-Dollar durch Lösegeldforderungen kassieren konnten. [154]

Bis zum finalen Deal wechseln die Opfer oft mehrfach den Besitzer. Jeder, der Interesse an ihnen hat, darf für ihr Leben bieten – oder für ihren Tod. Wie der britische TV-Sender *Channel 4* recherchierte, wurden 1998 vier ausländische Ingenieure von tschetschenischen Islamisten enthauptet, weil Osama bin Laden unmittelbar vor ihrer geplanten Freilassung mehr Geld für ihre Hinrichtung bot, als die Firma Granger Telecom für die Freilassung vereinbart hatte. Die vier Millionen Dollar Lösegeld des britischen Unternehmens steckten die Terroristen zusätzlich ein. [155]

Auch im Irak sorgt das Geschäft mit den Geiseln seit Jahrzehnten für satte Gewinne. Bevorzugte Zielgruppe sind ausländische Geschäftsleute und Journalisten. So verschleppte al-Qaida 2005 die 43-jährige Deutsche Susanne Osthoff, die auf dem Weg von Bagdad nach Arbil im Norden des Landes war. Drei Wochen später wurde die Archäologin nach einer Lösegeldzahlung wieder freigelassen. Der Fall beschäftigte damals die Medien sehr intensiv, da Osthoff eine der ersten Deutschen war, die von islamischen Terroristen entführt wurde. Und bereits damals hielten sich offizielle Stellen bedeckt.

Mit dem Vorrücken des IS stieß der Menschenraub in eine neue Dimension vor. Ende Mai 2014 entführten IS-Kämpfer 143 Schulkinder auf dem Heimweg im nordsyrischen Aleppo. 60 ausländische Arbeiter wurden aus einem Konvoi im nordirakischen Kurdengebiet verschleppt, darunter 15 türkische Staatsbürger. Am 9. Juni brachten die Kämpfer weitere 32 türkische Lastwagenfahrer in ihre Gewalt, einen Tag später kidnappten sie in Mosul 49 türkische Diplomaten und Wachleute. Die Türkei ließ daraufhin ihr Generalkonsulat in Basra evakuieren und verhängte eine Nachrichtensperre über die Entführungen. Die Lkw-Fahrer kamen Anfang Juli wieder frei. Wie viel Lösegeld gezahlt wurde, blieb geheim. Das Schicksal vieler anderer Geiseln ist ungewiss. Insgesamt sollen sich noch mehrere Hundert Ausländer in der Gewalt der Terroristen befinden.

Wenn kein Lösegeld zu erzielen ist, lässt sich auch auf andere Weise Kapital aus den Opfern schlagen. Im November 2012 entführten bewaffnete Männer in der syrischen Stadt Binnish den Fotoreporter James Foley. Knapp zwei Jahre halten islamistische Terrororganisationen den Amerikaner gefangen, zunächst vermutlich in einem größeren Gefangenenlager in der Nähe von Damaskus. Später brachten ihn die IS-Milizen in die Nähe ihrer inoffiziellen Hauptstadt Rakka, wo am 4. Juli 2014 eine Befreiungsaktion misslang. Sechs Wochen später wurde der Journalist in einer medialen Inszenierung enthauptet.

Mit seinen perfiden Videos erzielt der IS zwar keinen unmittelbaren Cashflow, aber er baut seine Reputation auf: Enthauptungen als Markenzeichen einer terroristischen Bewegung, die erstmals den Anspruch auf einen eigenen Staat erhebt.

Die vor laufender Kamera enthaupteten US-Amerikaner James Foley und Steven Sotloff sowie der britische Entwicklungshelfer David Haines waren bereits seit Monaten in den Fängen der IS. Mutmaßlich wurden sie während ihrer Gefangenschaft zwischen einzelnen Terrorzellen weiterverkauft oder gegen andere Vermögenswerte eingetauscht. Und nicht zufällig stammen die Opfer aus Ländern, deren Regierung jede Lösegeldzahlung an Terroristen verweigert. Wenn die Geiseln einen anderen Pass gehabt hätten, wären sie möglicherweise noch am Leben.

Deutschland, Österreich, die Schweiz und Italien zeigen sich kooperativer. Zwar zahlen auch diese Länder offiziell kein Lösegeld, die geforderten Summen flossen in der Vergangenheit jedoch oft als Entwicklungshilfe getarnt zu den Entführern. Im März 2014 kamen außerdem zwei spanische und vier französische Journalisten aus der IS-Gefangenschaft frei. Einem Bericht der *New York Times* zufolge hat seit 2008 allein al-Qaida 125 Millionen US-Dollar von europäischen Staaten erhalten. [156] Indirekt finanzieren so die europäischen Steuerzahler den islamistischen Terrorismus.

In einer Welt, die von Botschaften und Bildern überquillt, hat der IS mit wenigen Video-Clips eine globale Erwartungshaltung geschaffen. Wer nicht vor Angst und Entsetzen wegschaut, fühlt sich vielleicht von der Brutalität angezogen. Auf einschlägigen Online-Portalen und in sozialen Netzwerken dienen die barbarischen Filme zur Anwerbung von neuen Mitgliedern.

Islamistische Terrorgruppen machen Menschenleben aber nicht nur bei Entführungen zur Ware, auch die Mitglieder in den eigenen Reihen sind ein wirtschaftlicher Aktivposten. So beruhen etwa Selbstmordattentate auf einem finanziellen Kalkül. Betreibt man eine Kosten-Nutzen-Analyse, gibt es kaum eine preiswertere und effizientere Form von Terrorangriffen als die lebende Bombe – vor allem, wenn der Attentäter ein unerfahrener Europäer ist, der die Milizen bisher kaum Geld gekostet hat und der nur wenig Unterstützung bieten kann. Galt der Dschihadist in Köln oder Birmingham als Sozialverlierer, wird er in Syrien oder Irak zum willkommenen Kanonenfutter.

Wie die ausländische Geisel wird der Selbstmordattentäter zwischen den Terrorzellen weitergereicht. Ihn zur Waffe zu machen ist preiswerter als der Kauf eines Gewehrs. Etwas Düngemittel, Zucker und Metallreste: Mehr braucht ein Bombenbauer nicht, um einen Menschen explodieren zu lassen. Höhere Kosten entstehen nur, wenn der Anschlag aufwendiger geplant (und gefilmt) werden muss. Die Familien von einheimischen Attentätern haben außerdem Anspruch auf Schadenersatz, was in der Gesamtrechnung mit einigen Tausend Dollar zu Buche schlägt. Für europäische Selbstmordwillige entfällt diese Entschädigung, was die Kosten-Nutzen-Analyse ihres Todes nochmals positiver ausfallen lässt. [157]

Schutzgelder und Zölle

Um den angestrebten Islamischen Staat zu verwirklichen, erpressen die Milizen lokale Abgaben, um ihren bewaffneten Kampf zu finanzieren. Dazu zählen Schutzgelder von Geschäftsleuten und Hausbesitzern ebenso wie Wegzölle, die unmittelbar an den

Checkpoints an der Straße kassiert werden. Diese Praxis ist aus nahezu allen Ländern mit Gewaltgruppen bekannt. In Afghanistan hat vermutlich auch die Bundeswehr Schutzgelder an die Taliban gezahlt, um Versorgungsgüter sicher durch das Land zu transportieren. [158]

Auch ein Großteil des Startkapitals von IS stammt aus Schutzgelderpressungen. Schon Monate bevor die Organisation sich in IS umbenannte, kassierte sie von Geschäftsleuten in nordirakischen Städten sogenannte islamische Steuern. Berichten des christlichen Pressedienstes *Aina* zufolge müssen etwa sunnitische Geschäftsleute den Gewinnanteil von christlichen oder schiitischen Partnern komplett abgeben. [159] Für Andersgläubige fiel zusätzlich eine Sondersteuer an. Als Gegenleistung versprachen die Islamisten, die Geschäfte der Unternehmer nicht zu stören. Ähnliche Berichte kommen aus den neu eroberten Territorien: Wer unbehelligt arbeiten und handeln möchte, muss dafür bezahlen.

Je mehr Städte und Straßen die Terroristen unter ihre Kontrolle bringen, desto mehr können sie an den Einwohnern verdienen. Zwangsabgaben sind eine Einkommensquelle, die mit jeder Ausweitung des Territoriums kräftiger sprudelt. Im Oktober 2014 kontrollierte der IS ein Gebiet mit rund acht Millionen Einwohnern, von denen er Abgaben erpresste.

Damit bewegt der IS sich von einer reinen kriminellen Organisation hin zu einem Schattenstaat: Die Milizen erheben sogenannte Steuern, ordnen die Wirtschaft und sichern die Infrastruktur für den Handel. Daraus entsteht ein sogenannter Trickle-down-Effekt, bei dem die örtlichen Clans am Gewinn der Terroristen beteiligt werden. Aus westlicher Sicht handelt es sich um mafiaähnliche Strukturen, Durchsickereffekte verbessern aber auch die Lebensverhältnisse der ärmeren Bevölkerung – sofern sie nicht von den Gewalttaten der Terroristen betroffen ist. Nach Medienberichten stellen die Terrormilizen an der 140 Kilometer langen Grenze zwischen Jordanien und dem Irak mittlerweile sogar offizielle Zollpapiere aus. Der Grenzübergang beträgt nach Angaben von irakischen Lastwagenfahrern 300 US-Dollar je Einreise. [160]

Öl und Schmuggel

Keine Geldquelle der Islamisten sprudelt so reich wie das Öl. Seit die Terrormilizen Ölfelder in Syrien und dem Irak erobert haben, sind sie finanziell unabhängig von ihren ehemaligen Sponsoren. Mindestens 14 Gas- und Ölfelder sind unter Kontrolle des IS, inklusive der Raffinerieanlagen, mit denen das Rohöl zu wertvollem Heizöl oder Diesel aufbereitet wird. Nach Berechnungen amerikanischer Experten produzieren die Raffinerien zwischen 300 und 500 Barrel Öl pro Tag. Das entspricht einem Verkaufswert von rund zwei Millionen US-Dollar.

Den ehemaligen Spendern in Katar, Kuwait und Saudi-Arabien bereitet das Sorge – auch weil die Terrorhändler ihr Öl zur Hälfte des üblichen Handelspreises auf den Markt bringen. Damit untergraben sie die Infrastruktur der traditionellen Öl-Lieferanten. [161] Der Transport führt über alte Schmuggelwege sowie staatliche Pipelines, deren Nutzung die syrische Regierung im Austausch gegen billiges Öl toleriert. Der Ölschmuggel ist in Syrien und dem Irak seit Jahren ein florierendes Geschäft. Der IS konnte hier in alte Netzwerke einsteigen, in denen lokale Clans, Schmuggler und korrupte Beamte eine bestens geschmierte Schattenwirtschaft betreiben. [162] Je mehr Grenzgebiete der IS kontrolliert, desto leichter fließt das illegale Öl nun in andere Länder. Vorrangiges Ziel ist die Türkei, von wo der Weg auf den Weltmarkt frei ist.

Es dürfte also nicht überraschen, dass eines der ersten Ziele von Luftangriffen gegen den IS die Ölraffinerien zum Ziel hatte. Am 25. September 2014 bombardierten die USA in Kooperation mit ihren arabischen Verbündeten erstmals die Infrastruktur von Raffinerien, um die Geldquellen der Terrormiliz auszutrocknen. Doch eine brisante – und noch unbeantwortete – Frage stellt sich in diesem Zusammenhang: Wer kauft eigentlich das Öl von den Terroristen und trägt damit zur ihrer Finanzierung bei?

Wie jedes Wirtschaftsunternehmen hat der IS nicht nur Einnahmen – rund 30 Prozent der Einkünfte fließen nach Schätzungen gleich wieder ab. Ein wichtiger Kostenfaktor sind Bestechungsgelder für lokale Clan-Chefs, ausländische Polizisten und Grenzschützer. Daneben brauchen die eigenen Kämpfer Sold, Ausrüstung und

Lebensmittel. Um handlungsfähig zu bleiben, müssen die bewaffneten Gruppen laufend neue Waffen und Fahrzeuge kaufen. Viele US-Fahrzeuge und Waffen sind ihnen zwar bei der Eroberung Mosuls in die Hände gefallen, je mehr Männer sich dem IS anschließen, desto stärker steigt jedoch der Bedarf.

Als Investment in die Zukunft finanzieren die Islamisten eigene Ausbildungslager, die Angehörigen von gefallenen Kämpfern haben Anspruch auf Versorgungsleistungen. In den eroberten Territorien finanzieren die Terrorführer außerdem den Betrieb von öffentlichen Dienstleistungen – wie ein Staat, der für seine Bürger sorgt. Neben sprudelnden Geldquellen benötigen die Terroristen deshalb Wege, auf denen sie ihre Einkünfte in den legalen Wirtschaftskreislauf einspeisen oder zu anderen Partnern transferieren können. [163]

Geldströme – wie wird das Terror-Geld transferiert?

Der IS ist reich. Im Gegensatz zum organisierten Verbrechen zielt die Terror-Ökonomie aber nicht darauf ab, möglichst viel Vermögen anzuhäufen. Terroristen interessieren sich eher dafür, wie sie ihre Finanzmittel umverteilen und heimlich an den bewaffneten Mann bringen. Dabei müssen sie die Herkunft des Geldes verschleiern und gleichzeitig sicherstellen, dass die Kämpfer auch an den entlegensten Orten auf Bargeld zugreifen können.

Ein Teil der Gelder fließt mittels offizieller Banküberweisungen. Damit der ursprüngliche Absender nicht nachvollziehbar ist, werden die Summen etwa per „Boomerang“ oder „Starburst“ aufgesplittet und in vielen kleinen Überweisungen um den Globus geschickt, bis sie am Ende auf dem Zielkonto wieder zusammenfinden. [164] Sinnvoll ist diese Methode jedoch nur in Ländern mit funktionierendem Bankensystem. In den bargeldintensiven Volkswirtschaften des Nahen Ostens bedienen sich die Terroristen deshalb bevorzugt anderer Transferwege.

Hawala

Westliche Banken treffen bei islamischen Kunden häufig auf Misstrauen. Wenn sie ihr Geld überhaupt einer Bank anvertrauen, entscheiden sie sich meist für eine islamische Bank, die den Grundregeln der Scharia unterliegt. Für transnationale Geldtransfers haben sich daneben alternative Überweisungssysteme etabliert, die teilweise schon seit Jahrhunderten für einen sicheren Geldfluss in unsicheren Regionen sorgten.

Die bekannteste und im islamischen Raum am weitesten verbreitete Transaktionsform ist das Hawala-System mit einem Umsatz von geschätzten 200 Milliarden Euro jährlich. Nur ein Bruchteil dieser Summe ist kriminellen Ursprungs oder dient der Finanzierung krimineller Aktivitäten. Ihre Intransparenz macht Hawala-Netzwerke jedoch zu einem bewährten Kanalsystem für illegale Geldströme. Zudem basiert Hawala nicht nur auf einem wirtschaftlichen Kalkül, das leitende Prinzip ist die Scharia, deren Verbindlichkeit alle Beteiligten anerkennen. So etablierten sich langfristig agierende Finanz-Klubs auf der ganzen Welt, basierend auf den religiös-ideologischen Regeln des Islam [165].

Der Ablauf einer Hawala-Überweisung folgt einfachen Regeln: Wer Geld ins Ausland schicken möchte, gibt die gewünschte Summe bei einem Vermittler ab und bekommt einen Code, mit dem der Empfänger am Zielort die gleiche Summe abholen kann. Als Gebühr zahlt er zwei bis sechs Prozent der eingezahlten Summe, meist weniger als für eine Auslandsüberweisung bei regulären Banken. Sobald die Übergabe stattgefunden hat, werden alle dazugehörigen Unterlagen vernichtet. Die gesamte Transaktion dauert nur einige Stunden, selbst in Regionen ohne funktionierendes Bankensystem selten länger als zwei Tage.

Ein realer Transport von Geld findet beim Hawala-Banking nicht statt. Die Makler, meist lokale Gemüse- oder Teppichhändler, Telefon- oder Importläden, gleichen ihre Zahlungen intern aus. Manchmal durch Warenlieferungen für ihr eigentliches Geschäft, oft auch durch Treuhänder oder Sammelkonten bei einer offiziellen ausländischen Bank. In Ländern ohne funktionierendes Bankensystem wie Afghanistan oder den Irak werden fast alle Überweisungen über die sogenannten Hawaladare abgewickelt. Auch Transaktionen mit einem Volumen von mehreren Millionen Dollar sind möglich, wodurch bewaffnete Gruppen schnell über immense Bargeldsummen verfügen können. Wo unterschiedliche Währungen im Umlauf sind, erfolgt der Bilanzausgleich mit Dollar, Gold oder Diamanten.

Das Hawala-System hat schon vor Jahrhunderten das moderne Prinzip von Öffnungszeiten rund um die Uhr umgesetzt: Geldüberweisungen sind 24 Stunden am Tag und sieben Tage in der Woche möglich. Weder die gezahlten Summen noch die Hawala-Gebühren werden offiziell registriert. Die Beteiligten zahlen keine Steuern und niemand erfährt, wer ihre Kunden sind.

Für Terroristen sind vor allem das rasante Tempo der Transaktion und die absolute Anonymität des Hawala-Banking attraktiv. So wurden die Anschläge auf die amerikanischen Botschaften in Tansania und Kenia 1998 über Hawala-Kanäle finanziert. Auch die islamistischen Kämpfer in Kaschmir erhielten ihre Gelder durch Hawala-Netzwerke in Indien und Pakistan.

Experten der OECD schätzen, dass in Indien etwa 50 Prozent der Unternehmen ihre Abrechnungen über Hawaladare organisieren. Da informelle Geldtransfers in Dubai nicht verfolgt werden, sollen auch pakistanische Heroinhändler ihre Gewinne dort gewaschen haben. Die anonymen Finanzströme übersteigen in manchen Regionen die offiziellen Zahlungen. Nach Pakistan wird mehr Geld per Hawala überwiesen als über den regulären Banken-Weg. In den Iran fließt nach Schätzungen der Bankenaufsicht jährlich ein zweistelliger Milliardenbetrag – allein aus Deutschland.

Mittlerweile ist der Islamische Staat allerdings kaum noch auf Geldtransfers angewiesen. Die Terroristen verfügen über so hohe Einkünfte, dass sie vielmehr darüber nachdenken müssen, wie sie ihr Barvermögen vor dem Zugriff verstecken oder in den legalen Finanzkreislauf einschleusen.

Klassische Verstecke für illegale Gelder sind anonyme Trusts, bei denen die Begünstigten hinter einem Geflecht aus ineinander verschachtelten Stiftungen, Treuhandgesellschaften und anderen Trusts verborgen bleiben. Nach außen werden die Gesellschaften durch Notare vertreten, die der Schweigepflicht unterliegen.

Um mit den Terror-Geldern auf dem legalen Markt einkaufen zu können, nutzt der IS die gleichen Möglichkeiten zur Geldwäsche wie auch Drogen- oder Waffenhändler. Sie beteiligen sich über Offshore-Finanzplätze und Schattenbanken an namhaften Firmen. Kleinere Summen werden unter die legalen Einnahmen von Händlern, Restaurants oder Reisebüros gemischt. Ein neuer Trend ist die Geldwäsche über Internet-Casinos, von denen viele ihren Firmensitz an Offshore-Finanzplätzen unterhalten. Bis die Fahnder der Spur des Geldes gefolgt sind, ist das Online-Casino wieder verschwunden. [166]

Bargeldschmuggel

Ganz ohne technisches Equipment funktioniert der Bargeldschmuggel. Je mehr Grenzregionen die IS-Kämpfer unter ihre Kontrolle bringen, desto einfacher können sie Waren und Geld in andere Staaten transportieren, ohne entdeckt zu werden. Aus diesem Grund rücken die Dschihadisten seit Wochen gegen die türkisch-syrische Grenzstadt Kobanê vor. Über sie könnten sie die ökonomische Infrastruktur erschließen, um unbehelligt große Summen Bargeld und Schmuggelware nach Europa zu verschieben. Im Zielland verteilen Kuriere das Geld weiter an die entsprechenden Vertragspartner oder Händler. Im Gegenzug lassen sich über die durchlässige Grenze neue Waffen, Ausrüstung und Kämpfer einschleusen.

Im Vergleich zu Geld-Pipelines wie dem Hawala-System oder offiziellen Banktransfers ist der Schmuggel allerdings personalintensiv. Bis die Finanzmittel ihr Ziel erreicht haben, gehen von der ursprünglichen Summe etliche Prozent für Bestechung, Provisionen und Reisekosten ab. Wirtschaftlich sinnvoll ist Schmuggeln deshalb nur in Regionen, wo Arbeitskräfte billig sind und hohe Bargeldsummen keine Aufmerksamkeit erregen. Das Territorium des IS gehört dazu. [167]

Geldfluss stoppen – welche Möglichkeiten zur Kontrolle gibt es?

Seit den Terroranschlägen vom 11. September 2001 haben Regierungen und internationale Organisation mit zahlreichen Maßnahmen versucht, die Geldströme zu islamistischen Terroristen zu stoppen. Allerdings nicht mit dem erhofften Erfolg. Die Ursachen für den Misserfolg sind dabei ebenso vielfältig wie das Phänomen der Terrorfinanzierung insgesamt.

- Die personellen und finanziellen Netzwerke der Terroristen sind international verflochten; beteiligte Personen sind oft nur ausgewählten Kadern bekannt.
- Viele Gruppen haben eine Doppelstruktur: In der Öffentlichkeit vertreten sie ein moderates Programm, dahinter agieren Geheimkader.
- Das Geld fließt aus den verschiedensten Quellen.
- Bar gezahlte Spenden und das Hawala-System entziehen den Geldfluss äußerer Kontrolle.
- Die islamischen Regierungen in der Golfregion stehen den Islamisten ideologisch sehr nahe.
- Islamische Stiftungen, über die Teile der Finanzierung abgewickelt werden, genießen in den Golfstaaten hohes Ansehen.
- Die Terrorgruppen wechseln sehr flexibel Geldwege und Vermögensformen.

Eine Führungsrolle im Kampf gegen den Terrorismus kommt den Vereinten Nationen zu. Welche konkreten Verpflichtungen die einzelnen UN-Mitgliedsstaaten dabei haben, legt die Resolution 1373 vom 28. September 2001 fest [168]. Ein Schwerpunkt liegt auf Maßnahmen, mit denen die Finanzierung von Terroristen verhindert werden soll – vom Einfrieren ausgewählter Bankkonten und Vermögenswerte bis zum Verbot islamistischer Stiftungen oder Spendensammlungen. Wie intensiv die einzelnen Staaten gegen Geldwäsche und andere Mittel zur Terrorfinanzierung vorgingen, ist jedoch sehr unterschiedlich. In manchen Ländern blieb es bei Absichtserklärungen.

Inhaltlich orientieren sich die Resolutionen der Vereinten Nationen im Wesentlichen auf Empfehlungen der FATF. Diese „Financial Action Task Force" wurde 1989 von den G7-Ländern gegründet, 26 Staaten und zwei Organisationen schlossen sich an. Im April legte die Arbeitsgruppe 40 Empfehlungen zur Bekämpfung der Geldwäsche vor, die in den Folgejahren mehrfach modifiziert wurden. [169] Mehr als 130 Staaten erkennen die FATF-Empfehlungen mittlerweile als Standard an. [170] Ausgerechnet die nach dem 11. September 2001 entwickelten neun Sonderempfehlungen gegen die Terrorfinanzierung wurden jedoch nicht von allen Mitgliedern akzeptiert. Rund ein Viertel der teilnehmenden Staaten verweigerte die Zustimmung. Doch welche Maßnahmen werden aktuell ergriffen, um die Geldquellen des IS zum Versiegen zu bringen und den Geldfluss zu den bewaffneten Gruppen auszutrocknen?

Kontrolle von Stiftungen, Moschee- und Wohltätigkeitsvereinen

Auch die Golfstaaten, in denen die Steuer nach islamischem Recht geregelt ist, haben zunehmendes Interesse, die Geldströme transparenter zu machen. Scheich Tamim, Emir von Katar, der bisher zu vielen islamistischen Organisationen gute Kontakte pflegte, hat sich etwa offiziell in die Allianz der IS-Gegner eingereiht. In diesem Zuge erließ er im September 2014 ein Dekret, das religiöse Stiftungen im Scheichtum unter strengere Kontrolle stellen soll.

Ob der reiche Zwergstaat mit der beschlossenen Regulierung von Wohltätigkeitsorganisationen ernst machen wird, ist bisher aber noch nicht abzusehen. Laut Gesetz brauchen Stiftungen und Wohltätigkeitsvereine künftig eine Genehmigung. Ohne diese dürfen sie weder Spenden sammeln noch Gelder ins Ausland überweisen. Nach Einschätzung von Experten ist das politische System in Golfstaaten wie Katar jedoch kaum in der Lage, die Finanzströme von privaten Spendern zu kontrollieren. [171]

Übrigens: Katar ist uns näher, als wir denken, denn der reiche Wüstenstaat entscheidet auch über deutsche Arbeitsplätze. Rund 14 Prozent vom Volkswagen-Konzern gehören katarischen Investoren, am Baukonzern Hochtief ist der Zwergstaat zu 11,1 Prozent beteiligt und in der Deutschen Bank engagieren sich die Öl-Milliardäre mit knapp sechs Prozent. [172]

Kontrolle von Hawala-Systemen

Terrorfinanzierung ist die dunkle Seite des Hawala-Systems. Die Anonymität unterläuft staatliche Kontrollen und untergräbt damit die soziale Sicherheit. Geldströme ohne Spuren widersprechen den demokratischen Zielen nach Transparenz und Kontrolle. Im Kampf gegen den islamistischen Terror stellt die Kontrolle der Hawala-Netzwerke deshalb ein wichtiges Ziel dar.

Finanzdienstleistungen wie das Hawala-System sind in vielen Ländern erlaubt. Und dort, wo ein offizielles Verbot besteht, werden die Geldtransfers juristisch nur selten verfolgt. Länder wie die USA, Deutschland und Großbritannien versuchen das Hawala-Banking mittels Lizenzierung in das formelle Finanzsystem zu integrieren. Wer hierzulande gewerblich Geld überweisen möchte, muss seit dem 1. Mai 2011 eine Lizenz der Bundesanstalt für Finanzdienstleistungsaufsicht (BaFin) vorweisen. [173] Insgesamt 60 Institute haben inzwischen eine solche Zulassung für Geldtransfers nach dem Hawala-Prinzip erhalten. Voraussetzung: Die Vermittler müssen ihre Buchhaltung offenlegen, bei höheren Einzahlungen müssen Kunden ihren Ausweis vorlegen. Transfersummen über 30.000 Euro müssen gemeldet werden.

Saudi-Arabien plant ebenfalls eine Registrierung der Hawala-Dienstleister. In Dubai sind die informellen Transaktionen dagegen erlaubt, weswegen der Golfstaat zu einem Haupthandelsplatz für das Hawala-System wurde.

Spenden und Zahlungen aus dem Ausland lassen sich so möglicherweise aufdecken. Tatsache ist allerdings, dass der IS kaum noch Geld über Ländergrenzen bewegen muss. Die Finanzierung ist allein aus lokalen Quellen möglich, was die internationale Kontrolle erschwert.

IS gegen den Rest der Welt

Die islamischen Länder

IS – diese zwei Buchstaben versetzen die Welt in Angst und Schrecken. IS steht für Terror und willkürliche Morde, es ist der bedingungslose Einsatz mit allen Mitteln, der nur ein einziges Ziel vor Augen hat, nämlich die Welt von den vermeintlich Andersgläubigen zu reinigen, um einen weltumspannenden Staat nach den Vorgaben des wirklichen, des wahrhaftigen Islam zu errichten. Dabei beschränkt sich der IS aber nicht nur auf Syrien und den Norden des Irak, die Terrorgruppe will die ganze Welt beherrschen und dazu ist jedes Mittel recht. Die Menschen weltweit sind zu Zuschauern geworden, die regelmäßig „Updates" der Gräueltaten übers Internet erhalten. Aber was ist mit den Ländern, denen der Terror mit der schwarzen Flagge bereits zu nahe gekommen ist? Wie verhalten sich die Staaten im Nahen Osten, wie gehen sie mit der ständigen Bedrohung um?

Wer sich die Landkarte des Nahen Ostens einmal genauer anschaut, der wird sehen, dass Syrien im Norden an die Türkei, im Westen an Israel, den Libanon und die Palästinensischen Autonomiegebiete, im Osten an den Irak und im Süden an Jordanien grenzt. Alle diese Länder sind mehr oder weniger vom Terror des IS bedroht. Besonders brisant ist die Grenze zur Türkei, denn die Türkei ist Mitglied der NATO. Wenn also der IS die Grenze von Syrien aus übertritt, dann muss die NATO einschreiten, um ihren Partner Türkei zu unterstützen. [1]

Die Staaten im Nahen Osten sind alle in den Konflikt involviert, aber sie reagieren sehr unterschiedlich auf die Bedrohung des IS. Wer sich selbst helfen kann, der versucht die Terrormiliz mit allen Mitteln aufzuhalten, wer es nicht kann, hofft darauf, dass die Allianz der westlichen Staaten im Notfall eingreift. Wie effektiv die Pläne gegen den IS sind, das lässt sich heute leider noch nicht abschätzen. Denn der IS hat sich ein Gebiet ausgesucht, das nicht instabiler sein könnte.

Irak
Der Irak ist ein zerrissenes Land, in dem nach wie vor Chaos herrscht. Zu viele Glaubensrichtungen des Islam prallen dort unversöhnlich aufeinander, die Parteien sind zerstritten und seit dem Tod des Diktators Saddam Hussein und dem Einmarsch der Amerikaner ist der Irak nicht mehr zur Ruhe gekommen. Der IS hat relativ leichtes Spiel in einem Land, in dem sich die Regierung nicht einig ist und in dem die Einwohner müde sind und nur ihren Frieden wollen. Entsetzt musste die Weltöffentlichkeit ansehen, wie die Terrormiliz Jagd auf Jesiden machte, die in ihrer Verzweiflung in die Berge flohen, um sich vor den Kämpfern des IS in Sicherheit zu bringen.

Syrien
Am 23. September 2014 kommentierte die Assad-Regierung, die vor allem wegen des Giftgaseinsatzes gegen die eigene Bevölkerung immer weniger internationale Anerkennung genießt und durch die Rebellen im eigenen Land als geschwächt gilt, die Bombardierung der IS-Stellungen im eigenen Land: Das Regime begrüßte die US-Luftangriffe in Syrien. Offiziell stellte sich das Außenministerium Syriens gegen Terrorismus und bekannte sich zu jedem internationalen Beitrag gegen diesen. Hinter den Kulissen mag sich das Regime jedoch eine Stärkung der eigenen Position versprechen, wenn der IS als Konkurrenz ausgeschaltet wird und sich ein Machtvakuum ergibt, das Assad und seine Gefolgschaft dann füllen können. Syrien, so hieß es, unterstütze „jede internationale Bemühung, die zum Kampf gegen Terroristen beiträgt“. Dies gelte sowohl für den IS als auch für die Al-Nusra-Front und andere. Allerdings betonte das syrische Außenministerium, das internationale Recht müsse gewahrt bleiben, ebenso die Souveränität Syriens. Die USA lehnten eine Zusammenarbeit mit dem syrischen Machthaber al-Assad ab. Syrien kündigte ferner an, weiterhin Einsatz gegen den IS zu zeigen, und zwar in Abstimmung mit der irakischen Regierung. Bei den Bombardierungen der USA wurden nicht nur Stellungen des IS, sondern auch von al-Qaida getroffen. In der Provinz Aleppo im Norden Syriens wurden 30 Kämpfer von

al-Qaida getötet. Außerdem gab es verschiedene Angriffe gegen die Chorasan-Gruppe. Diese habe terroristische Anschläge in den USA geplant, wie das Pentagon mitteilte. [2]

Jordanien

Das kleine Königreich Jordanien ist Teil der Allianz gegen den IS. Als die Terroristen in der westirakischen Provinz Anbar der Grenze zu Jordanien bedrohlich nahe kamen, ließ der jordanische König Abdullah II. seine Streitkräfte an der Grenze aufmarschieren. Aus Militärkreisen wurde allerdings bekannt, dass der IS die strategisch wichtige Stadt ar-Rutba eingenommen hat, die auf einer Straße zwischen der irakischen Hauptstadt Bagdad und der jordanischen Hauptstadt Amman liegt. Der amerikanische Außenminister John Kerry ist zu Gesprächen nach Jordanien aufgebrochen, um mit der Regierung das weitere Vorgehen gegen den IS zu besprechen. [3]

Libanon

Der Libanon, ein vom jahrelangen zermürbenden Bürgerkrieg geplagtes Land, hat es gleich doppelt schwer. Zum einen müssen die Libanesen mehr Flüchtlinge aus Syrien aufnehmen, als sie verkraften können, auf der anderen Seite sind die Kämpfer des IS schon im Land. Rund 1,1 Millionen Menschen, so schätzt die UN, sind aus dem Irak zum Nachbarn Libanon geflohen.

Wenn auch in einem deutlich kleineren Rahmen wiederholt sich im Libanon das, was der IS schon im Irak und in Syrien gezeigt hat: kleine Städte, die einfach überrannt werden, in Panik fliehende Menschen und Dschihadisten, die mit äußerster Brutalität gegen die Bevölkerung vorgehen. Die libanesischen Soldaten stehen der Gewalt machtlos gegenüber, zu schnell und zu heftig sind die Übergriffe der Terrormiliz, wie zum Beispiel in der Grenzstadt Arsal. Verzweifelt bemühen sich Geistliche aller ethnischen Gruppen und auch Politiker um eine Waffenruhe, damit ein Konvoi des Roten Halbmonds die Menschen mit Medikamenten, Zelten, Lebensmitteln und anderen lebenswichtigen Dingen versorgen kann, aber bislang ohne Erfolg, der IS kennt weder Gnade noch Erbarmen. [4]

Israel

Je mehr Jordanien, Syrien und der Libanon ins Visier des IS geraten, umso gefährlicher wird es auch für Israel. Mit großer Besorgnis sieht die israelische Regierung den Einfluss, den der IS auch auf das eigene Land hat. Die Zahl derer, die sich mit den Zielen der Terrormiliz identifizieren, und die Begeisterung für die extremistischen Ideen steigen immer weiter an. Viele Israelis und Palästinenser haben Israel bereits verlassen, um sich in Syrien dem IS anzuschließen. In einigen Moscheen im Norden des Landes predigen die Imame, dass der IS „auf dem rechten Weg" sei und es mehren sich die Stimmen, die behaupten, dass nur der IS einen islamischen Staat errichten könne. Nur so könnten die Ungläubigen, zu denen auch die Juden gehören, bestraft werden. Es sei an der Zeit, dass der IS auch nach Israel komme. Ein Imam fand folgende Worte: „Wenn sich die Situation erhellt, wird allen klar werden, dass der Islamische Staat die einzige Lösung für alle ist. Juden sollten den Staat auch unterstützen und zum Islam konvertieren." [5]

Immer wieder kommt es in Städten wie Tel Aviv und Haifa zwischen den Anhängern des IS und Juden zu verbalen Auseinandersetzungen und auch zu Schlägereien. Noch ist nach Ansicht von Beobachtern der Konflikt noch nicht eskaliert, aber es besteht jederzeit die Möglichkeit, dass sich dies schnell ändern kann, wenn die Stimmen der IS-Anhänger immer lauter werden. [6]

Die Palästinensischen Autonomiegebiete

Die Palästinenser im Gazastreifen und im Westjordanland haben gerade erst eine neuerliche Auseinandersetzung mit Israel hinter sich gebracht, da droht eine neue Gefahr, diesmal vonseiten des IS. Besonders im Gazastreifen gibt es anscheinend viele Anhänger der Islamisten, die aus ihrer Sympathie keinen Hehl machen. So berichtete die ägyptische Tageszeitung *Al-Masri Al-Youm*, dass an der Grenze 15 IS-Kämpfer festgenommen wurden, die versucht hatten, über Ägypten in den Gazastreifen zu gelangen. Das seien Erfindungen und Lügen, kommentierte der Sprecher der Hamas Ejad al-Basam die Meldung, die Nachricht sei lediglich Propaganda, um die Hamas in ein schlechtes Licht zu rücken und das Bild des Gazastreifens zu verzerren. Die IS sei definitiv nicht in Gaza. [7]

Allerdings sind die Anhänger der Terrormiliz in der Stadt Rafah an der Grenze zu Ägypten präsent. Sie werben lautstark für die Einrichtung eines Kalifats und schüren den Hass gegen Israel. Zwar greift die palästinensische Polizei ein, aber es werden auch immer wieder Journalisten daran gehindert, über die Stimmung in der Region zu berichten. Frei nach dem Motto: was nicht sein kann, weil es nicht sein darf, leugnet die Hamas die Anwesenheit des IS im Gazastreifen.

Die Israelis denken etwas anders darüber, denn sie sind der Meinung, dass während der jüngsten Auseinandersetzung zwischen Israel und der Hamas es Terroristen des IS waren, die aus dem Gazastreifen Raketen auf Israel abgefeuert haben. Beweise für diese Behauptungen gibt es allerdings nicht. Was den Anschuldigungen neue Nahrung gibt, ist die Tatsache, dass während einer Beerdigung von zwei gefallenen Hamas-Kämpfern in Gaza die schwarze Flagge des IS zu sehen war. [8]

Einige Hamas-Mitglieder unterstützen den IS ganz offen. Sie bitten darum, dass der IS sich auch um die Palästinenser kümmern solle, denn es fehlten starke Männer, Geld und auch Waffen für den Kampf gegen die verhassten Juden. Ein Hamas-Anhänger schreibt im Internet: „Wir sitzen in unseren Häusern als Frauen, ohne Waffen. Unsere Lage ist schlecht ... Wir können nicht herauskommen wegen Ägypten und können nicht hier in Gaza kämpfen wegen des Mangels an Ressourcen. Wir wollen eure Hilfe.“ [9]

Türkei

Eine Hauptrolle in dem Drama des IS gegen den Rest der Welt hat die Türkei übernommen, und immer mehr Menschen fragen sich, ob es nicht in Wirklichkeit die Rolle des Schurken ist. Die Türkei macht eine mehr als unglückliche Figur, wenn es um die Unterstützung gegen den IS geht und der Ton zwischen der NATO und ihrem Mitglied Türkei wird immer schärfer. Die Regierung in Washington musste jetzt sogar zugeben, dass es zu einem offenen Streit mit der türkischen Regierung gekommen ist. Grund für die Auseinandersetzung ist, dass es keine eindeutige Haltung der Türkei in Bezug auf den IS gibt. Schlimmer noch, es hat immer mehr den Anschein, als würde die Regierung in Ankara die Terrorkämpfer unterstützen.

So sagten die Türken den Bündnispartnern angeblich zu, dass diese den Luftwaffenstützpunkt Incirlik im Süden des Landes nutzen können, um von dort aus Luftangriffe gegen den IS in Syrien und im Irak fliegen zu können. Keine 24 Stunden später dementierten die Türken diese Meldung – und mehr noch, es wird behauptet, es hätte ein solches Abkommen nie gegeben. Das sorgt für Unmut aufseiten der Amerikaner, die sich jetzt nicht mehr auf den NATO-Partner Türkei verlassen können. Die Regierung Erdogan verhindere, so steht es in den türkischen Zeitungen zu lesen, dass sowohl die kurdischen Peschmerga-Kämpfer als auch Waffen- und Munitionslieferungen in die umkämpfte Stadt Kobanê gelangen könnten, und selbst den verwundeten Kämpfern aus den Reihen der Kurden würde der Grenzübertritt verweigert, um sich in Krankenhäusern auf türkischer Seite behandeln zu lassen.

Aber welche Taktik steckt hinter der Haltung der Türkei? Um die Entscheidungen der türkischen Regierung zu verstehen, muss man weit in die türkische Geschichte zurückblicken. Die größte Angst der Türken ist ein freies und unabhängiges Kurdistan. Um das zu verhindern, sind Erdogan alle Mittel recht, auch wenn er für dieses Ziel mit dem IS zusammenarbeiten muss. Erdogan macht den Westen und seine imperiale Haltung durch das Sykes-Picot-Abkommen aus dem Jahre 1916 dafür verantwortlich, dass die gesamte Region heute so instabil ist. Es waren die Engländer und die Franzosen, die im Rahmen dieses Abkommens gegen den Willen der Bevölkerung künstliche Grenzen geschaffen haben, und es sind Grenzen wie die zwischen Syrien und der Türkei, die immer noch für Unruhe sorgen. [10]

Der Konflikt mit der PKK, der kurdischen Arbeiterpartei, währt ebenso lange und hat im Laufe der Jahrzehnte rund 40.000 Menschen das Leben gekostet. Um eine erstarkte PKK zu verhindern, versucht die Türkei jetzt Kobanê vollkommen abzuriegeln und sieht dabei zu, wie der IS die kurdischen Kämpfer abschlachtet. Nicht nur die NATO ist entsetzt über das Verhalten der türkischen Regierung, auch der Iran hat dafür kein Verständnis. So warf der stellvertretende iranische Minister für arabische und afrikanische Angelegenheiten dem türkischen Staatsoberhaupt Erdogan vor, er wolle ein neues Osmanisches Reich nach alten Vorbildern erschaffen, und der Iran sei entschlossen, den Kurden auch weiterhin zur Seite zu stehen. [11]

Die PKK (Kurdische Arbeiterpartei)

Die Kurdische Arbeiterpartei (PKK) inszenierte sich seit dem Aufkeimen des IS-Terrors als Retter der Menschen vor dem Terror und der Gewalt des IS. Da die Rolle der Türkei in dem Zusammenhang lange Zeit unklar schien, wurde die PKK immer wichtiger und einflussreicher. Seit Mitte September griffen die Truppen von IS die kurdische Stadt Kobanê im Norden Syriens an. Die Zahl der Flüchtlinge stieg in unglaubliche Dimensionen an. Über 60 Dörfer wurden evakuiert, fast 130.000 Personen flohen über die Grenze in die Türkei. Dies hängt mit der Offensive der IS-Kämpfer zusammen, welche die Dörfer eroberten und die kurdischen Kämpfer zurückdrängten. Die älteren Menschen, Frauen und Kinder wurden – soweit möglich – in Sicherheit gebracht, die jüngeren Männer gingen nach Syrien zurück, und zwar in den Kampf gegen den IS. Es muss erwähnt werden, dass der IS schon seit über zwei Jahren die fast autonome Enklave der Kurden im Norden Syriens namens Rojava angreift. Im August 2014 aber gelangten sie durch Eroberungen im Irak an schlagkräftige moderne Waffen aus den Beständen der irakischen Armee. Damit waren sie den kurdischen Kämpfern haushoch überlegen. Daraufhin war die kurdisch-syrische Armee YPG nicht länger in der Lage, sich gegen die Angriffe zu wehren, und verlangte internationale Unterstützung. Allerdings war der Sachverhalt in Wirklichkeit noch komplizierter: Unmittelbare Lieferungen von Waffen an die YPG waren nicht möglich, weil diese als syrischer Ableger der PKK galt und folglich in der EU, den USA und der Türkei als terroristische Organisation erfasst war. Auch die kurdische Peschmerga im Irak durfte keine Waffen an die syrischen Kurden liefern. In diesen Leerlauf stößt die kurdische Arbeiterpartei PKK jenseits der türkischen Grenze vor. Die Unterstützung erschien geradezu demonstrativ. Sie schickte bewaffnete Männer. Die Türkei, die die PKK seit Jahren bekämpft, reagierte beunruhigt auf das Anwerben neuer Kämpfer. Die PKK hatte mit leidenschaftlichen, leninistischen Aufrufen dafür geworben, dass alle Kurden den „Geschwistern" in Syrien beim Kampf helfen sollten. Von der Online-Nachrichtenagentur *Firat*, die der PKK nahesteht, stammt die Parole: „Wenn ihr helfen wollt, dann kämpft!" Dass es der PKK durchaus ernst war, konnte man von Augenzeugen erfahren. Tausend Menschen sollen aus der Türkei nach Kobanê gekommen sein. Ferner wird von 500 syrischen Kurden berichtet, die ihre Angehörigen über die Grenze gebracht haben sollen, um dann in den Kampf zurückzukehren. Die Beteiligten priesen den Stolz und Mut der Kurden und ihre große Motivation. Es sollen außerdem Ausbildungslager eingerichtet worden sein für bisher unerfahrene Kämpfer. Wer nicht unmittelbar kämpfen konnte oder wollte, bekam logistische Aufgaben oder solche im Bereich Versorgung. Die Situation war eigentlich unhaltbar für die Türkei, die seit langer Zeit mit ihrer Kurden-Problematik konfrontiert ist: Weit über 100.000 Kurden kamen bis September als Flüchtlinge in die Türkei, gleichzeitig zogen junge kurdische Kämpfer aus der Türkei nach Syrien, um sich mit der PKK dem Kampf gegen den IS zu stellen. Die Grenzregion versank im Chaos. Grenzpolizisten der Türkei versuchten, den ankommenden Flüchtlingsstrom mit Wasserwerfern und Tränengas fernzuhalten. Demonstrierende Kurden wiederum warfen Steine. Phasenweise wurden die Grenzen teilweise oder vollständig geschlossen. Auch im nördlichen Syrien war die Lage schwierig. Die PKK konnte von der Ausweglosigkeit der Kurden profitieren, denn den Flüchtlingen wurde kaum geholfen. Die YPG stellte sich allein dem Kampf, und zwar mit wenig schlagkräftigen Waffen gegen die IS-Panzer. Man muss in diesem Zusammenhang die Geschichte sehen: Ein Großteil der Kurden empfindet die Grenzziehung zwischen dem türkischen und syrischen Teil Kurdistans als unrechtmäßig, weil sie von den Kolonialpolitikern Europas vollzogen wurde (und weil sie Kurdistan teilt). Ferner unterstellten viele Kurden der Türkei eine mehr oder weniger verborgene Unterstützung für den IS. Gerüchte behaupteten, dass die Türkei Waffen an die Terroristen geliefert haben soll, dass die Islamisten zudem an der Grenze gestohlenen

Schmuck verkaufen dürften. Angeblich wurden in Istanbul Männer mit T-Shirts mit IS-Aufdruck gesehen. So wuchs die Angst unter den Kurden, von der Türkei alleingelassen zu werden und dem IS-Terrorismus ausgeliefert zu sein. Die eher teilnahmslose Haltung der türkischen Regierung schürte das Misstrauen der Kurden zusätzlich. Im Kontrast zu den schwer zu interpretierenden und undeutlichen Äußerungen der türkischen Regierung wurde die Positionierung der PKK umso deutlicher: für die Befreiung der Frau, für die Kurden, für die Demokratie und gegen den islamistischen Terrorismus. Diese Ziele der Kurden lagen auch im Interesse des Westens. Daher gehörte es zu den Zielen der PKK, von den internationalen Terrorlisten zu verschwinden. Gleichzeitig verloren der Westen und auch die Türkei nicht ihr geschichtliches Gedächtnis. Brutale Morde, Attentate auf türkische Einrichtungen in Deutschland im letzten Jahrzehnt des vergangenen Jahrhunderts und auch die quasi-mafiösen Strukturen und Organisationsformen der Partei waren nicht vergessen. Dennoch: Schon im September 2014 schien das Unmögliche in greifbare Nähe gerückt. Schließlich gehörte die PKK inzwischen zu den wichtigsten Teilnehmern in diesem Krieg gegen den Terrorismus. Sie erschien vielen längst als das bedeutend kleinere Übel im Vergleich zum IS. Wird die Zukunft eine Aufhebung des Verbots der PKK bringen? Der IS-Terror machte bereits vieles, was undenkbar schien, möglich. Die PKK hat im September 2014 ihre Schlagkräftigkeit und ihre Fähigkeit als Verbündeter im Kampf gegen den islamistischen Terror bewiesen. Die Frage, ob sie auch in Zeiten ohne kriegerische Bedrohung ein Verbündeter bleibt, muss noch von der Türkei, der EU und den USA beantwortet werden. [12]

Saudi-Arabien

Auch Saudi-Arabien ist im Visier der Terrormiliz des IS, denn in Saudi-Arabien befinden sich mit Mekka und Medina die beiden größten Heiligtümer des Islam. Millionen von Gläubigen pilgern zu diesen heiligen Stätten und es ist die größte Angst der Saudis, dass es in diesem Zusammenhang zu einem Anschlag kommen könnte.

Der saudische König Abdullah ibn Abd al-Aziz fand in einer Rede zum Beginn des Ramadan sehr deutliche Worte. Der Monarch bezeichnete den IS als „irregeleitet“ und als eine Organisation, die nur ein Ziel habe, nämlich „Uneinigkeit zwischen den Muslimen zu verbreiten“. Saudi-Arabien werde es nicht zulassen, so der König weiter, dass eine Handvoll Terroristen den Islam zu ihren Zwecken missbraucht, Muslime terrorisiert und dem Land Schaden zufügt. Mit der Hilfe Gottes werde auch Saudi-Arabien die „Plage“ bekämpfen und sie zusammen mit anderen Nationen vernichten.

Starke Worte eines Königs, der in einem Land regiert, das überwiegend von Sunniten bewohnt wird. Aus diesem Grund erkennt der IS auch den saudischen König nicht an, denn nach dem verzerrten Weltbild der Terroristen gehören auch die Sunniten zu den Ungläubigen, die es zu bekämpfen und zu vernichten gilt. Saudi-Arabien hatte in der Vergangenheit immer wieder gezeigt, mit welcher Härte man gegen Terroristen wie den IS oder auch al-Qaida vorgeht. [13]

Warum sind die Länder so machtlos?

Es gibt verschiedene Arten des Krieges. Es gibt den Krieg, in dem sich Armeen auf einem Schlachtfeld gegenüberstehen, es gibt den gefürchteten Guerilla-Krieg, bei dem der Gegner aus dem Hinterhalt operiert und angreift. Es gibt den Kalten Krieg, bei dem die Gegner aufrüsten und mit Drohgebärden versuchen, die andere Kriegspartei einzuschüchtern, und es gibt den Krieg, den der IS gegen den Rest der Welt führt. Dieser Krieg ist anders als alle bisherigen. Die Welt scheint machtlos gegenüber der Kriegstaktik des IS und alle konventionellen Strategien gegen die grausame Terrormiliz greifen bisher nicht.

Der IS, so scheint es, ist übermächtig. Er verfügt über Waffen aller Gattungen, er hat ausreichend Geldmittel zur Verfügung, aber nur circa 15.000 Kämpfer. Das ist gegenüber der amerikanischen Armee zwar nur ein winziger Bruchteil, trotzdem schaffen es die Amerikaner und ihre Verbündeten es nicht, den IS zu stoppen und zu besiegen. Derzeit angeführt von drei Männern, dem selbst ernannten Kalifen Abu Bakr al-Baghdadi, Adnan al-Sweidawi, der das Kommando in Syrien hat, und Fadel al-Hayali, der für den Irak zuständig ist, versetzt der IS die Welt in Angst und Schrecken. [14]

Die Terrormiliz ist eine Armee der Freiwilligen, die aus vielen Ländern dieser Welt nach Syrien oder in den Irak reisen, um sich dort den Kämpfern anzuschließen. Rekrutiert werden die „Soldaten“ von willigen Handlangern des IS, die auch in Deutschland sehr aktiv sind. Sie versprechen den jungen Männern ein besseres Leben, Heldentaten, die sie für Allah vollbringen können, und nicht zuletzt auch ein großes Abenteuer im Kreise Gleichgesinnter, die ebenfalls für den Islamischen Staat kämpfen. Auch die sozialen Netzwerke im Internet sind für die Propaganda des IS ideal. Hier zeigen sich die Hilflosigkeit und auch die Machtlosigkeit der Welt, denn das Internet lässt sich nur sehr begrenzt kontrollieren. Selbst wenn die sozialen Netzwerke wie Facebook, Twitter, YouTube oder Instagram ein IS-Video aus dem Netz nehmen, nützt das nicht allzu viel, denn am nächsten Tag sind Dutzende von neuen Filmen, Posts und Chats zu finden. Den Kampf gegen den IS auf dieser Ebene zu führen, wäre der berühmte Kampf gegen Windmühlen.

Einen effektiven Krieg kann nur derjenige führen, der auch die ausreichenden finanziellen Mittel zur Verfügung hat, denn ein Krieg kostet sehr viel Geld. Um dem IS die Kampfkraft zu nehmen, müssten die Geldquellen der Terroristen versiegen, aber auch das ist kaum möglich. Auch um die Waffen muss sich der IS keine Sorgen machen, denn auch Waffen aller Art werden entweder erbeutet oder es handelt sich um „Sachspenden“ der gleichen Länder, die den IS auch mit Geld unterstützen. [15] Diese vielschichtigen „Finanzierungsmodelle“ zu stoppen, ist so gut wie unmöglich.

Der IS hat sein klar definiertes Feindbild: Alle, die nicht in seinem Sinn an den Islam glauben, sind Feinde, die man zu vernichten hat. Christen und Juden stehen auf der Liste der Ungläubigen, aber auch Jesiden und Schiiten, die nach Meinung des IS vom wahren Glauben abgewichen sind. Der IS sieht sich als eine Art „Reinigungskommando“, das alle Andersgläubigen tötet, um dann ein weltüberspannendes Kalifat zu errichten. Ein weiterer wichtiger Punkt in der Ideologie des IS ist die strikte Einhaltung der Scharia, das Gesetz des Islams. Wer sich nicht nach dem vom IS aufgestellten 16-Punkte-Katalog richtet, der wird ebenfalls getötet. Das Problem ist, dass die Brutalität des IS nicht nur Christen und Juden bedroht, sondern auch vor Gläubigen der eigenen Religion nicht haltmacht. Viele Muslime leben nach dem Gesetz der Scharia, ohne radikal zu sein. Genau das macht es für die westlichen Länder so schwer, einen radikalisierten Muslim von einem „normalen" und friedlichen Muslim zu unterscheiden. Die Machtlosigkeit des Westens beginnt im eigenen Land. Fast überall in Europa gibt es muslimische Gemeinden und es ist kaum möglich, alle diese Gemeinden zu überwachen, um festzustellen, wo über den radikalen Islamismus gepredigt wird und wo nicht. Neben den Moscheen gibt es auch kleinere Bethäuser, die in der Vergangenheit immer wieder der Treffpunkt für diejenigen waren, die sich dem IS anschließen wollten. Allerdings ist es sehr schwer zu beweisen, ob dort wirklich Hass gepredigt wird.

Länder wie Deutschland sind gleich doppelt machtlos. Aus Deutschland kommen nicht nur circa 400 Kämpfer des IS, die deutsche Regierung muss zudem achtgeben, dass die Stimmung in der Bevölkerung nicht generell fremdenfeindlicher wird. Immer wieder stehen sich die radikalen Islamisten und rechte Gruppierungen wie Pro NRW gegenüber und nicht selten gibt es bei diesen Treffen Verletzte und es fliegen Steine. Auch das Auftreten der sogenannten Scharia-Polizei in einer Großstadt wie Wuppertal trägt nicht dazu bei, dass die Bevölkerung den muslimischen Mitbürgern mit mehr Toleranz und Solidarität begegnet. Es ist ein Kampf an zwei Fronten, den der Staat kaum gewinnen kann.

Machtlos sind auch die Kurden, die ihre Heimat gegen den IS verteidigen wollen. Sie kämpfen einen verzweifelten Kampf in Kobanê, der syrischen Stadt nahe der türkischen Grenze. Die kurdischen Kämpfer der Peschmerga werden zwar von den Bombern der US-Luftwaffe unterstützt, aber am Boden wird ihnen sehr wahrscheinlich keiner helfen. Denn die Amerikaner versorgen die Kurden zwar mit Waffen, sie haben aber einer Bodenoffensive eine klare Absage erteilt. Auch die Bundeswehr wird (oder kann) sich nicht an einem Krieg am Boden gegen den IS beteiligen, ebenso wenig wie auch die Briten und die Franzosen. Dabei sind Bodentruppen nach Ansicht von Militärexperten die einzige wirksame Waffe, um den IS auf Dauer in den Griff zu bekommen. [16]

Machtlos sind die Alliierten aber auch angesichts der unvorstellbaren Gewalt und Brutalität des IS. Die Terrormiliz hat keine Skrupel, wenn es darum geht, ihre Macht unter Beweis zu stellen. Sie enthaupten Geiseln vor laufenden Kameras, wenn die jeweiligen Länder – wie im Fall von James Foley und Steven Sotloff die USA – nicht bereit sind, auf ihre Forderungen einzugehen. So soll der IS nach Pressemeldungen einen Mann im Norden von Syrien gekreuzigt haben, der es gewagt hatte, die Zentrale des IS zu filmen. Die Terroristen morden und foltern, während die ganze Welt hilflos zusehen muss. [17]

Auch Deutschland ist machtlos, wenn es um die Rekrutierung der IS-Kämpfer geht. Zwar dürfen seit September 2014 weder Kämpfer angeworben, die schwarze Flagge öffentlich gezeigt noch Spenden gesammelt werden, aber kontrollieren kann das keiner. Momentan laufen circa 140 Ermittlungsverfahren gegen IS-Kämpfer, die aus Deutschland stammen, aber die Bundesanwaltschaft warnt jetzt schon davor, dass, wenn noch weitere Verfahren dazukommen sollten, die Behörde vollkommen überlastet ist. [18]

Reaktion gemäßigter Muslime

Jede Religion ist letztlich Auslegungssache. Jeder kann die Bibel für sich interpretieren und das Gleiche gilt auch für den Koran. Die Heiligen Schriften sind als eine Art Leitfaden der jeweiligen Glaubensgemeinschaft gedacht, und die vielen verschiedenen Interpretationsmöglichkeiten führen letztendlich auch zu Splittergruppen. Es gibt ultraorthodoxe Juden, die die Thora strenger auslegen als die zionistischen Juden und auch die evangelischen, katholischen sowie die anglikanischen Christen oder die Baptisten sind nichts anderes als Gruppen innerhalb des Christentums. Auch der Islam hat verschiedene Gruppierungen, wie die Schiiten, die Sunniten, die Jesiden oder die Salafisten. Sie gehören zwar alle der gleichen Religion an, aber wie sie ihren

Glauben leben und die Gebote befolgen, das ist wieder eine Sache der Interpretation. Der IS versteht sich jedoch als Gruppe innerhalb des Islam, die den einzigen, den wahren Glauben in die Welt bringt, aber in welcher Form der IS das macht, damit ist die überwiegende Mehrheit der Muslime weltweit nicht einverstanden.

56 Staaten umfasst die Organisation für Islamische Zusammenarbeit, und alle 56 Staaten distanzieren sich vom IS. Der Generalsekretär findet sehr deutliche Worte für das Verhalten des IS: „Die Praktiken von IS haben nichts mit dem Islam und seinen Prinzipien zu tun, welche Gerechtigkeit, Güte, Anstand, Glaubensfreiheit und Koexistenz einfordern." [19]

Auch der Kooperationsrat der Golfstaaten verurteilt das Vorgehen des IS. Die Terrorgruppe „nehme den Islam als Vorwand, um zu morden und Menschen zu vertreiben". Die Arabische Liga ist entschlossen, alle notwendigen Maßnahmen zu ergreifen, um gegen den IS und auch andere terroristische Gruppierungen vorzugehen. Abd al-Aziz bin Abdullah Al asch-Schaich, das religiöse Oberhaupt Saudi-Arabiens, betonte, der IS verletze alle Prinzipien und Lehren des Islam, und erklärte die Terrormiliz zum Feind Nummer eins für die islamische Glaubenswelt. Auch der Großmufti von Ägypten, Schawki Ibrahim Allam, sieht im IS eine große Gefahr für den Islam. Der IS zerstöre das Image der islamischen Welt. Er sprach den Terroristen sogar das Recht ab, sich Islamischer Staat zu nennen. Der Religionsführer forderte die internationalen Medien auf, nicht länger vom IS zu sprechen, sondern die Terrorgruppe nur die „Al-Qaida-Separatisten in Irak und Syrien" zu nennen. [20]

Es gibt aber auch islamische Gelehrte wie Yusuf al-Qaradawi, die zwar Verständnis für die Sunniten und ihren Kampf gegen Unterdrückung und Benachteiligung haben, aber den IS und seine Ziele dennoch ablehnen. [21]

Muslime in Europa

Circa 52 Millionen Muslime leben in Europa und die überwiegende Zahl ist gegen den IS. Der Zentralrat der deutschen Muslime machte deutlich, dass die Vertreibung von Christen nicht nach dem Glauben des Islam sei, und die islamische Glaubensgemeinschaft in Österreich ist der Meinung, dass der IS nicht das Recht hat, im Namen des Islam zu handeln. Die türkische Kulturgemeinde in Österreich wird noch deutlicher, denn dort ist man der Ansicht, dass der IS den Islam für seine Ziele missbrauche. [22]

Ein Religionsführer in Großbritannien, einem Land, aus dem viele Kämpfer für den IS rekrutiert wurden, hat eine sogenannte Fatwa, eine islamische Rechtsauskunft oder auch eine These erlassen, dass es für die britischen Muslime verboten ist, die „vergiftete Ideologie" des IS zu unterstützen. Nach den Worten der britischen Imame ist die Terrormiliz eine extremistische und auch eine häretische Gruppe und wer sich ihr anschließt, der macht sich gegenüber dem Glauben des Islam strafbar. Außerdem ist es verboten, die Ideologie des IS zu verbreiten und jeder Muslim habe die Pflicht, sich dem IS aktiv entgegenzustellen. [23]

In Deutschland rufen die Imame zu Friedensgebeten, zu Diskussionsrunden und auch zu offenem Protest gegen den IS auf, leider macht das wenig Eindruck auf einen großen Teil der deutschen Bevölkerung. Noch immer scheint es so, als stünden die Muslime in Deutschland komplett unter Verdacht, einen radikalen und gewalttätigen Islam entweder offen oder aber im Geheimen zu befürworten oder sogar zu unterstützen. Dabei hat der Zentralrat der deutschen Muslime eine sehr klare und deutliche Haltung gegenüber dem IS.

So findet der Vorsitzende des Zentralrats der deutschen Muslime Aiman Mazyek in einem Statement sehr deutliche Worte:

„Mitmenschlichkeit und Solidarität mit Menschen in Not sind essentielle Charaktereigenschaften des Menschseins. Sie sind darüber hinaus zentrale Lehren der Abrahamitischen Religionen. Ein Jude, Christ oder Muslim sollte diese Lehren seiner Religion weder einem tagespolitischen Zeitgeist noch einer falsch verstandenen Verbundenheit mit Glaubensgeschwistern, die ein eklatantes Unrecht begehen, unterordnen. Mitmenschlichkeit und Solidarität sind keine Werte, die nur einseitig eingefordert werden können. Wer Frieden will, macht diese Werte zum allgemein verbindlichen und verpflichtenden Maßstab, an dem wir uns alle – Juden, Christen und Muslime – messen lassen müssen, wann und wo auch immer Menschen in Not geraten." [24]

Die Deutsche Muslim-Liga hat die Petition „Helfen wir den Christen im Irak!" ins Leben gerufen und wirbt auf ihrer Internetseite um Unterschriften. Auf ihrer Webseite ist dazu folgender Text zu lesen:

„Wer einem Vertragsverbündeten (Nichtmuslim im islamischen Land) Unrecht antut, ihn diskriminiert, ihm etwas auferlegt, was er nicht vermag oder ihm etwas ohne seine freiwillige Zustimmung wegnimmt, gegen diesen werde ich der Ankläger am Tage der Auferstehung sein." [25]

Alle diese und noch sehr viele andere Meinungen und Statements gegen den IS sind zwar viel im Netz, aber eher selten in den regionalen und überregionalen Zeitungen zu finden. Warum sich kaum eine Zeitung die Mühe macht, diese für den Frieden und Zusammenhalt so wichtigen Aussagen zu drucken, ist schwer zu verstehen. [26]

Zu wenig objektive Berichterstattung wirft hingegen der evangelische Arbeitskreis der CSU in Franken den muslimischen Verbänden vor, es wird sogar von einem „skandalösen Schweigen" gesprochen. Die muslimischen Verbände in Deutschland würden zur Ermordung und Vertreibung der Christen und Jesiden im Irak nichts sagen und sich stattdessen lieber über einen muslimischen Schützenkönig im Sauerland aufregen. Wörtlich sagte der Arbeitskreis zum Thema IS: „Es herrscht ein skandalöses Schweigen des Zentralrats der Muslime wie anderer Islamverbände in Deutschland zum Abschlachten von Christen und Jesiden und der Zerstörung von Kirchen durch IS und andere radikale Muslime im Irak. Gleichzeitig rügt der Zentralrat der Muslime lautstark, dass ein christlicher Schützenverein keinen Muslim als Schützenkönig akzeptiert. Das ist unerträglich und skandalös." [27]

Diese Aussagen zeigen einmal mehr sehr deutlich, dass es noch viel Gesprächsbedarf auf beiden Seiten gibt. Es ist weder der christlichen noch der muslimischen Seite damit gedient, wenn sich die Fronten immer mehr verhärten. Beide Seiten sollten nur ein Ziel haben, nämlich den Terror, die permanente Unterdrückung und die brutale Gewalt des IS zu verurteilen und alles daranzusetzen, die Ausweitung des Terrors zu stoppen.

Die USA

Die USA haben im Zusammenhang mit dem IS eine besonders große Bedeutung. Und das nicht nur, weil die USA das Ziel der Terroranschläge am 11. September 2001 durch al-Qaida waren, deren Nachfolgeorganisation IS nun ein weltumspannendes Kalifat errichten will. Die USA spielen eine wichtige Rolle bei der Entstehungsgeschichte des Terrors, auch die Hintergründe für das partielle Eingreifen bzw. Nicht-Eingreifen bezüglich des IS sind sehr komplex. Deshalb wird ihnen und ihrer Interaktion mit dem IS und weiteren beteiligten Staaten ein größerer Abschnitt gewidmet.

Starke Führerschaft statt „Checks and Balances"

Über einen langen Zeitraum war das US-amerikanische politische System gekennzeichnet von „checks and balances", also durch politische Gewalten, die miteinander konkurrierten und sich gegenseitig kontrollierten: Der Kongress übernimmt nicht zwangsläufig den politischen Fahrplan der Exekutive, also des Präsidenten. Dies gilt besonders dann, wenn das Weiße Haus (der Sitz des Präsidenten) und der Kongress von verschiedenen Parteien geführt werden. In Deutschland beispielsweise ist die Opposition nichts anderes als eine Minderheit im Parlament; in Amerika konkurrieren die Legislative und die Exekutive als Ganzes miteinander. Diese Machtverteilung, -konkurrenz und -balance tritt in den Schatten, wenn eine Krise das Land erschüttert und vom Präsidenten das „leadership", also die Führung erwartet wird. Nach den Terroranschlägen vom 11. September 2001 sahen drei von vier Amerikanern ihren Präsidenten als starken Anführer. Dementsprechend wurde George W. Bush im Jahre 2004 wiedergewählt. Durch die Anschläge wurde der Wille der Exekutive neu artikuliert und darin bestärkt, die in den vergangenen 30 Jahren (und vor allem in der Regierungszeit von Bill Clinton) angewachsene Machtfülle des Kongresses wieder zu reduzieren. Präsident Bush ließ keinen Zweifel daran, dass er die Exekutive auf Kosten der Legislative mächtiger machen – und so den Ausgleich der Gewalten zu seinen Gunsten ins Ungleichgewicht bringen – wollte. Diese Politik bezog ihre Legitimation aus den Terroranschlägen in New York und Washington. Weite Teile der Bevölkerung stimmten zu, dass in Zeiten einer solchen nationalen Bedrohung und Erniedrigung eine solche Neuausrichtung notwendig und legitim sei. Den globalen Krieg gegen den islamistischen Terrorismus wollte George W. Bush als Oberbefehlshaber der amerikanischen Truppen anführen. So gelang es Bush, seine Machtposition zu stärken und sich selbst als Schutzpatron der USA zu inszenieren, der seine große Nation vor weiteren Terroranschlägen bewahrt. Die amerikanische Geschichte kennt mehrere Phasen mit Bedrohungen von außen, in denen der Präsident die Macht zugunsten der Exekutive verschoben hat. Im September 2005 warnte der Vorsitzende Richter am Obersten Gericht der USA davor, dass der Präsident in Zeiten des Krieges durch seine wachsende Macht den Rahmen der Verfassung zu sprengen drohe auf Kosten der anderen Gewalten (Judikative und Legislative). In den USA herrscht jedoch weitreichende Übereinstimmung darüber, dass Abgeordnete in Krisenzeiten (also auch Kriegszeiten!) hinter ihrem Präsidenten stehen und die nationale Sicherheit zu ihrem Hauptaugenmerk machen sollten. So ist es nicht überraschend, dass der sogenannte „USA Patriotic Act“, der am 26. Oktober 2001 eine Reihe schwerwiegender Einschränkungen der Bürgerrechte vornahm, ohne größere Bedenken des Kongresses durch die Legislative beschlossen werden konnte. Zwar gab es durchaus Versuche des Kongresses (bzw. einzelner Abgeordneter), eine regulierende Kontrolle auszuüben, aber der Patriotic Act wurde schließlich beschlossen und vor dem Hintergrund der Anschläge auf die U-Bahn in London vom 07. Juli 2005 wurden auslaufende Teile des Patriotic Act verlängert. Trotz der Kongresswahlen im November 2006, die den Demokraten eine Mehrheit verschaffte und die Hoffnung schürte, nun würde der Kongress wieder mehr Macht ausüben, änderte sich die Situation nicht wirklich. Die Präsidentschaftswahlen waren nicht mehr weit und Umfragewerte zeigten, dass die Amerikaner zwar mehrheitlich eine Erhöhung des Mindestlohns, eine Krankenversicherung für mehr Menschen und den Abzug der Truppen aus dem Irak wünschten. Dennoch lehnten es 75 Prozent der Befragten ab, den Kampf gegen den Terror einzuschränken, und nur 43 Prozent waren dafür, den Patriotic Act aufzuheben. In der Folge gelang den Demokraten die Kehrtwende nicht und sie setzten sich nicht intensiv genug für individuelle Freiheitsrechte ein, schon gar nicht für die von Ausländern oder möglichen Terroristen. Demokratische Abgeordnete wollten (besonders im Wahlkampf) nicht vom politischen Konkurrenten als schwach gebrandmarkt werden, wenn es um Fragen der nationalen Sicherheit ging. Eine ähnliche Tendenz zeigte und zeigt auch der spätere (demokratische) Präsident Barack Obama. [28]

Hoffnung auf demokratischen Wandel

Im Wahlkampf 2008 rückten der internationale Terror, die Militäreinsätze der USA und die internationalen Kriegsschauplätze in den Hintergrund. Hatte George W. Bush seine Wiederwahl fast ausschließlich dem Sicherheitsthema zu verdanken, musste sich Barack Obama mit Wirtschaftsfragen, hohen Preisen für Energie, Gesundheitsvorsorge, sozialer Sicherheit, Arbeitsplätzen und Ausbildungsfragen auseinandersetzen und hier Profil gewinnen. Besonders diejenigen Wähler, die Wirtschaftsfragen für besonders wichtig hielten, zogen deutlich Obama seinem republikanischen Gegenkandidaten John McCain vor. Die Auswüchse der wirtschaftlichen Krise, mit besonderem Fokus auf die Bankenkrise und die Finanzkrise, machten Obama populär. Es entstand aber auch für Obama ein Problem: Ein demokratischer Präsident hat es (mit einem demokratisch geführten Kongress) bedeutend schwerer, seine Wähler, sein Volk und die politischen Protagonisten von einer umfangreichen amerikanischen Außenpolitik mit militärischen Einsätzen an Kriegsschauplätzen zu überzeugen. Schon Bush musste sich damit auseinandersetzen, dass für seinen (wenig erfolgreichen) Irak-Einsatz die Zustimmung im Volke schwand; für ihn aber waren ein Rückzug und eine Zurückhaltung der Amerikaner keine Alternative. Obama hingegen musste nun die – nicht sehr weitreichende – Stabilität im Irak, die durch Bushs Truppenausstockung möglich geworden war, aufrechterhalten. Auch musste er auf die Verschlechterung der Situation in Afghanistan und im angrenzenden Pakistan reagieren. Gleichzeitig fragten sich viele Amerikaner, ob der Kriegseinsatz in Afghanistan überhaupt im vitalen Interesse der Amerikaner lag und ob er die Kosten, die der verursachte, rechtfertigte. Die innenpolitischen Forderungen und die finanzielle Lage der Vereinigten Staaten übten also auf Obama einigen Druck aus, Auslandseinsätze zu begrenzen. Es gibt Republikaner, die wegen des steigenden Haushaltsdefizits um den Erhalt des Kapitalismus in der Heimat fürchten und deshalb teure außenpolitische Experimente ablehnen. Ebenso erscheint es manchem Demokraten so zu sein, dass wertvolle Ressourcen für internationale Zwecke verbraucht werden, die dann für innere soziale Zwecke fehlen. Letztere sind für die Demokraten besonders wichtig, weil viele Afroamerikaner und hispanische Amerikaner unter ihnen sind, die zur Basis von Obamas Wählern gehören. Für diese sind oft Wirtschafts- und soziale Themen ausschlaggebend. Obama löste sein Wahlversprechen nicht ein, das Gefangenenlager in Guantanamo Bay zu schließen, in dem zahlreiche des Terrorismus Verdächtige inhaftiert sind, ohne dass ihre Schuld erwiesen wäre, ohne Anspruch auf rechtliche Vertretung in einer Form, wie sie normalerweise für US-Amerikaner Gültigkeit hat. Faire, ausgewogene Prozesse in naher Zukunft waren nicht in Sicht. Auch kam Obama der Forderung von Menschenrechtsaktivisten nicht nach, Mitarbeiter des Geheimdienstes CIA zur Rechenschaft zu ziehen für die Folter, die sie mutmaßlich begangen haben. Es war lange fraglich, ob Obama es schaffen würde, in Zukunft das aus den Fugen geratene Missverhältnis zwischen nationaler Sicherheit einerseits und den bürgerlichen Freiheitsrechten andererseits neu auszurichten. [29]

Das Scheitern Obamas

Im Wahlkampf hieß es noch: „change we can believe in" oder schlichter: „yes we can". Fast alle Bürger in den USA und Europa erhofften sich die große Wende, „einen Wandel nach den bleiernen Bush-Jahren, die Abu Ghraib, Guantanamo und Waterboarding als legitimes Mittel der Terrorabwehr hervorgebracht hatten" [30]. Zur Erinnerung: Abu Ghraib ist ein Gefängnis im Irak, in dem schon

Saddam Husseins Schergen die Inhaftierten folterten. Nach dem Einmarsch der Bush-Truppen wurde bekannt, dass auch die Amerikaner dort folterten, vergewaltigten, oft bis zum Tode. Mit dem Begriff Guantanamo Bay bezeichnet man ein Gefangenenlager der Amerikaner. Die „Guantanamo Bay Naval Base“ war ursprünglich ein Marinestützpunkt der USA auf Kuba. 2002 wurde dieser Stützpunkt um ein Internierungslager erweitert. Beabsichtigt war das Erwirken geheimdienstlicher Erkenntnisse. Ebenso sollten durch die Interierung die USA vor den Terroristen geschützt werden. Doch die Rechtslage der Insassen, die Haftbedingungen, ferner die Verhör- und Foltermethoden der USA werden scharf kritisiert. Verstöße gegen die Menschenrechte werden von der Kritik aus dem In- und Ausland gebrandmarkt. Es wird gegen Guantanamo vorgebracht, dass dieser Umgang mit den zumeist muslimischen Häftlingen den islamistischen Terrorismus noch mehr provoziere. Im Jahre 2002 gab es fast 800 Insassen, 2014 waren es noch circa 150. [31] Dieses Gefängnis war einer der Gründe dafür, dass George Bush als Inbegriff des schlechten Amerikaners galt, des unverbesserlichen Interventionisten, der wenig von Bürgerrechten hält, dafür umso mehr von Gewalt und Folter. [32] Die erste Unterschrift des Präsidenten Obama im Amt hatte diesem Internierungslager gegolten und der Absicht, es innerhalb einer Jahresfrist zu schließen. Dies hat sich als Schein herausgestellt, der die Wirklichkeit verdrängen sollte. Denn diese vorübergehende Einrichtung existiert nun seit über einem Jahrzehnt und es nicht abzusehen, wann die Schließung erfolgt. Dieses Internierungslager, dessen unverhohlene Absicht es ist, jede Rechtsstaatlichkeit zu umgehen, um Gefangene jenseits der üblichen Bürgerrechte für Strafverfolgte zu internieren, zu verhören, zu foltern, existiert immer noch. Und die Europäer? Hatten sich die linksliberalen Europäer – vor allem die Deutschen – nicht eine Art Europäisierung der USA durch Obama gewünscht? Hatten nicht über 200.000 Menschen dem Hoffnungsträger im Wahlkampf in Berlin vor der Siegessäule zugejubelt? In dieser Zeit hatte Obama circa 80 Prozent Zustimmung in Europa. Niemand hat damals geglaubt, dass die Bush-Jahre, die die Europäer so verstört hatten, die das amerikanische Streben nach Hegemonie und ihre Unerbittlichkeit im kriegerischen Kampf gegen den Terrorismus so herausgestellt hatten, so problemlos in die Obama-Ära übergehen würden. Obamas Gesundheitsversicherung – geringschätzig als „Obamacare“ betitelt – kostete enorm viel Energie und wäre letztlich fast gescheitert. Sie trat auch nur in einer stark vom Kongress reduzierten Fassung in Kraft. Im Ergebnis wandten sich Anhänger in Europa und Amerika enttäuscht von Obama ab, die Gegner verschärften ihr Feindbild. Im Kampf gegen den Terrorismus versuchte Obama dann Profil zu gewinnen durch die gezielte Tötung Osama bin Ladens aus dem Situation Room (das Kommunikationszentrum) des Weißen Hauses. Dies gab Obama jedoch nur geringfügigen Auftrieb. Dass er nun den starken Mann markierte, nahm ihm niemand ab, und seine Anhänger wollten das wohl auch nicht sehen. Niemand glaubte mehr daran, dass die USA oder die Welt nun vom Terrorismus befreit wären. Trotzdem reichte es für einen weiteren Wahlsieg, diesmal über Mitt Romney. Es handelte sich dabei jedoch nur um die Wahl des kleineren Übels. Begeisterung war keine mehr zu spüren. Heute spätestens weiß man: Obama hat die Bush-Doktrin (Sicherheit vor Freiheit und Bürgerrechten) fortgesetzt. Beispiele wie das Ausspähprogramm der NSA zeugen davon. Die linksliberalen Anhänger sind von der Fortführung von Guantanamo und NSA enttäuscht. Es sieht fast so aus, als habe Obama all seine Ideale, die er im ersten Wahlkampf so überzeugend zu vertreten wusste, einer Realität geopfert, die er für unabänderlich hält. [33] Ob der Rückhalt im Volk, im Kongress und in der Welt noch dafür reichen wird, die nun anvisierten Missionen gegen den IS durchzuführen und zu leiten, ist fraglich. Die USA erscheinen als eine im Abstieg befindliche Großmacht, die längst ihre Macht mit anderen Mächten der Welt multilateral teilen muss. Dennoch versuchen sie, die Führerschaft zu behalten und Konflikte durch militärisches Eingreifen zu lösen. Wer hätte gedacht, dass ausgerechnet Obama diesen Schein einer Großmacht wahren würde? Die Menschenrechtsorganisation „Reporter ohne Grenzen“ stellt die Obama-Ära an den Pranger. Sie stellt fest, „dass in den USA die Ausforschung von Journalisten und die Verfolgung von Informanten besorgniserregende Ausmaße erreicht hat; dass Journalisten, die beim Aufdecken von Missständen helfen, verfolgt werden. Doppelt so viele wie jemals zuvor! Dabei sind Presse- und Meinungsfreiheit konstitutive Elemente der Demokratie. Zumal in Amerika, einem Land, das noch heute unter den bitteren Erfahrungen leidet, die es unter Richard Nixon gemacht hat. [...] Der Drohnenkrieg, in dem der amerikanische Präsident Menschen zum Tode verurteilen darf, ohne dass ein Richter die Entscheidung überprüfen kann – es ist nicht der Krieg des George W. Bush." [34]

Der Einfluss der Neokonservativen

Etwa seit den 1960er Jahren des vergangenen Jahrhunderts hat sich der Neokonservativismus in den USA entwickelt. Der Neokonservativismus hat dabei mit dem traditionellen Konservativismus einiges gemeinsam. Die Gemeinsamkeit liegt in der Vorrangigkeit und besonders hohen Bedeutung von Nation, Familie, Staat, Heimat, Tradition und Religion (besonders das Christentum). Die Neokonservativen bewerten allerdings das Verhältnis von Freiheit und Ordnung und auch das Verhältnis von Überlieferung bzw. Tradition und Fortschritt anders. Während der traditionell konservativ denkende Mensch an Vergangenem festhalten und Traditionen bewahren will, möchte der Neokonservative aktiv etwas verändern. Daher ist auch von einer neuen konservativen Revolution die Rede, eine Formulierung, die die Aktivität der Bewegung wiedergibt. Die Vorherrschaft der USA gehört unverkennbar zu den Interessen der Neokonservativen. [35] Dies ist ein gewichtiger Unterschied zum traditionellen Konservatismus, der eher nach innen gerichtet und wertegeleitet ist.

Ein wesentlicher Bestandteil der amerikanischen Außenpolitik war in vielen Phasen ihrer Geschichte die Förderung der Demokratie. Dieser ideologische Grundpfeiler verbindet internationalistische Demokraten und republikanische Konservative. Die Neokonservativen legen jedoch einen anderen Sprachgebrauch und eine andere Wahl der Mittel an den Tag, und dies seit dem 11. September 2001 verstärkt. Sie haben ein in vielen Teilen radikales, ideologisch untermauertes Programm der Kriegseinsätze in Teilen der Welt, die sie mit ausgeprägtem missionarischem Bewusstsein zu demokratisieren wünschen. Der unilaterale (also nur von den USA ausgehende, nicht etwa durch die Vereinten Nationen abgesegnete) Einsatz von Militär gehört mit dazu. Krisenregionen, die – scheinbar oder tatsächlich – eine Bedrohung für die USA darstellen, sollen mit militärischer Übermacht niedergerungen und umstrukturiert, also neu aufgebaut werden. Neokonservative lassen sich oft nicht von Gegenargumenten beindrucken. Dies bedeutet:

- Kriegseinsätze – wie alle Außenpolitik – geschehen auf unilateraler Basis oder auf der Basis einer (kleinen) Koalition der Willigen.
- Mittel zur Durchsetzung der Ziele schließen auch Bombardements, Bodentruppen, Gefangennahme und Folter ohne weitreichende rechtliche Absicherung der Gefangenen mit ein.
- Die USA sind in den Augen vieler Neokonservativer berufen, die Welt zu demokratisieren – auch berufen von göttlicher Seite. Man bedenke nur das Schlagwort „nation under god". Kritiker bezweifeln, dass die neokonservativen Kreise, die man selbst des christlichen Fundamentalismus verdächtigt, die Richtigen seien, um gegen religiös motivierten Fanatismus vorzugehen.
- Da die Politik der Neokonservativen für Kritiker in Verdacht steht, soziale Ungleichheit und soziale Probleme, Rassismus und Intoleranz gegenüber Menschen mit abweichender Meinung zu fördern, bezweifeln Gegner der Neokonservativen, dass ausgerechnet diese die Konflikte der Welt lösen könnten. Viele Andersdenkende glauben, die USA bräuchten selbst soziale und demokratische Reformen, um die eigenen Probleme zu lösen, statt von der eigenen Überlegenheit und Unfehlbarkeit auszugehen. Kritiker des Neokonservativismus gehen davon aus, dass die USA erst dann ein Beispiel geben könnten, an dem sich andere freiwillig und ohne Zwang orientieren.
- Neokonservative berufen sich auf den fortschrittlichen Nationalismus, der darin besteht, einen christlich-demokratischen Kreuzzug gegen nicht-demokratische Staaten zu führen, um die

> Welt zu demokratisieren. Hierin liegt die hochtrabende Überzeugung, dass durch die Verbreitung des amerikanischen Wesens die Welt verbessert, gerettet und perfektioniert werden könne. Man hat also in diesem Zusammenhang mit einer kriegerischen Außenpolitik im Zeichen der demokratischen Werte zu tun – die wiederum von den Neokonservativen selbst durch die Ausübung militärischer Gewalt, Folter und Gefangennahme in Guantanamo Bay und eine neuerliche Form des demokratischen Imperialismus unterwandert werden. [36]

In den USA wechseln sich die Debatten um ein neuerliches Erstarken der Neokonservativen aus der Bush-Ära mit den Debatten um ein Ende des Neokonservativismus ab. Normalerweise haben politische Ideologien und Theorien keine Anschrift. Aber die Adresse des Neokonservativismus könnte wohl in Washington, D.C. liegen, in der 17th Street NW. Dort haben sechs Intellektuelle des rechten Denkens ihre Büros. Von dort aus liefern sie Argumente und Wortgefechte für die US-amerikanische Weltherrschaft und die Verbreitung der Demokratie. Diese kleine Vereinigung heißt „Project for the New American Century". Dass von einem „amerikanischen Jahrhundert" gesprochen wird, ist für die Vertreter dieser Richtung bezeichnend. Zur Gründung wurde 1997 ein Papier verfasst, das fast alle bedeutenden Neokonservativen des Landes unterschrieben haben. Mit dem Terroranschlag vom 11. September 2001 und den darauf folgenden Ereignissen – Patriotic Act, Irakkrieg, Terrorbekämpfung – stieg die Bedeutung dieses „Thinktank" („Denkfabrik"). Der Neokonservativismus erhielt die Gelegenheit, durch die in der Gesellschaft herrschende Sehnsucht nach nationaler Sicherheit die amerikanische Außenpolitik zu dominieren. So wurde dieser Zusammenschluss zu einem wesentlichen Zentrum der Macht.

Die Neokonservativen lehnen das linksliberale Denken Europas und Amerikas ab, welches besagt, dass die Anschläge vom 11. September 2001 und der islamistische Terrorismus auf einen Mangel an Modernität bzw. Modernisierung und Ungerechtigkeit (in den betreffenden Ländern einerseits und in der Welt andererseits) zurückgehen und dass dies die Attentäter zu ihren Taten motiviert habe. Folglich sind die sogenannten „Softpowers“ wie die Entwicklungshilfe, die Einrichtung von Schulen und Bildungssystemen, die Hilfe zum Aufbau der wirtschaftlichen Strukturen etc. für die Neokonservativen nicht die Antwort auf das Problem. Die Neokonservativen hingegen sehen das Problem im Mangel an Demokratie. Folgerichtig sind sie Fürsprecher der kriegerischen Interventionen und des Aufbaus demokratischer Regimes (Stichwort „nation building“). Die Demokratie, so die Überzeugung, werde den Völkern Zufriedenheit, Wohlstand und Gerechtigkeit bringen und dem Westen Sicherheit vor Terroranschlägen. So werden Waffengänge als Ausübung der Moral interpretiert und die Vereinigten Staaten als gütiger Weltherrscher und Weltbeglücker.

Inzwischen hat jedoch diese Gruppe an Relevanz verloren. Nicht nur, dass die Vereinigten Staaten inzwischen einen demokratischen Präsidenten haben – ein weiterer Grund für den Niedergang des Neokonservativismus heißt Irak. Der Irak war das größte und wesentlichste außenpolitische Projekt dieser Denkrichtung, in der demokratischen Neuausrichtung und dem demokratischen Neuaufbau des Irak musste sich die Anwendbarkeit, Tragfähigkeit und Praktikabilität des Neokonservativismus beweisen. Dies aber gestaltet sich keineswegs als erfolgreich. Wenn die Denkrichtung die Praxis nicht so formt wie gedacht, spült die Wirklichkeit die Theorie hinfort. Und mit ihr die Theoretiker. [37]

Die USA und die Krise im Irak

Es waren die USA selbst, die unter der Führung von Präsident George W. Bush (gemeinsam mit den Briten und der sogenannten „Koalition der Willigen“) dem Irak einen Krieg aufzwangen, der mit dem Sturz des Diktators Saddam Hussein endete. Anschließend sollte eine Demokratie errichtet werden, die Stabilität und Sicherheit in die Region bringen sollte. Diese Mission ist gescheitert. Natürlich wird niemand bestreiten, dass Hussein ein grausamer Diktator war und dass er sein Volk in unwürdiger Abhängigkeit hielt, aber was kam danach? Das „nation building“ versagte auf ganzer Linie, dies wurde endgültig offenbar, als die Vereinigten

Staaten ihre letzten Truppen im Jahre 2011 abzogen. (Die Briten hatten den Irak bereits 2009 verlassen.) Die Streitkräfte hinterließen ein Machtvakuum, das mittlerweile von radikalen Kräften gefüllt wird. Der Feldzug, geführt von den USA, hat die regionale Balance zerstört. Die radikal islamistische Terrorgruppe IS, die bis vor Kurzem noch niemand kannte, ist nun weltbekannt. Sie erreichte binnen kürzester Zeit militärische Erfolge, die den Irak in einen schiitisch-sunnitischen Religionskrieg zu stürzen drohen. Damit droht für den Irak akute Existenzgefahr, weil nun einmal beide Bevölkerungsgruppen dort leben. Und anscheinend hat Obama aus der bisherigen Irak-Misere nichts gelernt, denn er will wieder militärisch antworten. Aus diesem Grund schließt er sogar eine engere Bindung an den Iran, der lange Zeit zu Amerikas Erzfeinden zählte, nicht aus. Der irakische Premier Nuri al-Maliki, den die Amerikaner haben an die Macht kommen lassen und der bis August 2014 im Amt war, hat unterdessen alles getan, die Probleme zwischen den Glaubensgemeinschaften weiter zu schüren und den wechselseitigen Hass zu intensivieren. Er hat eine Art „Iranisierung" des Iraks betrieben. [38] Ihm werden autoritäre Tendenzen und aufgrund seiner vielen Machtbefugnisse eine unangemessene Machtanhäufung vorgeworfen. Dies alles geschah durch Einwirken der USA. Fortschritte im Vergleich zu Hussein sind kaum erkennbar, denn auch Nuri al-Maliki scheint mit der Opposition und mit Andersdenkenden unangemessen umzugehen. „Kritiker Malikis wurden anscheinend unter Folter zu Geständnissen gezwungen und im Rahmen des Anti-Terrorismus- oder des ‚Entbaathifizierungs'-Gesetzes hingerichtet." [39] Ein Journalist spricht in diesem Zusammenhang vom „vielleicht größte[n] Eigentor der Gegenwartsgeschichte" [40].

Der IS kann nicht beschönigt werden, sein Terror ist hinlänglich bekannt. Aber es ist zweifelhaft, dass die USA wirklich dieses Mal ein Patentrezept haben, dem Terror hinreichend und nachhaltig zu begegnen. Wenn die USA nun den IS zum neuen Feind erklären, sollte man bedenken, dass sie selbst das Machtvakuum im Irak hinterlassen hatten, das diese Entwicklung unterstützte. Der IS wird von den Saudis unterstützt, mit denen die Amerikaner kooperieren. Die USA scheinen wieder zu einem militärischen Aktionismus zu neigen – und zu einseitigen Schuldzuweisungen: hier die Guten, da die Bösen. Die eigenen Versäumnisse werden dabei nicht angesprochen. Sieht so eine souverän wirkende Großmacht aus, die Vorbild für die ganze Welt sein will? Fatal erscheint auch, dass beide politischen Lager der USA involviert sind: Obama wiederholt die Fehler der Republikaner, die die regionale Balance empfindlich gestört haben. Der Journalist Stephan Richter stellt in *Die Zeit online* fest: „Dessen ungeachtet gießen die Republikaner schon wieder fleißig Öl in dieses Feuer. Allen voran schreitet dabei wie immer US-Senator John McCain, früherer Präsidentschaftskandidat seiner Partei. Der Vietnam-Veteran und ehemalige Kriegsgefangene ist bekannt dafür, zu zündeln, wo er nur kann. Dass er dies tun kann, ohne von der US-Öffentlichkeit oder den US-Medien für seine Sünden der Vergangenheit abgestraft zu werden, belegt, wie zerrüttet der demokratische Prozess und das Verantwortungsdenken im heutigen Amerika sind.“ [41]

Der Irakkrieg und die Folgen

Viele Historiker und Kenner der islamischen Welt haben davor gewarnt, dass der Irak nach dem Sturz des Diktators Saddam Hussein zu einer explosiven Brutstätte der Gewalt werden würde. Im westlichen Asien gärt seit Jahrhunderten ein unterschwelliger Konflikt zwischen den Glaubensrichtungen der Sunniten und Schiiten. Schon bei vielen Gelegenheiten hat sich diese Feindschaft und Konkurrenz in blutigen Kämpfen ausgedrückt. So entstand nach dem Irakkrieg unter Präsident Bush junior eine explosive Umgebung mit expansiven Machtbestrebungen von beiden Seiten in beide Richtungen. In dieser Region stellte der Irak schon lange eine Art Puffer dar, der die Bewegungen auffing und als eine Art Trennzone fungierte. Schon zu Zeiten der Römer (also lange vor der Entstehung des Islams mit den konkurrierenden Glaubenrichtungen) war das damalige Mesopotamien eine Pufferzone zwischen Ost und West. Die Interventionisten der Bush-Ära haben diese Zone schließlich in ein Pulverfass verwandelt. Verantwortlich dafür ist ein amateurhafter Feldzug, der Stärke beweisen sollte, also ein bloßes Muskelspiel war, aber keine Zukunftsperspektive für die sensible Region mitbrachte. Europa ist unmittelbar involviert, waren doch die Briten die willigen Helfer der Amerikaner. Sucht hier ein Großbritannien, das nicht mehr ganz so groß ist wie dereinst, in einer postimperialen Identitätskrise und angeschlagenem Selbstbewusstsein das Scheinwerferlicht, und zwar als Alliierter seines ehemaligen Zöglings, der USA? Gegenstimmen gab es damals innerhalb und außerhalb der Regierung von Tony Blair. Dieser aber wollte den Amerikanern gefallen und gefiel sich selbst in der Rolle des demokratischen Missionars. [42] Doch wäre es nicht eher die Aufgabe von guten Verbündeten und Freunden gewesen, zu warnen, auch wenn die USA nicht darauf gehört hätten? Es war jedoch der deutsche Bundeskanzler Schröder, der vor dem Irakkrieg warnte und mit dieser Haltung die Ablehnung der amerikanischen Regierung und ihres Umfeldes auf sich zog. Zwar ist zu vermuten, dass Schröder genau wusste, dass seine Landsleute kriegerischen Einsätzen skeptisch gegenüberstehen, und er mit dieser Ablehnung die anstehende Wahl gewinnen wollte – was ihm auch gelungen ist. Letztendlich hat sich seine Einschätzung aber bewahrheitet. Das neuerliche interventionistische Auftreten der amerikanischen Konservativen, die wieder mit den Säbeln rasseln wollen, ist der Beweis dafür, dass sie den Irakkrieg immer noch nicht als verhängnisvollen Fehler erkannt haben. Politische Veränderungen brauchen aber Erkenntnisse und das Eingeständnis von Fehlern. Dazu sind die die amerikanischen Demokraten augenscheinlich genauso wenig in der Lage wie ihre republikanischen Konkurrenten. Auch hier will man den durch den Irakkrieg entstandenen Folgeproblemen wiederum mit Gewalt begegnen. [43]

Das Zögern der USA

Das Irak-Debakel unter George W. Bush schien dem amerikanischen Präsidenten Obama noch in Erinnerung gewesen sein, denn als der IS aktiv wurde und immer aggressiver vorging sowie immer mehr Land unter die eigene Kontrolle brachte, zögerte Obama zunächst. Auch begrenztes militärisches Eingreifen stand anfangs nicht zur Debatte. Bodentruppen kamen für ihn nicht infrage – zu groß war die Gefahr, dass amerikanische Opfer zu beklagen sind, zu stark war die Erinnerung an die völlige Sinnlosigkeit des Einsatzes von Bodentruppen unter seinem Vorgänger. Auch die begangenen Verbrechen an irakischen Bürgern mögen ihn bewogen haben, keine Bodentruppen zu entsenden. Für Luftangriffe schienen keine oder nur wenige sinnvolle Ziele da zu sein. Nur widerwillig konnte sich Obama auf den Gedanken an militärische Eingriffe einlassen. Was aber sollte die Massaker im Irak beenden? Nicht einmal diejenigen seiner Kritiker, die Obama eine Mitschuld an der neuerlichen Irakkrise gaben, weil er mit dem vollständigen Truppenabzug die Region einfach fallengelassen hat, verlangten den Einsatz von Bodentruppen. Sogar der oft martialisch auftretende Senator John McCain, der sonst so gerne Interventionen fordert, nahm Abstand vom Einsatz von Bodentruppen – die Erfahrung des letzten Irakkrieges, der so viele Opfer auf beiden Seiten kostete und doch nur einen zerstörten Staat und eine instabile Region hinterlassen hat, steckte allen noch in den Knochen. McCain verlangte aber Luftangriffe. Obama ließ sich Zeit, eine Entscheidung zu fällen. Vielleicht auch deswegen, weil dem IS im Irak Grenzen gesetzt sind. Zwar hatte er in kurzer Zeit große Gebiete im Norden des Irak unter seine Kontrolle gebracht, aber ein wirklich ausgereifter Angriff auf Bagdad konnte kaum auf seinem Plan stehen. Der Durchmarsch in Gebieten, in denen sie zumindest geduldet werden, vielleicht aber sogar unterstützt werden, weil sunnitische Kräfte gerne gesehen sind, ist wesentlich einfacher, als Bagdad einzunehmen. In Bagdad, einer Stadt mit sechs Millionen Einwohnern, gibt es durchaus kompetente, effektive und loyale Sicherheitseinheiten und neben der Armee auch schlagkräftige schiitische Milizen. Die Zustimmung für die Sunniten ist wesentlich geringer. Trotzdem musste Obama auf alles vorbereitet sein. Die USA verfügen über Flugzeugträger und Kriegsschiffe in der Region. Dies konnte Luftangriffe binnen Stunden möglich machen. Obama hatte also schlagkräftige Möglichkeiten in der Region, außerdem hatte er einige Hundert Soldaten in den Irak geschickt. Dennoch ging man im Juni 2014 noch davon aus, dass ein militärisches Eingreifen nicht unmittelbar bevorsteht. Denn die stationierten Einheiten dienten eher dem Zweck, amerikanische Einrichtungen zu schützen, vor allem US-Bürger und die US-Botschaft, falls es dort zu kriegerischen Ausschreitungen käme. Man denke nur daran, dass noch 2012 ein Anschlag mit tödlichem Ausgang auf die diplomatische Vertretung der USA in Bengasi in Libyen stattgefunden hatte. Daher die Entsendung einer Marineeinheit für den schnellen Eingriff für eine mögliche Evakuierungsmaßnahme. Man ging also allgemein von einer eher defensiven Taktik aus. Außerdem stellte man sich in der Welt die Frage: Wenn Obama Luftangriffe zur Unterstützung der irakischen Armee durchführt, was wären dann sinnvolle Ziele? Verfügen die USA über entsprechende Informationen? Bagdad könnte man auf diese Art und Weise sichern, wenn der IS doch noch diesen Schritt wagen sollte. Man kann sich das vorstellen: Eine vorrückende Gruppe von IS-Kämpfern könnte man mit der entsprechenden Luftaufklärung erkennen und auch bremsen. Selbst die eigentlichen irakischen Kräfte (wie die Armee) könnten einen solchen Angriff wahrscheinlich stoppen. Die Hauptgefahr besteht also nicht in einer Einnahme der Hauptstadt und einem Sturz der Regierung von Nuri al-Maliki. Viel gefährlicher und nachhaltiger wäre es, wenn die IS-Terrorgruppe im irakischen Norden und in Teilen Syriens eine Art Staat aufrechterhalten könnte. Dies würde eine relativ stabile Grundlage für den zukünftigen Terror in der Region bereitstellen. Auch könnte dies einen großen Glaubenskrieg mit sich bringen: die Schiiten unter der Führung von al-Maliki zusammen mit dem Iran auf der einen Seite, der IS und die Sunniten auf der anderen Seite. [44] Es sollte also politische Maßnahmen gegen den tiefen (und immer tiefer werdenden) Graben geben, der diese beiden islamischen Gruppen trennt. Auch die bereits vom IS eroberten Gebiete sollten schnellstmöglich wieder unter die Kontrolle der Regierung des Iraks gebracht werden. Problematisch ist die Tatsache, dass die Möglichkeiten der USA, hier zu helfen, begrenzt sind, wenn sie keine Bodentruppen entsenden wollen. Durch Luftangriffe kann man dem IS nur bedingt Gegenschläge versetzen. Man kann schließlich in den Orten und Städten des nördlichen Iraks nur schwer ausmachen, wer ein wirklicher IS-Kämpfer ist und wer ein Sunnit, der sich auf ihre Seite geschlagen hat, oder ein harmloser Einwohner im alltäglichen Überlebenskampf. Es wären also im Grunde nur kleine, sehr gezielte Luftangriffe sinnvoll. So könnte man versuchen, entscheidende Standorte der Terroristen, ihre Waffenvorräte und andere Ausrüstungsgegenstände zu treffen. Allerdings ist nicht klar, ob die USA über entsprechende Informationen verfügen. Seit dem vollständigen Abzug der amerikanischen Truppen ist die Stellung der USA einschließlich der Informationsbeschaffung im Irak geschwächt. Die Aufklärung könnte sich als schwierig erweisen. Über den IS ist vieles nicht bekannt. Wo und wen soll man also angreifen? [45]

Militärisches Engagement gegen IS

Später schmiedeten die USA dann aber doch eine militärische Allianz mit anderen Staaten, um der Verbreitung des IS zu begegnen. Weitere Staaten waren zu diesem Bündnis bereit. Die deutsche Regierung schloss allerdings eine militärische Beteiligung aus. Die Botschafterin der USA bei den Vereinten Nationen, Samantha Power, bestätigte die Pläne zu einem Bündnis: „Ich wage die Prognose, dass wir die Luftangriffe nicht alleine fliegen werden, wenn sich der Präsident dazu entscheidet." Es blieb aber den betreffenden Nationen selbst überlassen, den Umfang und die Art der eigenen Beteiligung anzukündigen. Besonders wichtig war aus der Sicht der USA die Beteiligung von arabischen Staaten. Dies ließ Generalstabschef Martin Dempsey durchblicken. Dempsey schwebte vor, dass der IS zur selben Zeit aus mehreren Richtungen unter Druck gesetzt und militärisch angegriffen werden sollte. Wenn dies gelänge, sei „das erwünschte Endstadium" erreicht. Obama machte eine umfangreichere arabische Beteiligung zur Bedingung für sein Einverständnis mit einem solchen Plan. Besonders von der Türkei erwarteten die USA ein größeres Engagement. Die USA hofften, dass die gelungene Befreiung von Geiseln aus der Türkei es dem Land möglich mache, einen stärkeren Einsatz zu zeigen. Auch Ägypten erklärte sich am 20. September 2014 bereit, sich zu beteiligen. Wie die Unterstützung Ägyptens allerdings auszusehen habe, verdeutlichte der Präsident Abdel Fattah al-Sissi zunächst nicht. Ein militärisches Engagement schloss er aus. Im Hinblick auf die Waffenlieferungen aus Deutschland an die kurdische Peschmerga, die gegen den IS kämpft, konstatierte der Bundesaußenminister Frank-Walter Steinmeier: „Wir haben unseren Anteil – ein großes Maß an Verantwortung im Norden des Irak – übernommen [...] Andere Staaten übernehmen andere Aufgaben – die Franzosen jetzt etwa, indem sie die amerikanischen Luftunterstützungsflüge unterstützen. Wenn alle dasselbe machen würden, kämen wir ja auch nicht weiter." Steinmeier sieht keine Veranlassung für Deutschland, sich „mit Luftunterstützung zu beteiligen oder gar, wie manche behauptet haben, davor stehen, jetzt mit Soldaten *on the ground* dort auf dem Boden im Irak tätig zu werden". Dies schloss die Bundesregierung aus. Zu diesem Zeitpunkt flogen die Amerikaner bereits seit einiger Zeit Luftangriffe mit dem Ziel, IS-Stellungen zu treffen. Sie kündigten auch an, dieses Engagement auf Syrien auszuweiten. In diesem Zusammenhang versuchte die Regierung der USA die Absichten möglichst konkret werden zu lassen und möglichst viele Verbündete auch militärisch zusammenzubringen. [46]

Auch strebten die USA eine UN-Resolution an, die sich gegen ausländische Terrorkämpfer richtet. Im Optimalfall könnten die Amerikaner erreichen, dass alle Staaten die Ausreise und Wiedereinreise von militanten terroristischen Islamisten unter Strafe stellen. Deutschland zeigte entsprechende Absichten. Damit wollten die USA den Zulauf von Terroristen in den Irak oder Syrien bestrafen und stoppen. Obama leitete eine Sondersitzung des Weltsicherheitsrates, die sich mit dieser Resolution beschäftigte. Die Zustimmung für das entsprechende Papier war groß. Die Resolution sieht vor, dass Menschen strafrechtlich verfolgt werden, wenn sie im Ausland Terrororganisationen beitreten oder nach einem entsprechenden Aufenthalt wieder einreisen möchten. Ebenso sollen das Sammeln von Geld und die Hilfe für Terroristen strafrechtlich verfolgt werden. Auch sollten Fluggesellschaften veranlasst werden, die Listen der Passagiere offenzulegen, damit man Terrorverdächtige leichter finden kann. Mit diesen Plänen sollte verhindert werden, dass Rückkehrer in ihren jeweiligen

Ländern Terroranschläge begehen. In Deutschland bekannten die Konservativen, dass man jedem Deutschen die Staatsangehörigkeit entziehen sollte, der sich der Terrorgruppe IS anschließt. Die rechtlichen Hürden hierfür wurden jedoch als hoch eingeschätzt, vor allem dann, wenn die Person über keine andere Staatsangehörigkeit verfügt. Die Geheimdienste der USA gaben an, dass im September 2014 etwa 15.000 Terrorkämpfer aus dem Ausland im Irak oder in Syrien kämpften. Sie stammten aus 80 verschiedenen Ländern. Etwa 100 stammten aus den USA, über 2000 aus Europa. [47]

Am 20. September 2014 bombardierten die USA erstmals Stellungen der Terroristen im Zentrum der Stadt Mosul im Norden des Iraks. Bis dato hatten sich die entsprechenden Luftangriffe auf IS-Stellungen in der umliegenden Umgebung der Millionenstadt beschränkt. Dies gilt als wesentlicher Schritt, schließlich ist die Stadt eine Hochburg des islamistischen Terrorismus, nachdem die Stadt im Juni des gleichen Jahres in einer Blitzaktion vom IS eingenommen worden war. Von dort aus hatten die Terroristen weitere Gebiete erobert. Durch die Unterstützung aus der Luft waren kurdische Kämpfer in der Lage, einige Dörfer in der Umgebung von Mosul zu erobern. Dazu gehört auch der strategisch bedeutsame Mosul-Staudamm, der nun auch von Kurden kontrolliert wird. [48] Russland zog bereits am 22. September 2014 in Erwägung, sich an der internationalen Koalition gegen den IS zu beteiligen. [49] Ein weiterer Grundpfeiler der amerikanischen Außenpolitik gegen den IS ist ein Plan Obamas, den das Repräsentantenhaus unterstützt hat. 273 Abgeordnete votierten für die Aktion, 150 dagegen, wobei die Gegner sowohl aus dem Lager von Obamas Demokraten kamen als auch aus dem Lager der Konservativen. Es geht bei diesem Vorhaben um eine Trainingsmission und Waffenlieferungen an gemäßigte Rebellen in Syrien. Das Repräsentantenhaus, so Obama, habe „einen wichtigen Schritt nach vorne im Bestreben unserer Nation gemacht, der Bedrohung" durch den IS zu begegnen. Nach der Ausweitung der Luftangriffe vom Irak auf das benachbarte Syrien stand die Befürchtung im Raum, dass dieser Kampf gegen den Terrorismus in den Gebieten Syriens, die bisher vom IS kontrolliert werden, ein Machtvakuum entstehen lassen könnte, das dem Machthaber Baschar al-Assad nutzen könnte. Schließlich ist durch die Erfolge des IS der Druck auf den Diktator al-Assad gestiegen. Der Plan sah vor, die syrischen Rebellen, die Assad-Gegner sind, zu stärken, um nicht nur den IS, sondern auch Assad zu schwächen. Die USA wollte sich diese Aktion rund 500 Millionen Dollar kosten lassen. Ein Einsatz von Bodentruppen wurde weiterhin ausgeschlossen. [50] Bei den Bombardements in Syrien gegen die Terrormiliz kamen Kampfjets, Bomber und Schiffe zum Einsatz. Die Schiffe feuerten Tomahawk-Raketen ab. Dies meldete das Pentagon. Die Aktion erfolgte unter Beteiligung Katars, Saudi-Arabiens, Bahrains, Jordaniens und der Vereinigten Arabischen Emirate. [51] Präsident Obama autorisierte hierzu den Kommandeur des US-Zentralkommandos in Tampa in Florida, mit den Luftangriffen auf syrische Stellungen des IS zu beginnen. Aus Berichten der *New York Times* geht hervor, dass auch Kampfdrohnen eingesetzt wurden. Die Regierung Syriens teilte mit, sie sei vor Beginn der Luftangriffe über diese informiert worden. Die Amerikaner hätten den UN-Botschafter Syriens vorher eingeweiht. Vor allem IS-Stellungen in der nordsyrischen Provinz Rakka wurden attackiert. Auch Gebiete an der Grenze zwischen Syrien und Irak seien bombardiert worden. Einwohner der Stadt Rakka berichteten von mehrfachen Überflügen von Militärflugzeugen und von starken Explosionen. Rakka gilt als eine Hochburg der Terroristen. Seit Anfang August 2014 hatten die Amerikaner annähernd 200 Luftangriffe gegen den IS im Irak gestartet. Zunächst wurde gemeldet, die umstrittene syrische Regierung würde jeden Angriff auf die IS-Stellungen auf syrischem Boden ohne ihre vorherige Einwilligung als Angriff auf den syrischen Staat bewerten. [52] Der IS selbst droht den USA und seinen Bündnispartnern mit Vergeltung. Ein Kämpfer der IS beschuldigt ausdrücklich Saudi-Arabien dafür, dass die USA mit der Unterstützung von fünf arabischen Staaten die Luftangriffe vom Irak Richtung Syrien ausgedehnt haben. [53]

Präsident Obama wiederum forderte eine politische Lösung für die Probleme und den Bürgerkrieg in Syrien, „um den Konflikt ein für alle Mal" zu beenden. Dem syrischen Präsidenten bzw. seinem Regime sprach er dabei jedwede Rolle und Legitimität ab. Zum IS meinte Obama: „Unser Ziel ist klar: Wir werden IS mit einer umfassenden und andauernden Anti-Terror-Strategie schwächen und letztendlich zerstören." Obama betonte dabei die Wichtigkeit der amerikanischen Führung. Dies bedeutet einen enormen Kurswechsel für Obama, denn dieser hatte stets betont, den „dummen Krieg" im Irak, den er von seinem Vorgänger geerbt habe, beendet zu haben und auch den Kampfeinsatz in Afghanistan zum Abschluss bringen zu wollen. Nun jedoch will Obama eine internationale Allianz aus Amerika, dem Nahen Osten und Europa führen und stimmte sein Volk auf einen langen und schwierigen Einsatz ein: „Es wird Zeit brauchen, einen Krebs wie IS auszurotten." Die Opposition in Syrien zeigte Unterstützung für die Pläne Obamas und der Koalition. Der Vorsitzende der Syrischen Nationalkoalition Hadi al-Bahra meinte: „Wir haben lange nach einem solchen Handeln gerufen und immer wieder vor der Gefahr durch extremistische Gruppen gewarnt." Die Freie Syrische Armee (FSA), die mit der Koalition verbunden ist, könne zwar den Konflikt siegreich beenden, benötige dafür aber Unterstützung, um eine verlässliche und gut ausgebildete Armee aufstellen zu können. Obama verkündete die Entsendung von zusätzlichen 475 Soldaten in Richtung Irak. Ihre Aufgabe sollte es sein, irakische und kurdische Kräfte zu beraten, auszurüsten und auszubilden. Dadurch stieg die Zahl der im Irak stationierten amerikanischen Soldaten auf 1500. Einen Kampfeinsatz dieser Soldaten schloss der amerikanische Präsident aber erneut aus: „Wir werden uns nicht in einen weiteren Bodenkrieg im Irak ziehen lassen." [54] Es war nicht sofort klar, ob das Training der Soldaten vor Ort in Syrien oder in anderen Ländern stattfinden sollte. Es galt als möglich, dass Saudi-Arabien Ausbildungsstandorte bereitstellt. Auch gab es Berichte, dass die USA in Jordanien Soldaten der Freien Syrischen Armee ausbilden sollen. Dabei handele es sich jedoch um eine Geheimaktion des Geheimdienstes CIA und nicht um einen offiziellen militärischen Einsatz. Die USA haben den gemäßigten Rebellen bereits über einen längeren Zeitraum Waffen zur Verfügung gestellt. Obama äußerte sich widersprüchlich zu der Frage nach einer unmittelbaren Bedrohung für Amerika: „Obwohl wir noch keine spezielle Verschwörung gegen unser Heimatland entdeckt haben, haben IS-Anführer Amerika und unsere Verbündeten bedroht." Der amerikanische Präsident hielt es für wesentlich, dass der Zuzug ausländischer Kämpfer für den IS gebremst wird. Auch müssten die Geldressourcen der Terroristen gekappt werden. Der humanitäre Einsatz für Minderheiten und Flüchtlinge sollte fortgesetzt werden. [55]

Russland: Kritik an den Einsätzen

Die Luftangriffe durch die USA im Irak geschahen im Einvernehmen mit der irakischen Regierung. Daher sind sie im Grunde rechtlich abgesichert. Die syrische Regierung hingegen wurde nie nach Zustimmung gefragt, weil die USA die Kooperation mit ihr von vorneherein ablehnten. Daher befürchteten einige Staaten einen Völkerrechtsbruch, wenn es vom Sicherheitsrat der Vereinten Nationen kein Mandat für den Einsatz gibt und auch keine Genehmigung der syrischen Regierung vorliegt. Besonders Russland warf den USA in diesem Zusammenhang einen Völkerrechtsbruch vor. Das russische Außenministerium ließ verlauten: „Jede derartige Aktion darf nur in Übereinstimmung mit dem Völkerrecht ausgeführt werden." Es reiche nicht aus, die andere Partei einseitig zu informieren. Notwendig sei entweder eine ausdrückliche Zustimmung des Assad-Regimes oder ein Mandat des Sicherheitsrates der UN. Die Eigenmächtigkeit der USA und der Alliierten, so die russische Einschätzung, schaffe Spannungen und Instabilität in der Region. [56] Dabei hatte der IS Anfang September auch Russland gedroht. Mit Blick auf Putin hieß es in einem auf YouTube veröffentlichten Propagandavideo: „Wir sind schon auf dem Weg zu dir!" Es wirkte tatsächlich so, als ob der IS nach der Weltmacht greifen wollte, denn die Terrordrohungen gingen in viele Himmelsrichtungen. Da Putin dem syrischen Präsidenten Assad Flugzeuge und Waffen lieferte, drohten die IS-Terroristen, „diese Maschinen mithilfe von Allah zurückzusenden". Ferner ließen sie vernehmen: „Diese Nachricht ist an dich gerichtet, Wladimir Putin [...] Mit Allahs Hilfe werden wir ganz Tschetschenien und den Kaukasus befreien! Der Islamische Staat ist und bleibt und wird immer größer!" In besagtem Video sind mehrere Islamisten des IS auf einem Militärflugplatz zu sehen, und zwar in der syrischen Provinz Rakka. Dort eroberten die Islamisten auch Flugzeuge, Panzer und Waffen. Der Kommentar der IS-Kämpfer zu den Militärmaschinen: „Das ist russische Technik." Weiter hieß es zu Putin: „Dein Thron wackelt schon und ist in Gefahr. Und wird mit unserer Ankunft komplett umkippen." [57]

Wohl auch aufgrund dieser Drohungen zog die russische Führung schließlich in Erwägung, sich der Anti-IS-Allianz anzuschließen. Wie ein Sprecher des Präsidialamtes verlauten ließ, beriet sich Putin in dieser Sache mit dem Sicherheitsrat, einem Gremium hoher Politiker, über eine Koalition mit anderen Staaten. [58]

Großbritannien: begrenzte Beteiligung

Im August 2014 einigten sich Großbritannien und die USA auf eine gemeinschaftliche Anti-Terror-Aktion: Der IS sollte mit der sogenannten „Task Force Black“ zerschlagen werden. Diese neue Spezialeinheit der beiden Staaten sollte den IS mit Undercover-Soldaten in die Knie zwingen. Während die USA das Problem IS aus der Luft angingen, sollte die Task Force Black „der Schlange den Kopf abhacken“, wie es hieß. Diese Formulierung wurde kurz nach dem IS-Propaganda-Video mit der Enthauptung des amerikanischen Journalisten James Foley veröffentlicht. Dieses Video zeigt nicht nur die Enthauptung, sondern auch den Mörder – und der spricht mit britischem Akzent. Die Echtheit des Videos wird allerdings bezweifelt. Darüber hinaus hat der britische Premierminister David Cameron seine Spezialeinheit SAS (Special Air Service) und sämtliche Geheimdienste des Landes angewiesen, alle verfügbaren Ressourcen für einen Sieg über den IS einzusetzen. Dies berichtete die britische Zeitung *Daily Mirror*. Das vorrangige Ziel der Task Force Black ist der Führer der IS Abu Bakr al-Baghdadi. Dieser ist derzeit der meistgesuchte Terrorist der Welt. Der *Daily Mirror* zitierte hierzu eine Quelle: „Wir müssen nach Syrien und dem Irak gehen und dort so viele IS-Mitglieder wie möglich umbringen. Mit diesen Leuten kann man nicht verhandeln.“ Ferner: „Das ist kein Krieg unserer Wahl. Sie haben viel Geld und ein reichhaltiges Waffenlager. Wenn wir es nicht mit ihnen aufnehmen, werden sie uns drankriegen.“ Es kursierte allerdings das Gerücht, die USA hätten gemeinsam mit Israel und Saudi-Arabien den Unruhestifter in der Region erst gefördert. Dann hätten die USA einen willkommenen Grund, militärisch zu intervenieren und könnten die gesamte Region ihren Vorstellungen gemäß umstrukturieren. Weitere Quellen des *Daily Mirror* äußerten sich wie folgt: „Es könnte ein jahrelanger Kampf werden“ Und: „„IS kann man nicht allein mit Luftschlägen besiegen. Man muss auf den Boden gehen und ihre Anführer ausschalten.“ Bisher habe der IS noch keinen wirklichen militärischen Gegner gehabt, deshalb hätten die westlichen Streitkräfte mit ihren moderneren Waffen gute Chancen gegen den IS. Dennoch: „Das wird eine lange Kampagne, die vermutlich Jahre dauern wird. Und sie wird anders als alles, womit der Westen bisher konfrontiert war." Die Briten stellten eine Schwadron der SAS, Spezialisten der Royal Air Force und seine Agenten der Geheimdienste M16 und M15 gegen IS auf. „Zu den Aufgaben des SAS gehört das Sammeln von Informationen über den Feind, Sabotageoperationen hinter feindlichen Linien, das Markieren von Zielen für den Beschuss und die Befreiung von gefangenen Soldaten oder Zivilisten. Interessant: Der SAS bildet auch Spezialeinheiten befreundeter Länder aus und handelt bei Bedarf auch verdeckt, sodass eine Beteiligung der britischen Regierung nicht erkennbar ist. Mit der israelischen Spezialeinheit Sayeret Matkal hält der SAS immer wieder gemeinsame Übungen ab." [59]

Der deutsche Bundesaußenminister Frank-Walter Steinmeier und sein britischer Amtskollege Philip Hammond verkündeten gemeinsam, dass sich beide Länder an den Luftangriffen der Amerikaner und ihrer Allianz nicht beteiligen wollten. Deutschland sei darum auch nicht gebeten worden, teilte Steinmeier mit. Hammond sagte zwar ebenfalls, sein Land werde an den Luftangriffen nicht teilnehmen, betonte aber, man stehe voll hinter den amerikanischen Bemühungen, eine internationale Allianz gegen den Islamismus zu formen. [60]

Ebenfalls im September hob der britische Premierminister Cameron erstmalig seit 2011 die Terror-Warnstufe an: „Was uns im Irak mit IS gegenübersteht, ist eine größere Bedrohung für unsere Sicherheit als das, was wir vorher gesehen haben." Damit gilt die zweithöchste Warnstufe „ernst" auf der Skala mit fünf Stufen. Versuche von Terroranschlägen galten wenige Tage vor dem NATO-Gipfel in Wales als sehr wahrscheinlich. Auch eine Verschärfung der Terrorgesetze kündigte Cameron an. Mutmaßlichen Terroristen solle in Zukunft leichter die Staatsangehörigkeit entzogen werden. Im September waren nach Geheimdienstangaben mindestens 500 Männer mit britischer Staatsangehörigkeit in den Krisengebieten Syrien und Irak als IS-Kämpfer engagiert. [61] Ein Propagandavideo der radikalen Terroristen hat die Briten sehr beunruhigt. Zu sehen waren junge Dschihadisten, die andere junge Männer zum Kampf im Namen Allahs aufriefen: „Es gibt kein Leben ohne den Dschihad."

Darunter waren auch drei Briten, einer von ihnen der 20 Jahre alte Student Nasser Muthana aus dem Ort Cardiff. Nachdem sein Vater ihn erkannt hatte, bat er ihn eindringlich, doch vergeblich, zurückzukehren. Viele Bürger mit Migrationshintergrund fühlen sich in Europa nicht aufgenommen oder anerkannt. So mag es auch Muthana ergangen sein, an den Rand der britischen Gesellschaft gestellt, voll von Ohnmacht und Wut darüber, dass der syrischen Opposition nicht ausreichend geholfen wird. Der gemäßigte Imam, der Nasser Muthana früher gut gekannt hatte, sagte dazu: „Das Internet spielt dabei eine große Rolle [...] Das ist nicht der junge Mann von damals. Ganz offensichtlich hat er eine Gehirnwäsche hinter sich."

Die Radikalisierung beschränkt sich also keineswegs auf die arabischen Krisenregionen. Premierminister Cameron meinte: „Sie werden uns hier in Großbritannien angreifen." Seiner Ansicht nach müsse man das Problem der Dschihadisten von Großbritannien aus lösen: „Sonst kommt es zurück und trifft uns hier zu Hause." In Großbritannien gilt bereits seit den Attentaten vom 11. September 2001 in New York und Washington und 2005 in London eine Anti-Terror-Gesetzgebung, die weiter verschärft wurde. Sie bietet den Sicherheitsbehörden – ähnlich wie in den USA – weitreichende Kompetenzen. Dabei ist Sicherheit höher gewichtet als Datenschutz oder Bürgerrechte. Zur Verhinderung von Anschlägen ist es zum Beispiel der Polizei erlaubt, jeden festzunehmen, der unter ausreichendem Terror-Verdacht steht. Der Begriff Terrorismus ist in diesem Zusammenhang recht weit gefasst. Ein Terrorismus-Verdächtigter darf bis zu zwei Wochen festgehalten werden, seine Ausreise darf verboten bzw. bei Einreise seine Verhaftung angeordnet werden. Bisher sollen bereits 65 Briten auf dieser Basis verhaftet worden sein. Im Zuge der NSA-Spionage-Affäre wurde auch die weitreichende britische Überwachung von Telekommunikation und Internet offenbar. Die Deutschen sind sehr auf Datenschutz bedacht, sicher auch weil in der DDR das Ministerium für Staatssicherheit massiv Überwachung betrieb und davor schon in der NS-Zeit Menschen beobachtet und denunziert wurden. Im Vereinigten Königreich kümmerte die massive Überwachung kaum jemanden. Die Geschichte der Gesetzgebung im Zusammenhang mit Terrorismus reicht dort bis in die

1970er Jahre zurück, als der Nordirland-Konflikt aufkeimte. Auch ist dort vielen Bürgern die Sicherheit einfach wichtiger als der Datenschutz. Innenministerin Theresa May verlangte sogar eine Ausweitung der Befugnisse zur Überwachung des Internets. Denn dieses sei „ein sicherer Hafen für Terrorismus und Kriminalität". Kritiker hingegen halten den Aufwand für weit größer als den Nutzen und setzen stattdessen auf verbesserte Integration und Bildung. [62]

Die Briten haben auch persönliche Opfer zu beklagen, darunter die von den Terroristen enthauptete Geisel David Haines. Er wurde nur 44 Jahre alt. Ein entsprechendes Propagandavideo, das die Enthauptung zeigt, wurde im Internet veröffentlicht, und diese wurde vom britischen Außenministerium bestätigt. Bei der Ermordung des amerikanischen Journalisten Steven Sotloff wurde Haines bereits als das nächste Opfer vorgeführt. Sein Henker ist derselbe Mann, der auch Steven Sotloff und James Foley enthauptet hat. Damit ist Haines das dritte angloamerikanische Geisel-Opfer. Er arbeitete für eine Hilfsorganisation und wurde offenbar in der Nähe des Flüchtlingslagers Atme an der türkisch-syrischen Grenze im März 2013 entführt. Das Video trägt den Titel „Botschaft an die Alliierten Amerikas". Auch Haines musste im Wüstensand knien. Er trug dabei einen orangefarbenen Overall und seine Hände waren auf dem Rücken gefesselt. Die Terroristen zwangen ihn dazu, folgende Worte zu sprechen: „Ich mache dich, David Cameron, für meinen Tod verantwortlich. Du bist freiwillig in ein Bündnis mit den Amerikanern gegen IS eingetreten [...] Unser Premierminister hat nicht den Mut, Amerika zu widersprechen. Und wir, das britische Volk, bezahlen am Ende für die egoistischen En[t]scheidungen unseres Parlaments." Als Grund für die Ermordung Haines diente die Bewaffnung der Kurden. Dies verkündete der Henker des Mordopfers: „Dieser Brite muss den Preis für dein Versprechen, die Peschmerga für den Kampf gegen IS zu bewaffnen, bezahlen!" Am Schluss der mörderischen Hinrichtung ist das nächste Opfer zu sehen: der Brite Alan Henning. Premierminister Cameron kommentierte den Mord wie folgt: „Der Mord an David Haines ist ein Akt des Bösen. Meine Gedanken sind bei der Haines-Familie." Cameron versprach, dass „wir alles dafür tun werden, um diese Mörder zu jagen. Egal, wie lange es dauert". Davids Bruder sagte dazu: „David war enthusiastisch in seiner humanitären Arbeit. Er wurde und wird von seiner ganzen Familie geliebt und wird schrecklich vermisst werden." Der amerikanische Präsident Obama gab sich nicht nur teilnahmsvoll, sondern auch kämpferisch: „Unsere Gedanken sind bei der Familie von David Haines und der britischen Bevölkerung. Wir werden mit Großbritannien und einer breit gefächerten Koalition von Nationen aus der Region und rund um die Welt zusammenarbeiten, um die Verantwortlichen für diese empörende Tat zur Rechenschaft zu ziehen und diese Bedrohung für die Bevölkerung unserer Länder, der Region und der Welt zu schwächen und zu vernichten." Außer den USA und Großbritannien gehören auch Australien, Polen, Italien, Dänemark, Kanada, Frankreich und die Türkei zu dieser Allianz – und schließlich auch Deutschland. Nicht zu vergessen: Deutschland lieferte ebenso wie das Vereinigte Königreich Waffen an die Kurden … [63]

Frankreich: IS-Terror und Bombardements

Die französische Regierung nahm die Morddrohungen gegen Franzosen, die von der Terrororganisation IS ausgingen, sehr ernst. Sie gab Warnungen an ihre Botschaften in etwa 30 Ländern heraus. Darin forderte das französische Außenministerium die Staatsbürger zu größter Vorsicht auf. Adressiert waren hier besonders Länder im Nahen Osten, Nordafrika und Afrika. Die Terroristen hatten am 22. September 2014 zur Tötung von Staatsbürgern derjenigen Staaten aufgerufen, die sich der internationalen Allianz gegen sie verpflichtet haben. Franzosen wurden hier besonders benannt, wahrscheinlich weil Frankreich als erstes Land in Europa an den Luftangriffen gegen IS-Stellungen im Irak teilnahm. Diese Teilnahme galt jedoch nicht für Syrien. Außenminister Laurent Fabius ließ verlauten, dass Frankreich auch in Zukunft die gemäßigten Rebellen der syrischen Opposition unterstützen wolle. Innenminister Bernard Cazeneuve bezog ebenfalls Stellung, alle erforderlichen Vorkehrungen seien getroffen worden: „Frankreich hat keine Angst." Die Sicherheitskräfte des Landes befanden sich in Alarmbereitschaft, die Wachsamkeit im Umfeld von religiösen Bauten, Botschaften und größeren Menschenmengen wurde erhöht. Man ging bereits von bevorstehenden Anschlägen aus: „Die Frage ist in aller Munde, sie ist nicht, wann ein Attentat stattfinden wird, sondern wo." [64] Darüber hinaus beteiligte sich Frankreich an den Bombardements gegen den IS. Insgesamt schlossen sich über 40 Länder dem Bündnis gegen die die IS-Terrormiliz an. Kampfjets der Luftwaffe Frankreichs attackierten am 19. September 2014 Stellungen des IS im nordöstlichen Irak. Insgesamt flogen sie vier Angriffe. Mehrere Dutzend Kämpfer der Terrormiliz kamen dabei ums Leben. Ein Lager des IS wurde dabei, so die Franzosen, „getroffen und vollständig zerstört". Neben den USA unterstützten also auch die Franzosen die angeschlagene irakische Armee. Der Einsatz von Bodentruppen galt für die Franzosen jedoch als ausgeschlossen. Die USA haben bereits mehr als 170 Luftangriffe gegen die Terrormiliz geflogen dazu gehörten auch Stellungen im Umfeld von Bagdad. Deutschland wollte sich an den Luftangriffen nicht beteiligen. Allerdings lieferte Deutschland Hilfsgüter wie Nachtsichtgeräte, Schutzwesten und Helme in den Irak. Am 19. September wurde auch ein kleines Team der Bundeswehr geschickt, bestehend aus sechs Soldaten und einem Sanitäter. Diese hatten den Auftrag, die Kämpfer der Kurden an den Waffen zu trainieren, die Deutschland liefern sollte. Es gilt aber im Prinzip, dass Deutschland durchaus die Möglichkeit hätte, Luftangriffe gegen IS im Irak zu fliegen. Bereits Anfang September wurden deutsche Abfangjäger des Typs „Eurofighter“ nach Estland verbracht. Dies geschah im Zusammenhang mit einer NATO-Mission an der russischen Grenze. [65]

Australien: größter Anti-Terror-Einsatz der Geschichte

Auch Australien sah sich mit Terrorwarnungen konfrontiert. Es fanden Razzien gegen potenzielle Terroristen statt. Die Terrormiliz IS hatte zu öffentlichen Tötungen bzw. Enthauptungen in Australien aufgerufen. Seither steht das Land unter Schock und Angst vor Terroranschlägen. Die Polizei nahm 15 Verdächtige fest und verhinderte damit potentielle Attentate. Die Razzien wurden von mehreren Hundert Polizisten in Brisbane und Sydney durchgeführt, es gab 25 Durchsuchungsbefehle. Dabei wurde bekannt, dass es sich nicht nur um Terrorverdacht gehandelt hatte, sondern um konkrete Vorhaben, die vereitelt wurden. Ein Australier, der Mitglied der IS ist, habe seine Unterstützer in Australien mit konkreten Bluttaten beauftragt. Premierminister Tony Abbott sagte dazu: „Diese Menschen hassen uns nicht dafür, was wir tun, sondern sie hassen uns dafür, wer wir sind und wie wir leben [...] Das macht uns zum Ziel." Australiens Fernsehsender ABC berichtete, dass eine zufällig ausgewählte Person in Sydney vor laufenden Kameras mit einer schwarzen IS-Fahne umhüllt und dann enthauptet werden sollte. Abbott meinte, es sei von großer Bedeutung, dass die Behörden den Tätern immer „einen Schritt voraus" seien. Noch wenige Tage vorher hatte Australien die Terrorwarnstufe auf „hoch" gesetzt. Australien zeigte sich besonders besorgt über ins Land zurückkehrende Dschihadisten, die sich der Terrormiliz angeschlossen haben. Die Behörden kündigten die Entsendung von 600 Militärmitarbeitern an, die in den Vereinigten Arabischen Emiraten den Kampf gegen den IS verstärken sollten. [66]

Deutschland und IS

Die Verantwortung von Politik und Gesellschaft

Die Eindämmung des islamischen Fundamentalismus ist keine Aufgabe für die Religion, sondern für die Politik – so sieht es zumindest Heinz Buschkowsky, der Bürgermeister von Berlin-Neukölln. [1] Aber was genau unternimmt die Politik gegen den Terror des IS? Welche Maßnahmen wurden bisher beschlossen und welche müssen dringend noch beschlossen werden? Sieht die deutsche Politik tatenlos zu, wie immer mehr junge Männer mit deutschem Pass in die Krisengebiete abreisen? Und was wird an Präventivmaßnahmen unternommen, damit dies verhindert wird? Die vielleicht noch viel wichtigere Frage ist aber: Was wird vonseiten der Politik unternommen, damit es in Deutschland keine Anschläge gibt? Es gibt sehr viele Fragen zu diesem Thema, aber leider nur sehr wenig befriedigende Antworten.

Ist Deutschland auch in der Pflicht?

Der IS gegen den Rest der Welt – so sieht es zumindest im Moment aus. 40 Länder beteiligen sich auf ganz unterschiedliche Art und Weise daran, die Terrormiliz zu stoppen. Wie immer in internationalen Konflikten gehen die USA als Weltmacht vorneweg. Sie haben das größte militärische Potenzial, aber alleine kann die USA den IS nicht in den Griff bekommen. Barack Obama schickt Flugzeugträger und Kampfjets, doch Amerika ist kriegsmüde. Zu lange schon dauert der Krieg gegen den Terror, zu viele amerikanische Soldaten sind im Irak und in Afghanistan schon gefallen und zu viel Geld haben die kriegerischen Auseinandersetzungen schon gekostet.

Kampfflugzeuge schicken auch Frankreich und Großbritannien, selbst die Niederlande sind mit sechs F-16-Kampfbombern dabei. Allerdings fliegen die Holländer nur über die umkämpften Gebiete im Norden des Iraks, für Flüge über Syrien fehlt den Niederlanden das völkerrechtliche Mandat. Neben 380 Soldaten wollen die Niederlande auch 120 Ausbilder in die Krisenregionen schicken, um dort die kurdischen Peschmerga-Kämpfer zu unterrichten. [2] Auch

Kanada will sich im Nordirak an Luftschlägen beteiligen, wie der kanadische Premierminister Stephen Harper mitteilte. [3]

Eine etwas undurchsichtige Rolle spielt nach wie vor die Türkei. Auch wenn das türkische Parlament einem militärischen Eingreifen zugestimmt hat, bisher sind lediglich Panzer an der Grenze zu Syrien aufgefahren, eingegriffen wurde aber bislang nicht. Dabei spielt sich praktisch vor der Haustür der Türkei ein Drama ab. So versuchen die Kurden verzweifelt den IS aus der Stadt Kobanê zu vertreiben, bisher gelang es aber nur, einzelne Stadtteile zurückzuerobern.

Der türkische Ministerpräsident Ahmet Davutoğlu hatte noch kurz nach der Abstimmung im Parlament in einem Interview gesagt, dass sein Land alles tun werde, damit Kobanê nicht in die Hände der IS-Kämpfer gelangt. Getan hat das NATO-Mitgliedsland Türkei bislang aber nicht allzu viel. Auch das Problem der Flüchtlinge, die zu Tausenden aus Syrien in die Türkei wollen, bekommen die Türken augenscheinlich nicht in den Griff. Zu groß ist die Angst, dass sich IS-Kämpfer darunter mischen und so unbemerkt in die Türkei gelangen könnten. Allein aus Kobanê sind 160.000 Kurden geflohen und hoffen jetzt auf Hilfe seitens der Türkei.

Beschlossen wurde aber auch, dass ausländische Truppen an der türkisch-syrischen Grenze stationiert werden können. Die immer noch zögerliche Haltung der Türkei sorgt bei vielen für Unmut, so auch bei der Vizepräsidentin des Deutschen Bundestags, Claudia Roth. Die Politikerin der Grünen findet sehr deutliche Worte für die Strategie der Türkei. Im *ARD-Morgenmagazin* sagte Roth: „Ich habe überhaupt kein Verständnis für die Politik der Türkei. Die Regierung in Ankara verfolgt keine eindeutige Politik gegenüber den Kämpfern des IS. Es wird vermutet, dass die Dschihadisten noch immer Waffen aus der Türkei bekommen und dass verwundete IS-Kämpfer nach wie vor in grenznahen Krankenhäusern auf türkischer Seite behandelt werden." Außerdem gibt es nach Ansicht der westlichen Allianz inzwischen immer mehr Trainingscamps für IS-Milizen in der Türkei.

Claudia Roth nennt auch den mutmaßlichen Grund für das Verhalten der türkischen Regierung. Regierungschef Recep Tayyip Erdogan will damit die Kurden schwächen und verhindern, dass es einen autonomen Kurdenstaat gibt. Unverständlich ist nicht nur für die Politikerin, dass sich die NATO das Verhalten seines Mitglieds Türkei einfach so gefallen lässt, anstatt „auf den Tisch zu hauen", so Roth wörtlich. So stehen die Panzer der türkischen Armee zwar an der Grenze zu Syrien, aber sie machen keinen Versuch, in den erbitterten Kampf zwischen den kurdischen Kämpfern der Peschmerga und den Terroristen des IS einzugreifen. Immerhin hat Erdogan kürzlich erklärt, die Türkei sei zu einer Bodenoffensive bereit. [4]

Wie wenig die Türkei am Krieg im Nachbarland Syrien interessiert ist, zeigen auch die neusten Meldungen, nach denen die Türkei nicht auf die Kämpfer des IS, sondern auf die kurdischen Kämpfer der Peschmerga schießen lässt. Von einer angekündigten Bodenoffensive, ist augenscheinlich auch bisher nichts zu sehen, und die Haltung Erdogans wird mehr und mehr zu einem internationalen Ärgernis.

Hoffentlich kommt diese Bodenoffensive nicht zu spät, denn nach Angaben der amerikanischen Streitkräfte ist Kobanê nicht mit Luftschlägen allein zu halten, und auch die verzweifelten Kurden schaffen es auf Dauer nicht, den Kampf um die Stadt für sich zu entscheiden. Wenn aber der IS noch weiter in Richtung Türkei marschieren sollte, dann müsste die NATO eingreifen, um den Mitgliedsstaat zu schützen. In diesem Fall würden neben Luftangriffen auch Bodentruppen entsandt.

Eine wichtige Rolle im Kampf gegen den IS spielt Syrien. Die westlichen Alliierten sind, was Syrien angeht, in einer Art Zwickmühle. Auf der einen Seite möchten sie das verhasste Regime von Assad nur zu gerne loswerden, auf der anderen Seite brauchen sie aber Syrien im aktiven Kampf gegen den IS. Der IS hasst Assad und seine Gefolgsleute und tut alles, um Syrien weiter unter seine Kontrolle zu bekommen. Wie die Lage in Syrien tatsächlich aussieht, darüber kann nur spekuliert werden. Keiner weiß, wie sich die Rebellen im Land verhalten und wie viele davon schon zu den Terroristen des IS übergelaufen sind.

Auch der Iran hat dem IS den Kampf angesagt. Das überwiegend von Schiiten bewohnte Land hat schon lange vor der Anti-IS-Allianz Stellungen des IS im benachbarten Irak aus der Luft angegriffen, um zum einen den IS zu schwächen und zum anderen um den syrischen Machthaber Assad zu stürzen. Im Kampf gegen den IS hat sich der Iran bislang als verlässlicher Partner gezeigt.

Auch die Staaten wie Saudi-Arabien und Katar, in denen überwiegend Sunniten leben, spielen eine undurchsichtige Rolle. Offiziell unterstützen beide die Allianz gegen den IS, inoffiziell heißt es allerdings, dass Waffen an die Terrormiliz geliefert werden. Besonders prekär dabei ist, dass es sich um die Waffen handeln könnte, die Deutschland noch vor wenigen Monaten an Saudi-Arabien und auch an Katar für teures Geld verkauft hat. [5]

Wenn es um die Frage geht, was die deutsche Politik leisten muss, um den Terror der IS-Milizen zu bekämpfen, wird gerne etwas zu vorschnell geantwortet, dass die Bundeswehr sich an den Einsätzen der NATO-Truppen beteiligen und ebenfalls Einsätze in den Krisengebieten in Syrien und dem Irak fliegen muss. Bisher beschränkt sich die Beteiligung der Deutschen nur auf einige wenige Experten, die vor Ort die kurdischen Peschmerga-Kämpfer an den Waffen ausbilden, und auf Waffenlieferungen an die Kurden im Irak.

Selbst wenn die Bundeswehr logistisch und auch aus technischer Sicht in der Lage wäre, die Alliierten zu unterstützen, ist es nach Ansicht von Außenminister Frank-Walter Steinmeier nicht unbedingt notwendig, dass Deutschland aktiv an den Kämpfen teilnimmt. „Deutschland beteiligt sich an dem breiten politischen Bündnis gegen IS. […] Wir haben schon früh Weichen gestellt und uns nach sorgfältiger Abwägung im Kampf gegen IS für die Ausrüstung der kurdischen Sicherheitskräfte, auch mit Rüstungsgütern, entschieden.“ So wurde bis heute ein umfangreiches Waffenarsenal an die kurdischen Peschmerga-Kämpfer geliefert:

- 8000 G3 Sturmgewehre mit zwei Millionen Schuss Munition
- 8000 G36 Sturmgewehre mit vier Millionen Schuss Munition
- 8000 Pistolen P1 mit einer Millionen Schuss Munition
- 200 Panzerfäuste 3 mit 2500 Schuss Munition
- 40 Maschinengewehre MG3 mit einer Millionen Schuss Munition
- 40 schwere Panzerfäuste mit 1000 Schuss Munition
- 30 Panzerabwehrraketen „Milan“ mit 500 Schuss Munition

Dazu kommen noch 10.000 Handgranaten, 100 Lkws und ein Tanklastwagen. Aber auch Funkgeräte, Gefechtshelme und Minensuchgeräte sowie Schutzwesten und sogar Feldküchen sind auf dem Weg zu den Kurden in den Krisengebieten. [6]

Die Ansichten bezüglich Hilfen für die Peschmerga-Kämpfer in Syrien und im Irak gehen weit auseinander. Für einige ist das, was geleistet wird, vollkommen ausreichend, für andere geht die Hilfe aber nicht weit genug. Verteidigungsministerin Ursula von der Leyen hat noch einmal bekräftigt, dass Deutschland sich lediglich mit humanitärer Hilfe und mit insgesamt 600 Tonnen an militärischem Gerät in die Allianz einbringt, Luftangriffe oder Bodentruppen hingegen nicht vorgesehen sind. Das sehen der Chef der FDP, Christian Lindner, und der ehemalige Generalinspekteur der Bundeswehr, Harald Kujat, ein wenig anders. Lindner fordert von der Bundesregierung, dass sie auch Unterstützung aus der Luft schickt, statt sich darauf zu beschränken Waffen zu liefern, die dann in die falschen Hände gelangen, sprich: in die Hände der Kämpfer der PKK. Harald Kujat ist davon überzeugt, dass der Druck auf Deutschland stärker werden wird, wenn es um ein militärisches Eingreifen geht. [7]

Es sind aber nicht nur Jesiden, Muslime und Christen, die vor dem grausamen Terror des IS geschützt werden müssen, die Politik ist auch in der Pflicht, wenn es darum geht, deutsche Staatsbürger zu schützen. Welche Gefahr geht von den IS-Anhängern aus, die nach Deutschland zurückkehren? Dass es unmöglich ist, jeden Rückkehrer, der für den IS gekämpft hat, unter Beobachtung zu stellen, steht außer Frage, aber der Verfassungsschutz hat einige der jungen Männer, die wieder in Deutschland sind, im Visier. Im Fall von Tewfik B., einem jungen Franzosen algerischer Herkunft, gingen die Behörden sogar noch einen Schritt weiter. Sie verhafteten den 26-Jährigen, als dieser aus dem syrischen Kampfgebiet über die Türkei nach Deutschland flog. Direkt nach seiner Ankunft auf dem Flughafen in Berlin-Tegel wurde Tewfik B. von der Polizei festgenommen.

In diesem Fall hat die Zusammenarbeit zwischen den europäischen Ländern funktioniert, im Fall des Mannes, der am 24. Mai

2014 in das jüdische Museum in Brüssel stürmte und dort vier Menschen erschoss, leider nicht. Medhi N., ein 29 Jahre alter Franzose, hatte in Syrien für den IS gekämpft und war dann über die Türkei nach Deutschland eingereist. Am Frankfurter Flughafen wurde er zwar kontrolliert, aber nicht verhaftet – und das, obwohl die Franzosen Medhi N. im sogenannten Schengener Informationssystem als radikalen und extrem gewaltbereiten Extremisten auf der Fahndungsliste hatten. Gefasst wurde er mehr oder weniger durch Zufall, wenige Tage nach seiner Bluttat im französischen Marseille, die Kalaschnikow trug er noch bei sich. [8]

Beide Fälle beweisen, wie sinnvoll es ist, wenn sich die Staaten in Europa besser vernetzen und noch enger zusammenarbeiten. Der Terrorismus ist international, und nur wer bestens informiert ist, kann auch entsprechend handeln.

Die IS-Kämpfer kommen aus vielen europäischen Ländern, aber jedes Land geht anders mit dem Problem um. So suchen zum Beispiel die Briten nach dem Mann, der im Verdacht steht, die US-Reporter James Foley und Steven Sotloff vor laufenden Kameras enthauptet zu haben. Dieser Mann, „Jihadi John" genannt, ist gebürtiger Ägypter aus reichem Elternhaus mit britischem Pass und gehört zu einer Gruppe junger IS-Kämpfer, die sich durch ihre äußerst brutale Vorgehensweise einen Namen gemacht haben. Die Briten setzen alles daran, diesen Mann zu finden, tot oder lebendig, wie es der britische Premier David Cameron ausgedrückt hat. [9]

In Deutschland verlässt man sich auf den Verfassungsschutz. Wie effektiv dessen Aktivitäten sind, ist allerdings schwer zu sagen.

Ein Einreiseverbot für Dschihadisten, die nach Deutschland zurückkehren, lässt sich nur schwer realisieren, da viele einen deutschen Pass oder aber eine gültige Aufenthaltsgenehmigung haben. Eine andere Option ist es, Deutsche, die im Verdacht stehen, sich einer radikalen islamistischen Gruppierung angeschlossen zu haben, nicht ausreisen zu lassen. Auch das ist schwierig, denn es gibt die sogenannte Ausreisefreiheit. Explizit kann die Ausreise aus Deutschland nur dann verhindert werden, wenn der Betreffende sich zum Beispiel wegen Steuerschulden ins Ausland absetzen will. In diesem Zusammenhang wird dann auch der Pass eingezogen. [10]

Die hessische Justizministerin Eva Kühne-Hörmann (CDU) möchte aber auch ein Ausreiseverbot für alle diejenigen erwirken, die sich in Syrien oder dem Irak am Terror des IS beteiligen wollen. Wörtlich sagte die Ministerin: „Wir dürfen es nicht zulassen, dass junge Menschen mit dem Ziel, an bewaffneten Konflikten teilzunehmen, ins Ausland reisen." [11]

Aber wer kann genau sagen, ob ein junger Mann, der in die Türkei reist, sich wirklich dem IS anschließen oder vielleicht nur seine Großeltern besuchen möchte? Es ist unmöglich, alle diejenigen im Auge zu behalten, die verreisen möchten, und es ist genauso unmöglich zu sagen, wer radikalisiert wurde und wer nicht. Sicher werden die Moscheen und Bethäuser überwacht, aber wer Hass predigen will, der wird auch immer einen neuen Weg finden, seine Ziele zu verfolgen.

Was der Staat hingegen leisten kann, ist genauer hinzusehen, wenn es um radikalislamische Ansichten geht. Für viele war es schon ein Ärgernis, dass Salafisten den Koran in den Fußgängerzonen der deutschen Großstädte verschenkt haben. So etwas sollte verboten werden, so die Ansicht vieler erboster Bürger. Aber in Deutschland gibt es nach dem Grundgesetz die Religionsfreiheit und das wissen auch die Salafisten. So heißt es im Artikel 4 Absatz 2: „Die ungestörte Religionsfreiheit wird gewährleistet." [12] Muslime haben ebenso ein Recht, ihre Religion auszuüben, wie auch Christen, Juden, Hindus, Buddhisten oder auch die Zeugen Jehovas.

Alles, was die Politik im Moment tun kann, ist wachsam zu bleiben, zu beobachten und zu versuchen, diejenigen, die dem Aufruf des IS folgen wollen, daran zu hindern, den Terror in die Welt zu tragen.

Was kann die Gesellschaft tun?

Die Meinungen der Gesellschaft zum Thema IS sind sehr unterschiedlich. Es gibt die hinlänglich bekannten Stammtischparolen, wonach das Verhalten der Regierung daran schuld ist, dass es in Deutschland so viele radikale Islamisten gibt. Zu nachsichtig sei die Regierung, zu sehr werde noch am „Multi-Kulti"-Gedanken der Alt-68er festgehalten, die einmal zu viel „Make love, not war" gepredigt haben. Zu tolerant sei die Gesellschaft, zu moderat im Umgang mit fremden Kulturen, und die Quittung für dieses Verhalten würden die Weltverbesserer und Friedensaktivisten jetzt bekommen.

Seit Moscheen in deutschen Städten gebaut werden, gibt es Stimmen, die vehement dagegen sind. In München gab es unlängst ein Bürgerbegehren gegen den Bau eines islamischen Begegnungszentrums. Über 60.000 Menschen haben mit ihrer Unterschrift ihren Fremdenhass dokumentiert und wollen so verhindern, dass Muslime noch mehr Raum bekommen. Angeblich wird das Zentrum in der bayrischen Landeshauptstadt mit Geldern aus Katar finanziert, einem Land, das auch den IS unterstützen soll. Initiiert wurde die Unterschriftenaktion von der Partei „Die Freiheit", die sehr weit rechts steht und vom Verfassungsschutz beobachtet wird. [13]

Die überwiegende Mehrheit der Deutschen denkt allerdings anders und möchte ein Zeichen gegen den Terror des IS setzen. Dasselbe gilt auch für die Muslime in Deutschland, die sich vom IS distanzieren und zur Gewaltlosigkeit aufrufen. Sie fordern unter anderem über die sozialen Netzwerke wie Facebook dazu auf, die Stimme gegen die Gewalt zu erheben, und sie sind auch bereit, auf die Straße zu gehen und gegen den IS zu demonstrieren. Die Aleviten gehören ebenso dazu wie die Jesiden und die Kurden. Es sind vor allem die Kurden, die im Moment durch zahlreiche Proteste auf sich aufmerksam machen. Mit Transparenten demonstrieren sie gegen den IS, aber auch gegen die zwielichtige Politik der Türkei.

Was die Gesellschaft jedoch derzeit momentan nicht gebrauchen kann, ist ein Generalverdacht gegen alle Muslime in Deutschland, und eine feindliche Gesinnung den Menschen gegenüber, die vor dem Terror des IS zu uns geflüchtet sind.

Auch das norwegische Nobelpreiskomitee in Oslo hat Solidarität gezeigt und ein starkes Zeichen gegen den Terror in der Welt gesetzt, indem es den diesjährigen Friedensnobelpreis an Malala Yousafzai und den indischen Kinderrechtsaktivisten Kailash Satyarthi verliehen hat. Malala, ein 17-jähriges Mädchen aus Pakistan, wurde vor zwei Jahren durch Schüsse der Taliban fast getötet, aber sie hat sich nicht unterkriegen lassen und kämpft bis heute dafür, dass Mädchen überall auf der Welt ein Recht auf Bildung erhalten.

Können auch kleine Gemeinden etwas tun?

„Muslime stehen auf gegen Hass und Gewalt" – unter diesem Motto rufen die islamischen Gemeinden in Deutschland immer wieder zu Protesten gegen die Terrormiliz IS auf. Sie öffnen ihre Moscheen, diskutieren mit den Menschen, sie gehen zu den Freitagsgebeten auf die Straße und zeigen allen: Wir sind gegen den IS, wir distanzieren uns von dem, was im Norden des Irak und in Syrien geschieht, der IS gehört nicht zu uns und auch nicht zu unserer Religion.

Selbst in kleinen Gemeinden und in Moscheen und Bethäusern gibt es Mahnwachen, zu denen auch Christen eingeladen sind. Zekeriya Altuğ, der Leiter des Landesverbandes der Türkisch-Islamischen Union in Hamburg, machte in einem Gespräch mit der *Welt* deutlich, was man tun kann, um seine Solidarität zu zeigen und eine Brücke zwischen Muslimen und Christen zu schlagen: „Wir wollen unsere eigene Gemeinde sensibilisieren und eine einheitliche Haltung der Muslime in Deutschland dadurch erreichen, dass jeder in unseren Gemeinden weiß, wofür wir einstehen. Gleichzeitig wollen wir uns in der Gesellschaft positionieren. Wir wollen deutlich machen, dass Hass und Gewalt nicht im Namen des Islam legitimierbar sind. Wir wollen die Deutungshoheit der Religion diesen wenigen Extremisten entreißen und sehr deutlich sagen, dass wir, die Mehrheit der Muslime, diese Deutungshoheit haben. Das soll mit dieser Aktion in die Mehrheitsgesellschaft hineingetragen werden, damit auch die deutsche Bevölkerung weiß, wofür wir einstehen." [14]

Es sind viele kleine Gemeinden in Deutschland, aus denen junge Männer in den Krieg gezogen sind, und es sind jetzt wieder die kleinen Gemeinden, die sich solidarisch zeigen und gegen den Terror des IS auf die Straße gehen. Auch die Solidarität mit den Opfern des IS-Terrors ist ein Schritt in die richtige Richtung, auch wenn nicht alle mit den Flüchtlingen einverstanden sind, die aus den Krisengebieten nach Deutschland kommen.

Doch letztlich dürfte es die Terrormiliz herzlich wenig interessieren, wenn Menschen in anderen Ländern gegen sie protestieren, denn sie sind auf einem Feldzug im Namen Allahs, den sie mit allen ihnen zur Verfügung stehenden Mitteln verfolgen. Ob sich die Deutschen mit ihren muslimischen Nachbarn solidarisch zeigen, ob ein

Imam zum Friedensgebet aufruft oder ob es der Papst tut – alles das spielt für den IS keine Rolle. Der IS will nur eines: die Welt nach seinen eigenen Vorstellungen formen. Alle, die nicht damit einverstanden sind, haben in der Welt des IS, die aus Terror und Gewalt besteht, keine Existenzberechtigung.

Medien und Meinungsbildung

Die Meinung der Bundesbürger spiegelt sich nicht nur in öffentlichen Stellungnahmen der politischen Vertreter wider, sondern auch in den Kommentarfunktionen zur Berichterstattung in den Online-Medien. Breites Entsetzen, Fassungslosigkeit und der Wunsch nach Sicherheit sind Teil der Inhalte – und das unabhängig von der mutmaßlichen Identität der Nutzer, die sich an solchen Stellen mehr oder weniger emotional zu Wort melden. Eines ist aber sicher: Die Angst vor Terror und Krieg ist groß. Die Sorge darum, dass ein neuer Staat mit terroristischer Gewalt in einem anderen Staat entsteht und dabei die bestehende Ordnung außer Kraft setzt, ist allgegenwärtig. Deutsche Bürger wünschen sich daher den Schutz der eigenen Grenzen. Dass der Kampf gegen den Terror aber den Einsatz von Waffen voraussetzt, löst wieder neue Besorgnis und auch Ablehnung hervor. Die empfundene Hilflosigkeit und die um sich greifende Angst verschärfen den Ton in den Medien und vergrößern die Kluft zwischen den Glaubensgemeinschaften.

Die große Besorgnis der Bundesbürger wurde auch in den Reaktionen auf die Berichterstattung der *Frankfurter Rundschau* zur Unterstützung der Kurden gegen den IS deutlich [15]. Verteidigungsministerin Ursula von der Leyen reiste Ende September 2014 überraschend in den Nordirak, um dort noch vor der geplanten Waffenlieferung an die gegen den IS kämpfenden Kurden das Gespräch mit Präsident Masud Barsani zu suchen. Auch Gespräche mit einigen Bundeswehrsoldaten standen auf dem äußerst knapp kalkulierten Zeitplan. Von der Leyen versicherte während der Gespräche, dass Deutschland zwar seiner Verpflichtung zur Unterstützung nachkommen werde, man den Kurden bei der Gründung eines eigenen Staates aber nicht helfen könne. Vielmehr lautete die Botschaft, dass Einigkeit der Völkergemeinschaft im Kampf gegen die Terrormilizen des IS bestehen müsse [16]. Die Zustimmung des kurdischen Präsidenten hielt sich derweil in Grenzen. Man vermisse Gerätschaften zum Aufspüren von Minen und Unterstützung bei der Ausbildung der eigenen Soldaten, hieß es. Mehr Unterstützung – außer auf humanitärer Seite, zum Beispiel bei der medizinischen

Versorgung von Verletzten – könne Deutschland kaum leisten, lautete es vonseiten der Politik. Dennoch ist auch aus den Kommentaren in vielen Online-Beiträgen ersichtlich, dass die durchgeführte Lieferung von deutschen Waffen kaum auf Zustimmung trifft. Man wünscht sich, dass kriegerische Betätigung ohne deutsche Beteiligung stattfindet, dabei ist die Bundesrepublik längst Teil des Geschehens.

Und selbstverständlich ist Deutschland nicht das einzige Land, das die Kurden mit Waffen versorgt. Die versendeten Waffen dürfen per Vereinbarung nach einem Ende des IS-Konfliktes nicht zu anderen Zwecken eingesetzt oder weiterverkauft werden, dennoch werten türkische Medien die Waffenlieferung Deutschlands auch als „Angriff auf die Türkei". Vor dem Hintergrund, dass der türkische Ministerpräsident Erdogan einen harten Kurs gegen westliche Werte fährt [17], war diese Aussage allerdings vorhersehbar.

Während nun in den vom IS angegriffenen Regionen ein grausamer Krieg herrscht, scheint Deutschlands breite Masse den Ernst der Lage zu verkennen oder ist mit einem Eingreifen aus Prinzip nicht einverstanden. Hinzu kommt der offensichtlich katastrophale Zustand deutscher Waffen, was Zweifel an der Einsatzfähigkeit der Armee schürt. Von der Leyen ist im Oktober 2014 noch nicht einmal ein Jahr als Verteidigungsministerin im Amt. Ein Blick auf die Amtszeit der Verteidigungsminister seit 1998 zeigt, dass es schon zu den Spitzenleistungen gehört, mehr als drei Jahre im Amt zu bleiben. Ein vorzeitiger Rücktritt wäre also nicht ungewöhnlich. Wie von der Leyen als Ministerin in solchen Krisensituationen bestehen soll, wenn die materiellen Voraussetzungen denkbar schlecht sind, ist außerdem fraglich. Da die Medien ihre Berichterstattung über die politischen Aktivitäten um eine genaue Beschreibung ihrer Schrittlänge und ihrer Frisur ergänzen, entsteht zudem nicht nur im eigenen Land der Eindruck, dass es an Respekt mangelt. Auch hier zeigen Blogs und die Kommentare unter den Online-Beiträgen, dass das äußere Erscheinungsbild der Ministerin offenbar eine weitaus größere Bedeutung hat als das, was von ihr geleistet oder auch nicht geleistet wird. Das Recht der freien Meinungsäußerung beinhaltet natürlich auch das Abgeben sinnloser Beiträge, die vielleicht amüsieren, aber deren zum Teil aufhetzender Inhalt auf Dauer zur Meinungsbildung der anderen Leser beitragen. Der Zeitpunkt dafür ist angesichts der angespannten Lage denkbar schlecht.

Religionsfreiheit und ihre Grenzen

Die grundrechtlich garantierte Religionsfreiheit kann auch als Freifahrtschein verstanden werden. Wer sich fundamentalistischen oder anderen radikalen Organisationen anschließt, ist auf der Suche nach einem entschlossenen Führer, strikten Ideologien, einer Gemeinschaft, die Halt gibt, aber auch keine Ausnahmen toleriert – etwas Größeres, das stärker ist als der Einzelne. Kommt ein gewisses Maß an krimineller Energie und Bedingungslosigkeit hinzu, ist der Weg zum Terrorismus nicht mehr weit. Die Kollision mit einem demokratischen Grundverständnis liegt auf der Hand. Die Freiheiten, die die Bundesrepublik ihren Bürgern bietet, zwingt Politiker in die Rolle der Reagierenden statt der Führenden [19]. „Alle Macht dem Volke", das ist ein Prinzip, das den Bürgern ein hohes Maß an Mitwirkung an der Gestaltung des Staates ermöglicht, aber ihnen auch viel Verantwortung abverlangt. Die Aufgabe von Familie, Schule und Gesellschaft ist es, dafür zu sorgen, dass die Mehrheit dieses Landes dieses Staatenprinzip zu leben versteht und es nicht von innen heraus zerstört, nur weil für Einzelne die Freiheit der anderen inakzeptabel ist, zum Beispiel weil sie sie selbst als Bedrohung empfinden.

Gotteslästerung ist auch in Deutschland nicht erlaubt. Geregelt ist das in § 166 StGB. Allerdings sind auch hier die Grenzen recht weit gefasst. Die meisten Deutschen und gemäßigten Anhänger anderer Religionen erkennen Provokationen gegen ihre Religion als solche und dulden sie im Rahmen der freien Meinungsäußerung. Ein Beispiel dafür, wie vollständig anders das Verständnis von der freien Meinungsäußerung ist und welche Gefahren daraus entstehen können, zeigt der Salafistenprozess, der Anfang 2014 vor dem Bundesgerichtshof neu aufgerollt wurde [19]. In der Verhandlung ging es um den Deutsch-Türken Murat K., der im Oktober 2012 bereits zu einer mehrjährigen Haftstrafe verurteilt worden war. Der Bundesgerichtshof hob das Urteil aufgrund von Rechtsfehlern wieder auf und verwies es zurück an das Bonner Landgericht. Der Vorwurf gegen den 26-Jährigen, der in Deutschland geboren wurde, lautete auf Landfriedensbruch und schwere Körperverletzung. Am 25. Mai 2012 hatte er an einer Demonstration gegen die als rechtsextrem bekannte Partei „Pro NRW" teilgenommen. Er selbst gehörte der radikalislamischen Salafistenszene an. Als ein Demonstrant eine Mohammed-Karikatur hochhielt, ließ die Reaktion einiger Salafisten nicht lange auf sich warten. Es folgte eine bewaffnete Auseinandersetzung, in deren Folge 29 Polizisten verletzt wurden, zwei davon schwer. 48 Salafisten wurden verhaftet. Die Polizei bezifferte die Zahl der salafistischen Demonstranten auf 500 bis 600 Personen. Pro NRW hatte offenbar nur etwa 30 Anhänger vor Ort. Warum eine 30-köpfige Pro-NRW-Gruppe auf die Idee kommt, eine zumindest anteilig aggressive Menge von erheblicher Stärke absichtlich zu provozieren und damit einen Gewaltakt heraufzubeschwören, ist nach wie vor unverständlich. Auf der anderen Seite ist kaum nachvollziehbar, warum sich immerhin mindestens 48 Personen aus der Gemeinschaft der Gegendemonstranten auf derartige Provokationen einlassen und offenbar mit brutaler Gewalt nicht nur gegen die Verursacher, sondern auch gegen die eingreifenden Beamten vorgehen. Die vorangegangenen Versuche der Polizei, eine drohende Eskalation zu verhindern, waren schon früh gescheitert. So hatte die Polizei Mannschaftswagen zwischen den Gruppen positioniert, die im Verlauf zum Teil beschädigt wurden. Dass die Polizei die Veranstaltung nach bereits 45 Minuten beendet hatte, nützte ebenfalls nicht viel, denn auch danach wurde vom aggressiven Auftreten von Demonstranten gegenüber der Polizei berichtet [20]. Später vor Gericht erklärte Murat K. sinngemäß, dass auch die Polizisten zu den Gegnern der Salafisten gehörten, weil sie die provozierenden Demonstranten geschützt hätten. Seiner Meinung nach hätten die Polizisten den Einsatz verweigern müssen. Deshalb habe er sich verpflichtet gefühlt, seinen Glauben mit dem Messer gegen die Polizisten zu verteidigen. Die Polizei sprach vor Gericht von vermummten Demonstranten mit qualitativ hoher Gewaltbereitschaft und mit militärischer Ausrichtung. [21]

Die Folgen für Deutschland

Radikales Auftreten und das gewaltsame Durchsetzen eigener Interessen ist mit der rechtsstaatlichen Ordnung nicht vereinbar. Aus diesem Grund wurde auch gegen die Scharia-Polizei in Wuppertal hart durchgegriffen. Das Verbot der Terrororganisation „Islamischer Staat" in Deutschland [22] vom 12. September 2014 war ein weiterer Schritt, der folgerichtig und nötig war. An der Attraktivität der Organisation für empfängliche Personen wird das zwar vermutlich nichts ändern. Dafür verbessern sich aber die Möglichkeiten, strafrechtlich gegen Mitglieder der Organisation vorzugehen. So ist es zum Beispiel inzwischen verboten, den IS zu unterstützen. Die Unterstützung kann schon beim Weiterleiten einer Nachricht über das soziale Netzwerk Twitter anfangen. Darunter fällt außerdem das Zeigen von Symbolen und Kennzeichen der verbotenen Organisation. Die objektive Berichterstattung hingegen ist davon natürlich nicht betroffen [23]. Dafür muss jeder, der die Organisation unterstützt, mit Geld- und Gefängnisstrafen rechnen. Auf diese Weise wird außerdem verhindert, dass die Polizei in Zukunft bei einem Auftreten von Salafisten mit IS Bezug in die Situation kommt, dass die Rechtsgrundlage für eine Verhaftung fehlt. Denn ein Eingreifen ist erst bei einem strafrechtlich relevanten Verhalten möglich – nun sind die Voraussetzungen dafür endlich gegeben.

An dieser Stelle ist der Hinweis wichtig, dass die Existenz von rechts- und linksradikalen Gruppierungen gleichfalls nicht die Akzeptanz der breiten Bevölkerung findet. Es handelt sich eher um Randgruppen, die im Ergebnis sozial geächtet werden, was ihnen durchaus bewusst sein dürfte. Zu einem Verbot einer solchen Gruppierung oder Partei kommt es aber erst dann, wenn die rechtsstaatliche Ordnung gefährdet ist. Bis ein Verbot durchgesetzt wird, ist ein Prüfungsverfahren vorangeschaltet. Dass Parteien verboten werden, ist in der Bundesrepublik eher selten der Fall. Bisher wurden nur zwei Parteien in den Jahren 1952 (Sozialistische Reichspartei) und 1956 (Kommunistische Partei Deutschlands) verboten. [24] Dies zeigt, dass die Bundesregierung mit dem Verbot der Organisation IS ein Zeichen gesetzt hat.

Abschiebung im Fall Erhan A.

Natürlich stellt sich auch die Frage, ob eine Abschiebung von Salafisten aus Deutschland möglich ist, wenn diese nachweislich staatsfeindlich sind. Diskutiert wird derzeit aber auch, ob eine Abschiebung wirklich auch auf lange Sicht sinnvoll ist und ob sie rechtlich durchführbar ist. Als Beispiel dient der Fall von Erhan A. aus Kempten [25]. Erhan A. kam laut *Süddeutsche.de* im Alter von zwei Jahren nach Deutschland. Der heute 22-Jährige bekannte sich auch im Interview mit der Zeitung als Anhänger des IS. Zwar sitzt er in Abschiebehaft, erklärte sich aber dennoch solidarisch mit der Terrormiliz und befand auch die Tötung von Journalisten für berechtigt. Der junge Mann ist in einem gemäßigten muslimischen Umfeld aufgewachsen. Weil er türkischer Staatsbürger ist, wurde er Mitte Oktober 2014 direkt aus der Abschiebehaft in Mühldorf am Inn abgeholt und nach Ankara geflogen. Dort soll er von den Behörden in Empfang genommen worden sein. Vorangetrieben hatte die Abschiebung bayrische Innenminister Joachim Herrmann. Er prangerte das aggressiv-kämpferische Auftreten des Salafisten an: „Jemand, der in aller Öffentlichkeit die Gräueltaten der Terrormiliz Islamischer Staat gutheißt, das Köpfen von Journalisten rechtfertigt und nicht davor zurückschreckt, seine eigene Familie zu töten, wenn sie sich nicht an die islamischen Gesetze halten, hat bei uns letztlich nichts verloren." Erhan A. hatte bereits lange zuvor unter Beobachtung gestanden. Strafrechtlich war er vorher jedoch offenbar nicht in Erscheinung getreten. Bekannt wurde lediglich, dass er versucht hatte, sich IS-Kämpfern anzuschließen.

Der Grund, warum nicht alle Politiker der Einschätzung sind, dass eine Abschiebung die korrekte Antwort auf staatsfeindliches Verhalten von Ausländern ist, liegt in der gefühlten Verantwortung. Es besteht die Sorge, dass mit der Abschiebung der Person auch das eigentliche Problem lediglich über die Grenze gereicht wird, ohne dass etwas gegen die Ursachen unternommen wird. Herrmann ließ verlauten, dass er darauf vertraue, dass die türkischen Behörden auf den Salafisten achten werden. Eine Ausweisung von Mitgliedern terroristischer Vereinigungen ist vom Gesetz her möglich, wenn es sich nicht um deutsche Staatsbürger handelt – dies ist jedoch oftmals der Fall [26]. Auch ist es theoretisch möglich, Personen an der Ausreise zu hindern [27]. Das kann für die Zusammenarbeit mit anderen Staaten sinnvoll sein, denn nicht ohne Grund erwägen die USA, eine Visumspflicht für Europäer einzuführen, um sich gegen Salafisten aus Europa zu schützen.

Die Macht der Medien

Artikel 20 Abs. 3 des Grundgesetzes besagt: „Die Gesetzgebung ist an die verfassungsgemäße Ordnung, die vollziehende Gewalt und die Rechtsprechung sind an Gesetz und Recht gebunden." Die Rede ist von den drei Gewalten, der Gesetzgebung (Legislative), der vollziehenden Gewalt (Exekutive) und der Rechtsprechung (Judikative). Diese rechtsstaatliche Ordnung wird aber durch eine sogenannte vierte Gewalt [28] ergänzt: die Medien. Mit den Medien sind alle Mittel und Verfahren gemeint, die der Verbreitung von Informationen dienen [29]. Die vierte Gewalt wird von den Menschen unterschiedlich wahrgenommen, als informativ, meinungsbildend und aufklärend, als leitend oder übermächtig oder als ungerecht, manipulierend oder korrupt. Die Ursachen für die Wahrnehmung sind vielfältig. Sie sind einerseits in der deutschen Geschichte begründet, aber auch ein Zeichen der Zeit, in der Zweifel an der Obrigkeit fast schon zum Alltag gehören. Entspricht zum Beispiel ein journalistischer Beitrag nicht dem Pressekodex, kann der Leser eine Beschwerde beim Presserat einlegen oder sich auch mit seiner eigenen Meinung und der Forderung auf Richtigstellung an das Medium wenden. Ist die Berichterstattung jedoch korrekt, wird sie trotzdem kaum die Überzeugung aller Leser treffen. Auch hier darf diskutiert und kritisiert werden. Ebenso steht es Journalisten zu, die eigene Meinung zu Ausdruck zu bringen, wenn der Beitrag als Kommentar gekennzeichnet ist. [30]

Das Grundgesetz räumt diese freie Meinungsäußerung ein. Meinungsäußerung darf also auch Kritik sein. Damit Kritik einen Sinn ergibt, muss vorausgesetzt sein, dass sich der Kritiker mit den jeweiligen Argumentationen auseinandersetzt und sich über die Hintergründe des Themas umfassend informiert. Ein Umstand, der die Bereitschaft zum Zuhören voraussetzt, wenn die gegnerischen

Argumente der eigenen Meinung entgegenstehen. Die grundgesetzlich garantierte Erlaubnis zur Kritik ist ein Grundpfeiler der Demokratie. [31] Dabei spielt es in der Medienwelt keine Rolle, ob es sich um Kommentare, Reportagen oder Ähnliches handelt oder ob Stellungnahmen oder Pressemitteilungen von Politikern diskutiert werden. Die freie Meinungsäußerung ist auch keine Selbstverständlichkeit, wie der Blick auf andere Nationen zeigt. Ihr Fehlen nimmt dem Volk aber eine wichtige Möglichkeit, durch Einmischung aktiv am politischen Geschehen des eigenen Landes teilzuhaben: Eine Grundvoraussetzung für ein totalitäres System ist geschaffen.

Über die Qualität der Meinung sagt die Meinungsfreiheit allerdings nichts aus. Das führt zwangsläufig auch dazu, dass der Bürger selbst den Wertgehalt eines Kommentars einschätzen muss. Das gilt auch für die Kritikfähigkeit gegenüber der allgemeinen Berichterstattung. Der Leser muss erkennen können, wer die Berichterstattung finanziert und wem möglicherweise zugearbeitet oder wessen Interessen vertreten werden. Er muss unterscheiden können zwischen Manipulation, Propaganda, Krawalljournalismus und objektiver Berichterstattung. Wie wichtig diese Fähigkeit ist, zeigt sich anhand der Beiträge, mit deren Hilfe IS-Kämpfer geworben werden sollen. Die Bedeutung der Fähigkeit zur Reflexion zeigt sich aber auch bei rechtsorientierten Medien, die sich die durchaus gefährliche Entwicklung zunutze machen und mit Absicht die Grenze zwischen gemäßigten Muslimen und Salafisten verwischen. Dabei ist es für den Bürger selbst bei vorbildlicher journalistischer Arbeit sehr schwierig, sich einen echten Eindruck davon zu verschaffen, was gerade „am anderen Ende der Welt" passiert und welche Gefahren daraus resultieren könnten.

Erschwerend kommt hinzu, dass es im Rahmen von Tatsachenberichten fast unmöglich ist, die normalen Lebensbedingungen fremder Kulturen via Bild, Ton und Wort zu vermitteln, ohne schon zu Beginn zu verwirren. So kann die Ankündigung eines Beitrages über die Terrororganisation IS schon verstörend bei der Übermittlung an sich völlig harmloser Bilder sein. Dann genügen staubige Straßen, verschleierte Frauen, aber auch betende Muslime, um Vorurteile zu bedienen. Die Straßen können durchaus frei von Gewalt sein, der Zuschauer in Deutschland assoziiert an dieser Stelle möglicherweise falsch, denn es fehlt die Abgrenzung zwischen modernen Muslimen und Extremisten. Es ist offensichtlich, dass sich die Salafisten in Deutschland diese Unkenntnis zunutze machen. Es besteht überdies die Gefahr, dass interessierte IS-Sympathisanten ihrerseits einen völlig falschen Eindruck von der Terroreinheit bekommen. Gleichzeitig steigt das Risiko, dass Nicht-Muslime jeden, der sich verschleiert oder einen Bart trägt und gebrochenes Deutsch spricht, als gefährlich einstufen. All das trägt dazu bei, dass sich die Kluft zwischen Muslimen und Andersgläubigen vergrößern kann. Im Ergebnis werden so Menschen gegeneinander aufgebracht, die im Kampf gegen den IS eigentlich Verbündete sein sollten: gemäßigte und für die westliche Kultur offene Muslime und die Vertreter anderer Glaubensgemeinschaften sowie auch die Atheisten.

Die Angst der stranggläubigen Muslime vor der Einflussnahme der Medien auf ihre starren islamischen Werte ist nicht neu. Während sich die Welt im 15. Jahrhundert dem Buchdruck öffnete, setzte sich die islamische Welt gegen die Neuerung zur Wehr. Man fürchtete offenbar einen Einfluss auf die Macht der Gelehrten, sollte das Volk plötzlich in der Lage sein, sich selbst zu informieren und nicht nur auf das zu hören, was ihnen von der Obrigkeit gesagt wurde [32]. Angst um Machtverlust und Sorge vor der Verwässerung des Glaubens spielen offenbar bis heute eine große Rolle für die Stronggläubigen. Eine Entscheidung, die im Umkehrschluss das mangelnde Vertrauen in die Kritik- und Analysefähigkeit des eigenen Volkes in den Raum stellt. Nichts darf infrage gestellt werden. Nur die absolute Wahrheit ist von Bedeutung. Diese Wahrheit darf nur eine Quelle haben, eine Interpretation ist verboten. Bis zum 11. September 2001 war das auch in den islamischen Schulbüchern zu lesen. Erst durch die Einmischung der westlichen Verbündeten [33] wurden extreme Passagen offenbar abgeschwächt, um dem Hass gegen den Westen entgegenzuwirken.

Islamfeindliche Tendenzen werden in den Medien beobachtet und in Studien analysiert [34]. Auch hier konnte der 11. September ein Umdenken bewegen. Das British Council reagierte zum Beispiel mit Lehrbüchern, die Journalisten über den Islam informieren und ihnen helfen sollten, den radikalisierten Islam von den fortschrittlichen und weltoffenen Strömungen zu unterscheiden. Ein guter Ansatz, der aber in der Öffentlichkeit fehlt. Auch in den Schulen findet kein gemeinsamer Religionsunterricht statt, auch wenn immer wieder Projekte angeregt werden. Die Umsetzung ist schwierig, weil entsprechende Lehrkräfte fehlen und mit Widerständen zu rechnen ist. [35]

Soziale Netzwerke und ihre Gefahr

Im Journalismus gilt eigentlich der Leitsatz: Sorgfalt geht vor Schnelligkeit. Gefährlich wird die Berichterstattung dann, wenn zwischen ernst zu nehmender Nachricht, Kommentar und Propaganda nicht mehr unterschieden werden kann. Es wird für unkritische oder bereits einseitig vorbelastete Leser dann unmöglich, zwischen Tatsache, Meinungsmache und Lüge zu unterscheiden. Die Wahrscheinlichkeit einer Beeinflussung durch die Medien steigt, wenn Leser sich nur aus einer einzigen Quelle bedienen, zum Beispiel aus den sozialen Netzwerken. Die Reichweite dieser Medien ist hoch und die Anforderungen an ein journalistisches Know-how sind quasi nicht vorhanden. Problematisch wird das, wenn Informationen falsch verstanden oder absichtlich falsch wiedergegeben werden.

Die sozialen Netzwerke spielen für die Salafisten eine große Rolle. So haben sie die Möglichkeit, selbst zu berichten. YouTube und Facebook spielen dabei eine besondere Rolle. Bis die Beiträge, die Seiten oder die Kanäle gesperrt sind, vergeht viel Zeit, in der die Informationen von unzähligen Interessenten angeklickt werden. [36] Dabei suchen Anhänger, aber auch Sympathisanten gezielt nach diesen Beiträgen. Dass der IS die von ihm versendeten Botschaften nicht zufällig wählt, ist offensichtlich. Als Beispiel dafür dient die Tötung der gefangenen Journalisten: Ein vermummter Henker führt das Schwert und arbeitet mit offenbar routinierter Präzision. Dabei wären die Videos an Grausamkeit durchaus zu überbieten, zum Beispiel durch vorangehendes Foltern. Darauf verzichtet die Terrororganisation und „schont" den Betrachter, der nach Bekanntgabe der ersten Videos fast sicher davon ausgehen kann, dass er die Gewalttätigkeit der Bilder einschätzen kann und dass keine unerwarteten Darstellungen drohen. So zeigt sich ein Terrorist mit einem gefesselten Gefangenen und spricht zu den Zuschauern. Nach einer Unterbrechung erscheint das Bild des Geköpften in Nahaufnahme. Auf das Veröffentlichen der im Rahmen von Hinrichtungen dieser Art zu erwartenden Geräusche und das Zeigen des Köpfens selbst wird verzichtet. In dieser Phase sind Bild und Ton abgeschaltet. Der Mord, den der IS begeht, wird als Hinrichtung inszeniert und auch so nach außen präsentiert: als Bestrafung für ein vermeintliches Vergehen eines westlichen Staates. [37]

Die Wuppertaler Scharia-Polizei

Als Beispiel für die problematische Wahrnehmung salafistischer Aktionen dient der Auftritt der sogenannten Scharia-Polizei in Wuppertal-Elberfeld im September 2014. [38] Fünf Männer islamischen Glaubens patrouillierten in selbst gebastelten Warnwesten mit der Aufschrift „Scharia-Polizei" durch die Wuppertaler Straßen und gebärden sich als sogenannte Tugendwächter. Dabei sollen sie mehrfach Personen muslimischen Glaubens angesprochen und „zur Ordnung gerufen" haben. Es ist unstrittig, dass das Gewaltmonopol in diesem Land bei der Polizei liegt und diese Art von vorauseilender Selbstjustiz gegen mutmaßliche Übertretungen der Glaubensregeln einzelner Muslime inakzeptabel ist. Es ist auch unstrittig, dass eine strafrechtliche Verfolgung stattfinden muss, was auch der Fall ist. Ob die fünf selbst ernannten Sittenwächter allerdings diese Form der Aufmerksamkeit verdient haben, die ihnen nachfolgend zuteil wurde, darf mindestens angezweifelt werden. Gleichzeitig fehlt eine Berichterstattung über andere selbst ernannte Scharia-Polizisten, wie es sie durchaus zu geben scheint. Für ihre Zwecke nutzten die Wuppertaler Salafisten ebenfalls Facebook und YouTube. Das selbst gedrehte Video ist mittlerweile nicht mehr online. Es stellt sich auch die Frage, ob sie vorab bereits diesen Weg der medialen Botschaft gewählt hatten, weil sie sich der anschließenden Aufmerksamkeit schon fast sicher sein konnten.

Der Journalist Jakob Augstein äußert sich, wie im Kapitel „Vorzeichen: Die schwarze Flagge des Dschihad" schon erwähnt, in der *S.P.O.N.*-Kolumne vom 11. September 2014 [39] folgendermaßen zum Auftritt der Wuppertaler Scharia-Polizei: „Bessere Werbung wurde für den Salafismus in Deutschland nie gemacht. Und billiger als durch das Schüren antiislamischer Ängste ist politische Zustimmung in Deutschland zurzeit nicht zu haben. Eine Win-win-Situation. Der Verlierer ist: die Vernunft." Ihm widerspricht die muslimische Journalistin Sounia Siahi [40]. Sie erklärt ihre kritische Haltung mit der eigenen Geschichte und ihren Erfahrungen in einem streng muslimisch geprägten Umfeld. Sie berichtet sogar, selbst in Düsseldorf von ebensolchen Sittenwächtern angesprochen worden zu sein, die von ihr verlangten, sich mit einem Kopftuch zu bedecken. Sie weist darauf hin, dass Salafisten muslimische Frauen völlig anders wahrnehmen und behandeln, als das bei deutschen Frauen der Fall sei. Sie als Muslimin habe sich ernsthaft bedroht gefühlt. Sie wünscht sich, in Deutschland vor Extremisten sicher zu sein und nicht im Namen des Glaubens in ihrer Wahlheimat reglementiert zu werden. Damit spricht sie für viele muslimische Frauen und zeigt den Konflikt, in den Muslime und Andersgläubige geraten. Augstein reagierte in einem weiteren Brief mit Verständnis, weist aber auch auf die unterschiedlichen Sichtweisen hin. Dennoch fehlt es an Beachtung des Briefes von Sounia Siahi. Sie gehört zu den Menschen, die ihren Glauben leben wollen und offenbar kein Interesse daran haben, andere Personen zu reglementieren. Muslime wie sie suchen Schutz in Deutschland. Sie gehen in einem demokratischen Land ihrem Beruf nach, sie sind Teil der Gesellschaft. An dieser Stelle muss sich die Bundesrepublik die Frage gefallen lassen, wie viel Schutz sie ihren Bürgern, die sich integrieren, bieten muss oder will – und wie viel Bereitschaft besteht, die zum Teil beängstigenden Erfahrungen dieser Menschen in die eigenen Entscheidungen einfließen zu lassen.

Mittlerweile hat das Land NRW einen Erlass veröffentlicht, aus dem hervorgeht, dass das Tragen der Scharia-Polizei-Westen verboten ist. Was leider untergegangen ist, war die unmissverständliche Kritik des Zentralrats der Muslime. Der Vorsitzende Aiman Mazyek verurteilte die Aktion der Salafisten in Wuppertal scharf, heißt es in der *Süddeutschen Zeitung.* „Diese paar Halbstarken sprechen nicht in unserem Namen", äußerte er. „Diese Leute betreiben eine

Zweckentfremdung unserer Religion. Sie schaden mit dieser schrillen und völlig unsinnigen Aktion den Muslimen ungemein." [41]. Für die Berichterstattung über islamische Strömungen und den Extremismus bedeutet das, dass Muslime in Deutschland sich eine Positionierung von Medien und Politik wünschen. Auch wenn sich viele Muslime nicht ständig gegen den Extremismus äußern, zeigen ihre Reaktionen dennoch, dass sie in diesem Land ihren Glauben friedlich ausleben wollen und wenig Interesse an Auseinandersetzungen haben.

Nur wenn die Basis der Berichterstattung stimmig ist, sind Bürger in der Lage, zwischen aufgebauschten Beiträgen bis hin zu Krawalljournalismus und Nachrichten mit dem Inhalt einer ernsten Bedrohung zu unterscheiden. Das wiederum wirkt einer Islamphobie entgegen, hilft muslimischen Gläubigen, sich in Deutschland ernst genommen zu fühlen, sowie Christen und Andersgläubigen, die tatsächliche Situation einzuschätzen. Gestützt wird diese Vorgehensweise im besten Falle vom Pressekodex. Nicht nur Journalisten, auch Leser fragen sich angesichts mancher Veröffentlichungen nämlich, ob manchmal Schweigen nicht die bessere Reaktion wäre.

Die Berichterstattung aus den Krisengebieten lässt ebenfalls des Öfteren zu wünschen übrig. Sie ist normalerweise Aufgabe der Kriegsberichterstatter. Sie verfügen im besten Fall über ein möglichst sicheres Netzwerk. Gewaltvoyeurismus ist nicht ihre Sache, dennoch kommt es gerade bei den Berichten über IS-Flüchtlinge in Syrien zu unerträglichen Situationen, bei denen Journalisten nicht nur jede Distanz missen lassen, sondern auch noch Rettungsarbeiten behindern. Ursache hierfür ist nicht nur der Leistungsdruck, sondern auch die Tatsache, dass manche Agenturen ihre erfahrenen Journalisten aus den gefährlichen Regionen abgezogen haben. Das erhöht den Druck, Nachrichten bieten zu müssen oder zu wollen, ohne geeignetes Material dafür zu bekommen. Dies kann dazu führen, dass kleinere Agenturen versuchen, unerfahrene Journalisten anzuwerben und ihnen entsprechende Honorare in Aussicht zu stellen, wenn sie mit geeigneten Fotos und Berichten zurückkehren. In Syrien hingegen kann es dort, wo es viel zu berichten gibt, zu tumultartigen Zuständen kommen, wenn Journalisten möglichst schnell und möglichst spektakulär berichten wollen [42]. Die journalistische Sorgfaltspflicht bleibt dann schlimmstenfalls auf der Strecke. Ein Umstand, der umso schneller auftritt, je mehr Pressevertreter vor Ort sind. Dass der respektvolle Umgang mit Kriegsopfern dabei manchmal auf der Strecke bleibt, ist ebenfalls zu beobachten und zu verurteilen.

Exkurs: Der deutsche Salafist Bernhard Falk

Dass Deutsche durchaus zu Salafisten werden können, zeigt das Beispiel von Bernhard Falk.

Das Leben des deutschen Staatsbürgers ist geprägt von Extremen. Seit 1990 ist er wegen mehrerer politisch motivierter Anschläge aktenkundig. Insgesamt vier Mordversuche werden dem studierten Physiker zur Last gelegt, der linksextremen terroristischen Vereinigungen angehörte, bis er während der Verbüßung einer 13-jährigen Haftstrafe zum Islam konvertierte. Der Spiegel *berichtete im Oktober 2014 über Bernhard Falk als Schlüsselfigur der deutschen Salafistenszene [43].*

Sein Ziel als ist es, dass inhaftierte Glaubensbrüder und Schwestern den Rückhalt aus der Glaubensgemeinschaft fühlen und sich „nicht brechen lassen". Zeitgleich erfahren die Gefangenen Unterstützung von seiner Seite. Bei Gerichtsverhandlungen ist er anwesend, wie er es schon zu seiner Zeit bei linksextremen Terrorgruppen getan hat. Dabei weicht er den geforderten Ehrerbietungen gegenüber dem deutschen Rechtssystem geschickt aus. Falk betätigt sich in Deutschland als Gefangenenhelfer. Auf einer seiner Facebook-Seiten, die er unter dem Namen Falk-News betreibt, berichtet er über Islamisten, die in Deutschland inhaftiert sind, weil sie unter Terrorverdacht stehen, und bittet um Unterstützung für sie. Haftstrafen gegen Terrorverdächtige, die von ihm als Brüder und Schwestern bezeichnet werden, verurteilt er als einen Gewaltakt eines ungläubigen Staates (damit ist die Bundesrepublik gemeint). Die Inhaftierten sieht er als politische Gefangene. Außerdem vergleicht er den heutigen Staatsschutz mit der Stasi zu DDR-Zeiten. Er fordert die Freilassung der jungen Salafisten, die verhaftet wurden, da sie intelligent und gebildet seien und der Staat nicht das Recht habe, ihnen die Zukunft zu verbauen. Verhaftungen und Durchsuchungen durch Beamte des BKA in den Räumlichkeiten der Salafisten bezeichnet er als Zumutung und Ungerechtigkeit und außerdem als Versuch, Muslime unter Generalverdacht zu stellen und einzuschüchtern.

Obwohl Falk, der in seiner Glaubensgemeinschaft unter dem Namen Muntasir bi-llah agiert, die Gewalt der IS-Terroreinheit nicht direkt befürwortet, ist sein Ziel ebenfalls ein islamischer Staat. Auch wenn er nicht öffentlich zu Gewalt und Terror aufruft, so informierte er auf seiner Facebook-Seite zum Beispiel darüber, dass er das deutsche Sicherheitssystem anzweifelt. So berichtet er darüber, dass er im Oktober 2014 am Berliner Bahnhof den SPD-Fraktionsvorsitzenden Thomas Oppermann traf und ansprach, der ihn aber offensichtlich nicht einzuschätzen wusste. Das unterschwellige Signalisieren der Angreifbarkeit des Parlamentsmitglieds wird von seinen Anhängern auch entsprechend aufgegriffen, die im Anschluss erklären, dass sie selbst Herrn Oppermann nicht einfach so hätten weitergehen lassen. Dass es eben dieser Rechtsstaat ist, der es seinen Politikern genauso wie allen anderen Bürgern ermöglicht, ohne militärischen Begleitschutz relativ sicher unterwegs zu sein, eben weil Meinungsverschiedenheiten auf einem gewaltfreien Niveau ausgetragen werden, verkennt Falk dabei genauso wie die Tatsache, dass es das von ihm vertretene System ist, dass ebendiese Freiheit gefährdet. Im Gegenteil, er macht die Bundesrepublik ebenso wie ihre Bündnispartner verantwortlich für den Tod unzähliger Menschen, die aufgrund des kapitalistischen Systems Hunger leiden und sterben würden. Seine Argumentationen allerdings sind oftmals mit dem gesunden Menschenverstand kaum bis gar nicht nachvollziehbar. Angesprochen auf Terrorakte und den Tod von Frauen und Kindern durch den IS erklärt er der Zeitschrift Spiegel *in einem Interview, dass Terroranschläge im Krieg unvermeidbar seien, aber ebenfalls auf das Konto der „kapitalistischen Länder" gingen. Auch seine eigenen Sprengstoffattentate rechtfertigt er damit, dass es seiner Meinung nach „keine andere Möglichkeit gegeben hat" [44].*

Falk steht als Berater von Salafisten unter Beobachtung des Verfassungsschutzes. Laut Spiegel *wird außerdem gegen ihn ermittelt, weil der Verdacht besteht, dass er Spendengelder veruntreut haben soll. Seine Facebook-Seite ist mittlerweile abgeschaltet worden. Er unterhält aber offenbar ungestört mindestens zwei weitere Seiten. Auch YouTube nutzt er für die Verbreitung seiner Botschaften – genauso wie der IS übrigens. [45]*

Das Beispiel von Bernhard Falk zeigt eine Führungspersönlichkeit von hoher Intelligenz und Bildung, aber mit einer eigenwilligen und stets konträren und gewaltbereiten Grundhaltung zu dem bestehenden System, in dem er lebt und von dem er auch profitiert. An seinem Beispiel zeigt sich außerdem, dass er offenbar stets auf der Suche nach Konflikten innerhalb einer Gemeinschaft war und ist, die er notfalls mit Gewalt voranzutreiben versucht, obwohl ihm aufgrund seiner hohen Intelligenz sicherlich der gewaltfreie Weg in der Politik offengestanden hätte und ihm so auch lange Haftstrafen erspart geblieben wären. Auch die Zahl seiner Mitstreiter und Anhänger wäre sicherlich nicht geringer gewesen. Dies lässt die Vermutung zu, dass Führungspersönlichkeiten aus der Salafistenszene wie Bernhard Falk kein Interesse an einer wirklichen Verbesserung der Lebenssituation von unterdrückten Völkern haben, sondern dass für sie der Kampf als solcher im Vordergrund steht.

Der Lockruf des Terrors

Sie heißen Ahmed, Cem, Ismail, Murat oder auch Özcan, sie kommen aus Düsseldorf, aus Bremen, Berlin oder Köln und sie sind zwischen 15 und 64 Jahre alt. Sie haben einen unterschiedlichen Lebenslauf, sie sind Arbeiter, Angestellte, sie sind Schulabbrecher, arbeitslos oder Studenten, sind verheiratet, verlobt oder ledig. Sie kennen sich nicht persönlich, aber sie verfolgen ein gemeinsames Ziel: den Terror des IS in die Welt zu tragen.

Über 400 Männer sind es mittlerweile, die im Namen Allahs aus Deutschland nach Syrien oder in den Irak gegangen sind. Sie sind bereit, anderen Menschen das Leben zu nehmen und ihr eigenes Leben zu opfern. Aber was treibt diese Männer an? Welche Absichten, welcher Idealismus und welche Leidenschaft stehen dahinter? Warum gehen sie diesen Weg, warum folgen sie so bedingungslos dem fatalen Lockruf des Terrors?

Aus den Ghettos in den Krieg

Keine Arbeit, kaum Bildung, keine Chancen, stattdessen Gewalt, Drogen und Ghettoisierung – so ließe sich mit nur wenigen Worten eine Antwort auf die Frage formulieren, warum immer mehr Männer auch aus Deutschland zu Radikalen werden, die ihrem Hass freien Lauf lassen. Aber leider gibt es keine einfache Formel, die erklärt, wie es so und nicht anders kommen musste. Die Gründe sind vielschichtig, aber vieles ist mit eindeutigen Zahlen belegbar. Diese geben Auskunft darüber, wie das Leben der jungen Migranten in Deutschland aussieht und wie viele von ihnen schon dem für sie unwiderstehlichen Lockruf in den Kampf gegen die Welt gefolgt sind.

- Über 400 sind seit 2012 nach Syrien und in den Irak gegangen
- Über 200 haben einen deutschen Pass
- Fast 100 haben noch eine weitere Staatsbürgerschaft
- 26 % haben einen Schulabschluss
- Nur 6 % eine Ausbildung
- Nur 2 % haben studiert
- 26 % sind arbeitslos
- 12 % waren geringfügig oder im Niedriglohnsektor beschäftigt

- 117 sind vorbestraft
- 54 sind Konvertiten
- 40 sind bis heute ums Leben gekommen [46]

Die größte Gruppe der neuen Gotteskrieger hat ihre Wurzeln in der Türkei. Sie sind die Kinder und Enkel derjenigen Männer und Frauen, die in den 1960er Jahren nach Deutschland kamen, um hier zu arbeiten. Heute leben schätzungsweise 2,7 Millionen türkischstämmige Jugendliche in Deutschland, und aus ihrem Kreis kommen die Männer, die sich dem IS angeschlossen haben und nun auch mit brennendem Hass das Ziel verfolgen, die Weltordnung nach seinen Vorstellungen neu zu gestalten.

Die jungen Türken, die in Duisburg, in Berlin, in Hamburg oder Köln aufwuchsen, wurden von zwei völlig unterschiedlichen Welten geprägt. Die Türkei war nicht mehr ihr Zuhause und in Deutschland sollten sie sich niemals richtig heimisch fühlen. Viele von ihnen waren sogenannte „Kofferkinder", also Kinder, die jahrelang in der Türkei bei Verwandten leben mussten, während die Eltern in Deutschland gearbeitet haben. Sie sahen die Eltern oft monatelang nicht und konnten erst als sie älter wurden, ihre Koffer packen, um nach Deutschland zu reisen, bevor sie dann erneut die Koffer packen und in die Türkei zurückkehren mussten.

Die Welt in den kleinen Dörfern im Osten von Anatolien sah anders aus als die Welt in Berlin-Moabit, Essen-Katernberg und Duisburg-Marxloh. In Deutschland mussten sie die Schule besuchen, Deutsch lernen und es wurde von ihnen erwartet, dass sie sich schnell anpassen, ohne Probleme zu machen. Das gelang natürlich nicht immer, zu groß waren die Unterschiede bei der Weltanschauung, zu groß war auch die Diskrepanz in kultureller und auch in religiöser Hinsicht. Auf der einen Seite das oftmals strenge, vom islamischen Glauben geprägte Leben in den Familien, auf der anderen Seite die großen Freiheiten der Mitschüler. Die Kinder der Gastarbeiter wurden zu Wanderern zwischen den Welten.

Die Heranwachsenden standen vor einem kaum zu bewältigenden Problem. Sie wollten weder die Familie noch die deutschen Freunde enttäuschen. Viele resignierten irgendwann oder waren es einfach nur leid, immer wieder Kompromisse machen zu müssen.

Die Schule wurde abgebrochen, es gab kaum Lehrstellen für junge Türken und damit auch keine Perspektive für die Zukunft. Für viele junge türkischstämmige Männer begann der Weg in die Kriminalität. Diebstahl, Hehlerei, Drogenhandel und immer wieder auch Gewalt, die Liste der straffälligen jungen Migranten wurde immer länger. Abgeurteilt wurden sie von deutschen Gerichten – den Gerichten eines Landes, das sie immer weniger anerkannten und das ihnen Chancengleichheit versprach, aber dieses Versprechen immer wieder brach.

Immer mehr junge Männer sehen sich als Verlierer der Globalisierung, sie sind enttäuscht, hilflos, ratlos, frustriert und nicht selten auch voller Hass. Natürlich sieht nicht jeder Lebensweg eines Migrantenkindes so aus, und es sind auch nicht nur die Kinder der Einwanderer, die sich heute auf den Weg nach Syrien oder in den Irak machen, um dort ein Teil des IS zu werden. Diejenigen, die gehen, haben aber einen ähnlichen Lebenslauf vorzuweisen und sie sind es, die besonders anfällig sind, wenn die terroristischen und menschenverachtenden Rattenfänger im Namen Allahs sie anwerben.

Wer kennt sie nicht, die Legende vom Rattenfänger? Der Mann mit der Flöte befreite die Stadt von Ratten, und als ihm der versprochene Lohn verweigert wurde, lockte er mit seinem betörenden Flötenspiel die Kinder aus der Stadt, um Rache zu nehmen. Die Kinder verschwanden für immer und die Stadt Hameln war ihrer Zukunft beraubt.

Auf den ersten Blick haben der Rattenfänger und der IS nicht allzu viel miteinander zu tun, aber es gibt Parallelen. Wie der Flötenspieler aus Hameln, so fühlen sich auch Mitglieder der Terrormiliz betrogen und es scheint, als würden sie jetzt alles daran setzen, die Kinder der Staaten, die sie für ihre Situation verantwortlich machen, mit falschen Versprechen zu sich zu locken. Ähnlich wie die Kinder von Hameln wissen auch die jungen Männer aus Deutschland, Frankreich, Großbritannien oder der Türkei nicht, wohin der Weg sie führt, aber sie lassen sich von Worten, Bildern, Predigten und Videos der modernen Rattenfänger verführen und sie folgen ihnen ins Ungewisse.

Welche Rolle spielt der Glaube?

Was macht der IS für die jungen Männer aus Europa so interessant und reizvoll? Den meisten, die sich diese Frage stellen, fällt in diesem Zusammenhang zuerst der Glaube ein. Töten im Namen Allahs – hat das nicht eine jahrhundertelange Tradition? Eine viel zitierte Geschichte handelt von den 72 Huris, den Jungfrauen, die auf einen gläubigen Muslim im Paradies warten, um dort mit ihm verheiratet zu werden [47]. Diese Jungfrauen werden als „groß gewachsen und mit schwellenden, pfirsichförmigen Brüsten", aber auch als keusch, sittsam, als tugendhaft, aber auch als riesengroß und sehr breit, als „durchscheinend bis auf das Mark ihrer Knochen" oder als „ ewig jung" beschrieben [48] – und sie spielen vor allem dann eine Rolle, wenn es um den Märtyrertod geht. Diese These und auch die Anzahl der Jungfrauen werden nicht erst seit heute kontrovers diskutiert. Der Koran sagt eindeutig aus, dass auf jeden das Paradies wartet und nicht nur auf die Dschihadisten, die im Namen Allahs sterben. So steht es in der Sure 41, Vers 31: „Wir sind euer Beschützer im irdischen Leben und im Jenseits. In ihm [dem Paradies] werdet ihr alles haben, was ihr euch wünscht, und in ihm werdet ihr alles haben, wonach ihr verlangt." [49] Aber es gibt immer wieder Beispiele dafür, dass der Koran mit voller Absicht falsch zitiert wird.

Islam bedeutet Frieden, aber auch Gehorsam, Hingabe und Unterwerfung. Er bedeutet aber nicht Gewalt. Mord und Selbstmord sind nach dem islamischen Glauben verboten. Wer an Allah und den Propheten Mohammed glaubt, der glaubt ohne Vorbehalte und ohne Kritik. Wer sich an die Gebote und Verbote hält, der kommt ins Paradies, wer sich nicht danach verhält, der muss mit der Hölle rechnen. Das Christentum und der Islam sind sich sehr ähnlich, leider auch, wenn es um den Fundamentalismus geht.

Religion ist auch immer eine Sache der Auslegung. Martin Luther hat Religion anders ausgelegt als der Papst, und auch der Koran wird von den 1,3 Milliarden Muslimen, die es auf dieser Welt gibt, immer wieder anders interpretiert. Jeder hat seine eigene Denkweise und das gilt auch für den IS. Nur leider steht bei der Denkweise der Terrormiliz der Glauben, also der Islam, nur bedingt im Vordergrund.

Die Sichtweise des IS steht sogar im krassen Gegensatz zu dem, was der Zentralrat der Muslime in Deutschland sagt: „Der Islam ist friedensstiftend, weil er die Einheit der gesamten Menschheit anstrebt." [50] Der IS hingegen strebt eine andere Art von Einheit an, nämlich einen einzigen weltumspannenden islamischen Staat, ein Kalifat, wie es schon seit Jahrtausenden immer wieder angestrebt wird. Da dieses Vorhaben aber nicht mit friedlichen Mitteln erreicht werden kann, versucht der IS es mit Gewalt. Sie sehen sich als Gotteskrieger und berufen sich auf den Koran, Sure 9, Vers 33. Danach sollen die Gläubigen dem Islam „zum Sieg verhelfen über alles, was es (sonst) an Religion gibt". Ebenfalls in der Sure 9, aber in Vers 5 steht zu lesen: „Und wenn die heiligen Monate abgelaufen sind, dann tötet die Heiden (die Ungläubigen), wo immer ihr sie findet, greift sie, umzingelt sie und lauert ihnen überall auf." [51] Aber auch hier ist es wieder eine Sache der Auslegung (wie auch bei der Bibel, in der immerhin Sätze wie „Auge um Auge, Zahn um Zahn" auch heute noch enthalten sind). Der Islam heute unterscheidet zwischen der Welt des Islam und der Welt des Krieges. Doch der IS hat sich für den Krieg entschieden.

Das, was der IS unter Krieg versteht, das sorgt überall auf der Welt für Entsetzen, Abscheu und Unverständnis. Für die jungen Männer, die Deutschland verlassen, ist es aber genau das, wonach sie gesucht haben. Mit Religion hat das nur im entferntesten Sinne etwas zu tun.

Auf der Seite der Stärkeren

Ein psychologisches Motiv für den Anschluss an die Terrororganisation gibt es: Die jungen Männer wollen endlich einmal auf der Seite der Stärkeren stehen, nie wieder gedemütigt und erniedrigt werden, nie wieder ein Verlierer sein, sondern zu denen gehören, die selbstbewusst ihren Weg gehen und die nichts und niemanden fürchten. Im Gegenteil, jetzt sind es die anderen, die Angst haben müssen, die ratlos sind und die verzweifelt nach einem Ausweg suchen. So oder ähnlich werden sich viele der selbst ernannten Gotteskrieger fühlen, denn sie stehen nach ihrer Ansicht zum ersten Mal auf der richtigen Seite des Lebens. Sie haben die Macht, sie bestimmen über Leben und Tod und sie sind es, vor denen die Welt sich fürchtet. Wenn sie bisher auch zu kurz gekommen sind, jetzt ist ihre Zeit, die Zeit abzurechnen und die Zeit um zu beweisen, was wirklich in ihnen steckt.

Über die Türkei reisen sie nach Syrien und schließen sich dem IS an, sie lassen sich an der Waffe ausbilden und lernen zu töten. Sie lernen aber auch, wie das Gewissen ausgeschaltet wird, wie man abstumpft und zu etwas wird, was der britische Premierminister David Cameron ein „Monster" nennt. Und sie erinnern auch kaum noch an Menschen, wenn sie töten, kleine Kinder aus den Händen ihrer Mütter reißen, um sie dann zu verkaufen und gefesselte Menschen vor laufenden Kameras enthaupten.

Die Geschichte wiederholt sich

Kann man den radikalen Islamismus mit dem Faschismus der Jahre zwischen 1933 und 1945 vergleichen? Das Autor Hamed Abdel-Samad sagt Ja – und nennt den Faschismus und den Islamismus ein Paar, wenn auch ein ungleiches. [52]

Wenn man die Geschichte des Faschismus in Deutschland und den modernen Islamismus des IS von heute betrachtet, dann bekommt man das erschreckende Gefühl, dass sich Geschichte auf eine groteske Art und Weise wiederholt.

Die Nationalsozialisten und die Terroristen des IS geben sich unangreifbar. Sie gebärden sich, als seien sie die Einzigen, die die Wahrheit kennen, und als ob sie alleine in der Lage sind, Feind und Freund zu erkennen. Sie haben (von wem auch immer) den Auftrag, die Welt zu reinigen und sie dann nach ihrem Vorbild und ihren Vorstellungen neu zu gestalten. Zwischen dem „Heute gehört uns Deutschland und morgen die ganze Welt" und den Zielen des IS, die Welt ein für alle Mal von den Ungläubigen zu befreien, ist es nur ein kleiner Schritt in der Geschichte, und auch was den Lockruf des Terrors angeht, gibt es Parallelen.

Deutschland war nach dem verlorenen Ersten Weltkrieg demoralisiert und deprimiert, und es hatte als Nation das Selbstbewusstsein verloren. Adolf Hitler hatte leichtes Spiel, die Deutschen auf seine Seite zu bringen, und so begann er, den Deutschen eine glänzende

Zukunft zu versprechen. Eine Zukunft, in der es nur Platz für Sieger gab, in der es keinen Platz für Verlierer geben würde und in der alle Deutschen sich ein bisschen wie die Herren der Welt fühlen durften.

Es war damals wie heute die Jugend, die sich von handfesten Parolen und der geschickt gemachten Propaganda einfangen ließ. Die Nationalsozialisten gaben ihnen das Gefühl uneingeschränkter Macht, sie waren Herrenmenschen, die sich alles erlauben konnten und die keiner stoppen würde. Mit der festen Überzeugung, das Richtige zu tun, zogen die jungen Männer 1939 in den Krieg, bereit, für Führer und Vaterland zu sterben. Diejenigen, die zu Hause blieben, tobten ihr neu erwachtes Selbstbewusstsein an Juden, Homosexuellen, an Kommunisten, Sinti, Roma und allen anderen aus, die in ihren Augen nicht würdig waren, in ihrer Welt zu leben, oder die mutig genug waren, sich gegen den braunen Terror zu wehren.

Auch den Kämpfern des IS wird erzählt, dass sie dazu beitragen, eine bessere Welt zu erschaffen, eine Welt, in der es keine 2,1 Milliarden Christen mehr gibt und in der der Islam die einzig wahre Religion ist. Heute braucht es keinen Propagandaminister wie Joseph Goebbels mehr, um das Gedankengut der Jugend zu vergiften, heute gibt es das Internet, es gibt Facebook, Twitter und Co. – nicht zu vergessen das Fernsehen, das zu jeder Stunde dafür sorgt, dass der IS im Gespräch bleibt.

Die Terroristen wollen die alte Weltordnung wieder herstellen, in der die Muslime das Sagen hatten, in der sie Länder erobert und Herrscher von ihren Thronen gestoßen haben. Die Kämpfer des IS sehen es als ihre Pflicht an, die einzige Wahrheit, nämlich ihre Wahrheit in die Welt zu tragen.

Wie einst die deutsche Wehrmacht, so überrennen heute die selbst ernannten Gotteskrieger ihre Gegner, sie vernichten sie gnadenlos und setzen so ein weithin erkennbares Zeichen: „Seht her, wir sind unbesiegbar."

Die Werber des Todes

Eine Frage stellt sich im Zusammenhang mit dem Lockruf des Terrors aber immer wieder: Wer sind diejenigen, die es scheinbar mühelos schaffen, aus normalen, unauffälligen jungen Männern fanatische Islamisten zu machen, die bereitwillig in einen Krieg ziehen, der sie das Leben kosten kann? Wer oder was steckt dahinter und mit welchen Mitteln und Argumenten gelingt es immer wieder, neue Gotteskrieger zu rekrutieren? Die Geschichte eines jungen Mannes aus der deutschen Provinz ist nur ein Beispiel von vielen.

T. ist ein junger Mann aus dem westfälischen Münsterland, der noch nie in irgendeiner Weise negativ aufgefallen war. Der türkischstämmige Jugendliche führte das ganz normale Leben in einer deutschen Kleinstadt, er hatte Freunde, eine große Familie und besuchte das Berufskolleg vor Ort. Bis zu einem Tag Anfang September, an dem T. aus der Kleinstadt bei Münster einfach verschwand.

Als der junge Mann nicht wieder nach Hause kam, machten sich die Eltern, Verwandte und Freunde nicht nur Sorgen, sie hatten auch einen schrecklichen Verdacht, der sich kurze Zeit später bestätigte. Freunde hatten den Account des jungen Mannes bei Facebook geknackt und der Verdacht wurde zur Gewissheit – T. war auf dem Weg nach Syrien oder in den Irak zu den Kämpfern des IS. Ohne zu zögern machten sich der Vater und der Großvater auf den Weg, um den Sohn und Enkel wieder nach Hause zu holen, aber sie verloren an der türkischen Schwarzmeerküste seine Spur. Aber sie gaben die Hoffnung nicht auf, wollten noch ein paar Tage in der Türkei bleiben, um T. vielleicht doch noch zu finden. Die Hoffnung, den Jungen noch zu finden, war allerdings gering. Von der Türkei aus hatte T. noch eine SMS mit der Nachricht „Ihr könnt uns jetzt holen" verschickt, gemeint waren aber nicht der Vater und der Großvater, sondern die Kontaktleute des IS. Seitdem kommt die Familie nicht mehr Ruhe, zu groß ist die Sorge um T. Immer wieder stellen sich die verzweifelten Verwandten und die Eltern die Frage: Wie konnte es so weit kommen? Was hat T. in die Arme der Terrormiliz getrieben und hat es Anzeichen für das gegeben, was T. vorhatte? Und wenn ja, warum haben wir diese Zeichen nicht gesehen und nicht richtig gedeutet?

Wie ist T. in die fundamentalistische Szene abgerutscht? Die Familie des 18-Jährigen ist in dem kleinen Ort in Ostwestfalen beliebt. Sie sind religiös und gehen auch in die Moschee, aber nicht anders als eben die Nachbarn, die sonntags zur Messe gehen. Auch T. ging in die Moschee, aber er ging auch in andere Bethäuser, in denen der Islam auf eine andere Art und Weise gepredigt wird, „unheilig“ nennen es die ortsansässigen Türken. Auch dass es sogenannte Scharfmacher gibt, ist in der türkischen Gemeinde bekannt. Sie kommen aus dem östlichen Teil des angrenzenden Ruhrgebiets oder aus Münster und sie fanden auch in der Kleinstadt ebenfalls Zuhörer.

T. und noch einige andere Jugendliche aus der kleinen Stadt in Westfalen kommunizierten über Facebook sehr eifrig mit diesen Scharfmachern und in der Moschee fiel einigen Gemeindemitgliedern auf, dass T. und seine Freunde anders beteten, nämlich so wie die Salafisten es tun.

Jetzt gehen in dem kleinen Ort die Sorge und die Angst um, dass noch andere junge Männer, zu denen die Islamisten Kontakt ebenfalls aufgenommen hatten, den gleichen Weg wie T. gehen werden. Auch die Sicherheitsbehörden sind auf die Stadt im Münsterland aufmerksam geworden und behalten nach Auskunft des Innenministeriums die Lage vor Ort im Auge.

Ein Onkel von T. will die Hoffnung nicht aufgeben, dass er seinen Neffen lebend wiedersieht, aber er sagt auch, dass diese Hoffnung von Tag zu Tag ein wenig kleiner wird. [53]

Auch Mustafa, ein junger Deutscher mit türkischen Wurzeln, ging nach Syrien. Auch er löste sich aus einer intakten Familie, aus einem bürgerlichen Umfeld, um Gotteskrieger im Dienste des IS zu werden. Was aus Mustafa geworden ist, das konnten Millionen Internetnutzer in schockierenden Bildern sehen, sie sahen einen jungen Mann aus Deutschland, der lachend einen abgeschlagenen Kopf in die Kamera hielt, irgendwo in Syrien, in einem kleinen Dorf, dessen Einwohner nicht schnell genug fliehen konnten. [54]

Ahmed stand kurz vor seinem Abitur, als er Ende 2013 aus seiner Heimatstadt Ennepetal verschwand. Zuvor war Ahmed immer wieder ins benachbarte Wuppertal gefahren, um dort in einer Hinterhofmoschee den Hetzreden der radikalen Salafisten zuzuhören. Auf Facebook teilte er dann seine Gedanken mit anderen Jugendlichen, die er in Wuppertal kennengelernt hatte. Er sprach vom Kalifat, von einer neuen Weltordnung und von seinem Wunsch, zu den Kriegern des IS zu fahren. Im Juni 2014 schließlich ging Ahmed nach Syrien und dann in den Irak.

Dort im Irak, nur zehn Kilometer von der Hauptstadt Bagdad entfernt, legte sich der Junge einen 37 Kilogramm schweren Sprengstoffgürtel um, stieg in ein Auto und sprengte sich mitten auf einer belebten Straße in die Luft. Der Abiturient, begeisterter Fußballspieler und Mädchenschwarm wurde nur 21 Jahre alt und er riss ein Dutzend Menschen mit in den Tod.

Vier junge Männer aus Frankfurt sind ebenfalls bereits für die Ideale des IS gestorben, unter ihnen auch Enis, er wurde gerade einmal 16 Jahre alt. [55]

Wer trägt die Schuld?

Wer trägt die Schuld daran, dass Enis, Ahmed, Mustafa und all die anderen jungen Männer aus Deutschland in die Fänge des IS gerieten? In den Augen der meisten Deutschen ist der Fall klar, die islamischen Gemeinden seien daran schuld. In den Bethäusern und Moscheen würde nicht nur die Lehre des Islam, sondern vor allem eines gepredigt, nämlich der Hass auf alle, die an etwas anderes glauben. Dort würden die Anfänge des Terrors liegen.

Das sieht der Vorsitzende des Zentralrats der deutschen Muslime Aiman Mazyek anders. Für ihn sind diejenigen, die Hass predigen und die junge Muslime in die Fänge der Terrormiliz treiben, keine gläubigen Muslime, sie sind vielmehr diejenigen, die den Islam durch den Dreck ziehen. Diese Menschen widerten ihn an, sagte Mayzek, [56] und wie er denkt der überwiegende Teil der Muslime in Deutschland. Die Imame öffnen die Moscheen, sie laden die Anwohner zum Tag der offenen Tür ein, sie organisieren gemeinsame Friedensgebete und Demonstrationen gegen den Hass des IS.

Der Islam gehört zu Deutschland, so sagte es auch der ehemalige Bundespräsident Christian Wulff, und seit Jahren bemühen sich die Muslime um Integration. Jetzt sieht es so aus, als würden sie vor einem Trümmerhaufen stehen. Immer häufiger kommt es zu Anschlägen auf Moscheen und islamische Einrichtungen, auch wenn die Muslime immer wieder beteuern, dass sie sich vom Hass und der Gewalt der Fundamentalisten distanzieren. Die Vorurteile bleiben, schlimmer noch, sie werden immer weiter geschürt.

Dabei werden die jungen Männer nicht nur in Bethäusern rekrutiert, das geschieht auch in Schulen und Sportvereinen. Ganz gezielt wird hier vor allem nach Jugendlichen gesucht, die vielleicht labil sind oder sich in einer schwierigen Lebensphase befinden. Auch kurdische und alevitische Jugendliche werden gerne angesprochen. Besonders die Anwerbung von jungen Kurden, die in Deutschland leben, zeugt von der verlogenen Moral des IS. Denn der IS hat die Kurden eigentlich zum Feind, da sie ihrer Ansicht nach ein verzerrtes Bild vom wahren Islam haben. Eines der Ziele der Terroristen besteht darin, die in Syrien lebenden Kurden zu vernichten, um zu verhindern, dass sie dort einen eigenen Staat gründen können.

Es kommt den Werbern allerdings nicht darauf an, ob die jungen Männer religiös oder eher neutral sind, und auch aus welcher gesellschaftlichen Schicht sie kommen, ist nicht von Interesse, die Hauptsache ist, sie können sich mit dem IS und mit seinen Zielen identifizieren. [57]

Gezielte Anwerbung – live und online

Dass Deutsche sich radikalen Islamisten anschließen, ist nicht neu, schon in Afghanistan und auch in Pakistan gab es junge Männer aus Deutschland, die als Selbstmordattentäter aktiv waren. Junge Deutsche anzuwerben war noch nie so einfach wie heute, nämlich per Internet und Smartphone.

Apps und kleine Filme im Internet werden von den Fundamentalisten des IS gezielt genutzt, um neue Krieger zu rekrutieren. In diesen Filmen wird der Kampf des IS als ein wild-romantisches Abenteuer dargestellt, das nicht selten wie ein Trailer für eine Karl-May-Verfilmung aussieht. War bis vor einigen Monaten Facebook, das größte soziale Netzwerk der Welt, noch das Netzwerk Nummer eins für die Dschihadisten, so wird heute immer häufiger WhatsApp oder Instagram genutzt, um den heiligen Krieg in Echtzeit zu präsentieren, inklusive all der unvorstellbaren Grausamkeiten, die der IS täglich verübt.

Die Krieger filmen sich selbst und es wird dabei der Eindruck vermittelt, als wäre das alles, was im Irak und in Syrien geschieht, eine Art Feriencamp oder eine pervertierte Survival-Gruppe, zu der jeder, der gerne mitmachen möchte, herzlich eingeladen ist. Ziel der Kampagnen ist es jedoch, denjenigen, die sich für den IS interessieren, zu zeigen: Schau her, wir sind eine eingeschworene Gemeinschaft und du kannst ein Teil davon sein, wenn du dich uns anschließt. Experten sind der Meinung, dass mittlerweile schon kleine Filme im Internet ausreichen, um Interesse zu wecken, und dass es vom Anschauen der Filme bis zur ersten Kontaktaufnahme nur ein kleiner Schritt ist.

Erschreckend ist die Zahl derjenigen, die heute der radikalislamistischen Bewegung in Deutschland zugeordnet werden, die mit rund 6000 Personen angegeben wird. Das sind 6000 neue potenzielle Opfer für den IS, 6000 Personen, die von einem Kalifat träumen und die ohne jeden Kompromiss bereit sind, die Scharia, das allumfassende und allein gültige Recht des Islam zu verteidigen, auch hier in Deutschland.

Doch auch der Einfluss von Freunden und Bekannten spielt bei der Radikalisierung junger Deutsche eine nicht unwesentliche Rolle. 30 % der jungen Männer, die bereits ausgereist sind, so schätzt man, haben sich von ihren Freunden beeinflussen lassen. Rund ein Fünftel der deutschen IS-Anhänger ist in Bethäusern und auch in Moscheen angeworben worden und auch wenn es vielleicht unwahrscheinlich klingt, 10 % der Männer ging auf Anraten der eigenen Familie zum IS. Als großen „Erfolg“ können die Salafisten auch ihre umstrittenen Verkaufsaktionen anführen, die es in vielen deutschen Städten gab. 17 % der heute im Irak und Syrien kämpfenden jungen Männer wurden durch die kostenlose Verteilung des Korans auf der Straße auf den Geschmack gebracht. [58]

Die Rückkehrer

Was passiert mit denen, die aus den Kampfgebieten in Syrien und dem Nordirak zurückkehren? Wie sind diese Rückkehrer einzustufen? Geht von ihnen Gewalt aus oder sind sie traumatisiert von dem, was sie gesehen und erlebt haben?

Diese Fragen können zum jetzigen Zeitpunkt nur sehr schwer oder gar nicht beantwortet werden. Es steht aber fest, dass diese Kämpfer radikalisiert, im Kampf erprobt und sehr wahrscheinlich auch voller Hass sind. Sie haben gelernt, wie man mit Waffen und mit Sprengstoff umgeht, und sie haben auch gelernt, wie man das Gewissen und die Moral ausschaltet, und das macht sie aus Sicht von Experten so gefährlich.

Sie einfach nicht mehr ins Land lassen – diese Forderung wird immer wieder laut, wenn es um die Wiedereinreise der IS-Kämpfer geht. Das klingt einfach, ist es aber nicht. 60 % der IS-Kämpfer, die aus dem Kriegsgebiet nach Deutschland zurückkommen, haben einen deutschen Pass, und einem deutschen Staatsbürger kann die Rückkehr in die Heimat nicht verweigert werden. Auch denjenigen, die eine gültige Aufenthaltserlaubnis in Deutschland haben, dürfen nicht an der Einreise nach Deutschland gehindert werden.

Die einzige Möglichkeit wäre, den Rückkehrern die Staatsbürgerschaft rückwirkend zu entziehen, um sie so an der Einreise nach Deutschland zu hindern. Das steht aber momentan nicht zur Diskussion. Was dem Staat jetzt bleibt, ist nur die Option, die Islamisten, die jetzt zurückkommen, zu überwachen. Eine permanente Beobachtung jedes einzelnen Rückkehrers wäre jedoch ein allzu großer Mehraufwand, denn schon jetzt sind einige Bundesländer an der Grenze ihrer Belastung angekommen. Gebraucht wird geschultes Personal, das sich in der Welt der Islamisten auskennt und weiß, worauf besonders geachtet werden muss. Denn diese sind vermutlich tickende Zeitbomben, weder kontrollierbar noch berechenbar, dieser Ansicht ist Rainer Wendt, der Vorsitzende der Deutschen Polizeigewerkschaft. Seiner Meinung nach muss die Politik eine Lösung finden, damit die Einreise von Dschihadisten, die nach Deutschland zurückkehren, auf jeden Fall verhindert wird. [59]

Doch nicht alle jungen Männer, die für den IS in den Krieg gezogen sind, stellen auch eine potenzielle Gefahr dar. Viele kommen krank an Leib und Seele zurück, sie haben Infektionen oder sind von Parasiten befallen. Der Heilige Krieg ist für sie ein für alle Mal vorbei. Andere kehren schwer traumatisiert nach Hause zurück. Sie können die grausamen Bilder nicht mehr vergessen, die sie in Syrien oder im Nordirak gesehen haben, sie haben Angst, leiden unter Schlafstörungen und werden nicht selten depressiv. [60]

Wieder andere kehren den Helden heraus, sie geben im Familienkreis oder in der Moschee mit ihren Taten an und sie prahlen damit, was sie alles für den IS geleistet haben. Gefährlich sind nach Ansicht des Verfassungsschutzes aber diejenigen, die gar nichts Auffälliges tun, wenn sie wieder nach Deutschland kommen. Diese Rückkehrer gehen nicht mehr in die Moschee, sie wollen mit ihren alten Freunden nichts mehr zu tun haben und sie trennen sich auch von den äußeren Merkmalen eines Salafisten. Sie sind sehr schwer einzuschätzen. Haben sie dem Terror den Rücken gekehrt oder verhalten sie sich absichtlich unauffällig, damit sie keinen Argwohn erregen, um auf diese Weise besser durch das Netz der Beobachtung schlüpfen zu können?

Viele der selbst ernannten Gotteskrieger haben in Syrien oder im Irak buchstäblich Blut geleckt, sie haben getötet und gefoltert. Nicht nur Psychologen sind der Ansicht, dass diese Männer die wohl größte Gefahr darstellen, denn wer einmal getötet hat, der hat damit auch eine Hemmschwelle überschritten. Wer einmal getötet hat, dem fällt es nicht so schwer, es noch einmal zu tun. [61]

Exkurs: Vom Gangsta-Rapper zum IS-Propagandisten – die Geschichte von Denis Cuspert

Unter den jungen Leuten aus aller Herren Länder, die in den Dschihad ziehen, gibt es allen voran auch Prominente. Denis Cuspert wird in diesem Zusammenhang gerne als Paradebeispiel angeführt. Der ehemalige Rapper ist für viele junge Männer ein Vorbild. Das ist gefährlich, wenn man bedenkt, dass Denis Cuspert sich zum überzeugten IS-Propagandisten gemausert hat. Doch was reizt den jungen Mann daran, eines Tages möglicherweise den Märtyrertod zu sterben?

Kindheit und Jugend

Im Oktober 1975 wurde Denis Cuspert in Berlin geboren. Sein bürgerlicher Name lautet Denis Mamadou Gerhard Cuspert, sein Vater ist Ghanaer, seine Mutter Deutsche. Er wuchs in unterschiedlichen Stadtteilen Berlins auf. Dazu zählte vor allem der Berliner Westen, wie zum Beispiel Charlottenburg, Schöneberg oder Moabit, aber auch Berlin-Kreuzberg. Besonders häufig war Denis Cuspert im Kreuzberger Kiez „SO 36“ anzutreffen. [1] Heutzutage will hier niemand mehr Denis Cuspert kennen. Vor allen Dingen seine alten Freunde sind nicht so gut auf den heutigen IS-Propagandisten zu sprechen. Cusperts ehemalige Clique versammelt sich heute noch rund um das Kottbusser Tor. [2] Dort saß auch Cuspert früher in einem der Läden und plauderte gerne mit verschiedenen Leuten.

Zu einem seiner ehemals besten Freunde zählt der Berliner Rapper Charnell Taylor, der unter anderem dem Gangsta-Rap in Deutschland den Weg geebnet hat. Diesen lernte er über seinen Stiefvater kennen, der mit Taylors Vater befreundet war. Zu seinem Stiefvater, einem Angehörigen der US Army, hatte Cuspert allerdings kein allzu gutes Verhältnis. Sein leiblicher Vater hatte die Familie verlassen und war zwischenzeitlich aus Deutschland abgeschoben worden. [3]

Denis und Charnell freundeten sich schnell an und gingen bald darauf durch Dick und Dünn. Sie galten beide als Außenseiter in den von Türken und Arabern dominierten Vierteln und gehörten aufgrund ihrer Hautfarbe nie so richtig dazu. [4] Cusperts Mutter beschreibt dessen Kindheit wie folgt: „Denis wuchs ganz normal auf: Er hörte Bibi-Blocksberg-Kassetten und war Tina-Turner-Fan. Am Wochenende gingen wir schwimmen oder machten Ausflüge nach Brandenburg." [5] Dennoch gelten die frühen Jahre Cusperts als problematisch. So soll seine Mutter einmal behauptet haben, dass die Drogen, welche im Haus von der Polizei gefunden worden sind, ihrem Sohn gehören würden, dabei gehörten sie ihr selbst. Außerdem soll sie, sobald sie sich von ihrem Sohn überfordert fühlte, ihn aus der Wohnung geworfen haben. [6]

Cusperts Jugendfreund Charnell erinnert sich an solche Situationen: „Er hat das immer als coole Nummer verkauft und mich dazu gebracht, ebenfalls nicht nach Hause zu gehen – oft wochenlang." [7] Und bald machten die beiden gemeinsame Sache: „Denis habe ich als großen Bruder angesehen, anderen erzählte ich, er sei mein Cousin. Ich war sein ‚Baby-Gangster', sein Lehrling auf der Straße, wenn man so will, und er mein Meister. Wir liebten alles, was gegen das Gesetz verstößt." [8] Zu Beginn waren es noch recht harmlose Delikte. Laut eigenen Aussagen stahl Cuspert im Alter von acht Jahren in einem Laden ein rotes Spielzeugauto. [9] Doch dann wollte er immer mehr: „Mit 15 Jahren raubte ich die ersten Touri[sten] aus. Damals traf ich mich früh am Abend mit meinen acht Kumpels. Wir hatten Messer und Pistolen dabei. Dann gingen wir auf Streifzug. Unser Revier: Mitte und Tiergarten. Es gab auch Regeln: keine Omas, keine Frauen und keine Kinder." [10] Außerdem dealte Denis Cuspert bereits als Jugendlicher mit Drogen – vor allem mit Marihuana und Koks. [11]

Schon früh zeigen sich Extreme, die sein jugendliches Umfeld jedoch nicht richtig einschätzen konnte. „Ich habe ihn eine Zeitlang bewundert für seine Radikalität" [12], erinnert sich Charnell, der gerade einmal elf Jahre alt war, als er mit seinen eigenen Augen ansehen musste, wie Denis einen Mann niedersticht.

Das hatte natürlich Konsequenzen: Cuspert musste ins Gefängnis. Seinen Freunden aber erzählte er etwas völlig anderes, nämlich dass er für ein Jahr nach Afrika gehen würde. Die Jungen glaubten ihm, da ja sein Vater aus Ghana stammte. [13]

Schon bald wurde es für seine Freunde zur Normalität, dass Denis öfter sogar monatelang im Gefängnis saß. [14] Zu seinen Delikten zählten unter anderem Körperverletzungen wie das Schießen mit einer Gaspistole in das Gesicht eines Kontrahenten, wofür er eine Haftstrafe für weitere drei Jahre verbüßen sollte. [15] Um seine Gefängnisaufenthalte zu vertuschen, gab Cuspert sogar einmal vor, er sei eine Zeit lang in Florida gewesen und habe dort die Crisps kennengelernt – eine der größten und gefährlichsten Jugendgangs in den USA. [16] Um seine Behauptung zu stützen, trug er eine Gang-Tätowierung der Crips auf der Brust. Dass solche Behauptungen meist nur mit Wichtigtuerei verbunden waren, beschreibt Charnell rückblickend so: „Er war ein Unbedingt-dazugehören-Woller." [17]

Seine Freunde erinnern sich, dass er ständig auf der Suche war, dass er Teil von etwas Größerem sein und immer irgendetwas Neues, Aufregendes finden wollte. Hüseyin, ein ehemaliger Freund Cusperts, erinnert sich: „Eine Zeitlang wollte er unbedingt ein Kurde sein, dann fand er die Aleviten toll und trug sogar als Armschmuck ein silbernes alevitisches Schwert. [...] Mir hat er auch so eins geschenkt. Er bestand darauf, dass ich es trage." [18] Cuspert scheint es also schon früh sehr wichtig zu sein, dass seine Freunde ihn mit seinen wechselnden Ansichten akzeptierten und sich seinen Interessen anschlossen.

Schon in seiner Jugend gab sich Cuspert einen eigenen Namen. Eine Zeit lang nannte er sich „Darkness D." und dann „Deso", eine Abkürzung für „Devil Son", [19] zu Deutsch „Teufels Sohn". [20] Als Sprüher machte er sich mit „Deso" einen Namen. [21] Seine Rap-Karriere begann er schließlich als „Deso Dogg". [22]

Der Gangsta-Rapper

Immer auf der Suche nach neuen Herausforderungen, wurde Cuspert im Jahr 2002 vorerst fündig: im Gangsta-Rap. Zu diesem

Zeitpunkt hatte Cuspert bereits eine lange Liste an Vorstrafen, er hatte bereits im Gefängnis gesessen und befand sich noch immer im offenen Vollzug. [23] Cuspert selbst sagt darüber: „Im Knast wurde mir bewusst, wie scheiße mein Leben war – so aussichtslos, so gefährlich." Da erinnerte er sich an seinen größten Traum, den er schon als kleiner Junge hatte: Musik machen. „Der Rap hat mich schon immer fasziniert. Ich dachte plötzlich: ‚Fang ein neues Leben an, die Musik kann dich retten.' Genügend Stoff für Texte lieferte meine Vergangenheit." [24]

Sein bester Freund Charnell hatte zu diesem Zeitpunkt bereits eine Karriere als Gangsta-Rapper in Deutschland gestartet, nun wollte er auch Denis die Chance geben, sich zu beweisen. Er wusste, dass Denis aufgrund seiner Vorstrafen kaum noch eine Chance hatte, und führte ihn in die Gangsta-Rap-Szene Berlins ein. Cuspert kam bei Charnells damaligem Label unter und machte erste Schritte in der Rap-Szene. [25] Unter dem Namen „030 Gangxta Clicc" nahm er gemeinsam mit seinen Freunden Charnell, Jasha und Riad erste Mixtapes auf – jedoch ohne Erfolg. [26] Hinzu kam, dass Cuspert gegen eine seiner Auflagen verstoßen hatte und wieder ganztägig einsitzen musste. [27]

Für den Berliner Verfassungsschutz, welcher eine Lageanalyse zu Denis Cuspert herausgegeben hat, ist es nur zu verständlich, dass sich Cuspert dem Gangsta-Rap zuwandte. In der Analyseschrift ist zu finden: „Cuspert wuchs in ein soziales Milieu hinein, das sich analog zur US-amerikanischen Gang-Kultur über Gewalt, kriminelle Geldbeschaffung und exzessive Lebensführung definierte. Das zentrale Ausdrucksmedium dieser Subkultur bildete der so genannte ‚Gangsta-Rap', ein Subgenre des Hip-Hop, der mit gewaltverherrlichenden Texten den ‚Gangsta' im Sinne eines kriminellen Bandenmitgliedes als Idealtypus eines gelungenen Lebensentwurfes darstellt. Diese Texte enthalten regelmäßig auch sozial- und systemkritische Aussagen. Sie stellen die Lebensumstände und Diskriminierungserfahrungen sozialschwacher und größtenteils migrantischer Milieus in urbanen Großräumen dar und glorifizieren den ‚Gangsta' als einzigen Ausweg für sozialen Aufstieg und Teilhabe an der Konsumgesellschaft." [28]

Nach seiner Entlassung aus dem Gefängnis, die Monate später stattfand, wandte er sich wieder neuen Projekten zu. Die einzige Konstante schien – zumindest vorerst – der Gangsta-Rap zu sein. [29] Er entwickelte typische Merkmale, die in der Gangsta-Rap-Szene Anklang fanden: „Sein Markenzeichen: kahlgeschorener Kopf, blaues T-Shirt, schwarze Hose in Größe XXL und ein Tattoo mit dem Namen seines Sohnes Maleeq am Hals." [30] Cuspert machte zusammen mit anderen Rap-Kollegen Musik und konnte über die Zeit hinweg einige Songs veröffentlichen. Um seine Professionalität zu beweisen, stellte er den Fans auch immer wieder Musikvideos zur Verfügung. Seine Texte handelten von genretypischen Problemen, allen voran die Aggression.

Bei Denis Cuspert selbst wurde aber noch viel mehr deutlich. Er diskutierte immer wieder seine Erfahrungen mit Diskriminierung und berichtete vom Willen dazuzugehören. [31] „Als dunkelhäutige Person habe ich schon in meiner Kindheit zu spüren bekommen, dass ich anders bin. Anders als die Deutschen, anders als hellhäutige Menschen in meiner Umgebung.", so Cuspert. [32] Sein Song „Wer hat Angst vorm schwarzen Mann?" behandelt ebendieses Thema. Das aufwendig produzierte Video hierzu wurde stark kritisiert und schließlich von MTV mit der Begründung „zu düster" abgelehnt. [33] In dem Song heißt es unter anderem, dass „in einer weißen Welt voll Hass und Illusion" der einzige Ausweg „Gewalt und Emotion" seien. Er rappt über die Erfahrung, dass er „zehnmal harter" sein musste als „NIgga-Junge" und „keine Identität" hatte. [34] Er vergleicht sich in seinem Song mit Tookie Williams und nimmt damit wieder Bezug zur US-amerikanischen Jugendgang Crips. Einer der Mitbegründer dieser Gang war Stanley „Tookie" Williams III., der auch als Gangsta-Rapper bekannt war. Am 13. Dezember 2005 wurde dieser im San Quentin State Prison wegen vierfachen Mordes hingerichtet. [35]

Dass Cuspert nicht nur in seinen Songs Bezug zu den Crips nahm, zeigte auch sein Auftreten. Neben dem Brust-Tattoo hat Cuspert noch weitere Tattoos, unter anderem ein Tränen-Tattoo unterhalb seines rechten Auges. [36] *Spiegel Online* erklärt, was es mit solchen Tattoos auf sich hat: „Tränen-Tattoos spielen vor allem im US-Gefängnismilieu eine Rolle. Eine Träne kann dafür stehen, dass der Träger jemanden umgebracht hat. Das Tattoo kann jedoch auch bedeuten, dass ein Freund oder Familienmitglied des Trägers ums Leben gekommen ist.“ [37] Viele Stars tragen solche Tattoos, wie zum Beispiel die US-amerikanischen Rapper Lil Wayne und The Game. [38] Beide Rapper werden immer wieder mit einer Gang-Vergangenheit in Verbindung gebracht. The Game jedenfalls zählt sich offiziell zu den Bloods, den Feinden der Crips. [39]

Wofür das Tränen-Tattoo bei Denis Cuspert genau steht, ist nicht bekannt, es könnte jedoch sein, dass er lediglich seine Selbstdarstellung perfektionieren wollte. So heißt es auch in der Analyse des Verfassungsschutzes: „Der Erfolg innerhalb dieses subkulturellen Milieus erklärte sich neben den nachvollziehbaren Texten vermutlich auch durch sein martialisches Auftreten und sein großflächig mit genretypischen Motiven tätowiertes Äußeres. Er besaß die so genannte ‚street credibility‘, die Glaubwürdigkeit und Authentizität, nicht nur über das Leben eines ‚Gangstas‘ zu rappen, sondern dieses vielmehr in aller Konsequenz auszuleben.“ [40]

Cuspert selbst griff seine kriminelle Vergangenheit zu Zeiten seiner Rap-Karriere immer wieder auf und beteuerte, wie wichtig die Authentizität in diesem Business ist. Immer wieder belächelte er die Rapper, die sich als „Gangsta“ geben, aber keine kriminelle Vergangenheit vorzuweisen haben. Für Cuspert waren dies alles nur Schauspieler. [41]

Der Berliner Verfassungsschutz kennt Cusperts zahlreiche Delikte und hält seine Wirkung auf Jugendliche für bedenklich: „Das begründete sich in seiner kriminellen Karriere mit zahlreichen Eigentums- und Rohheitsdelikten, unerlaubtem Waffenbesitz und Straftaten mit Betäubungsmittelbezug sowie vor allem über die daraus resultierenden Verurteilungen und Haftaufenthalte. Aus diesen Gründen dürfte Cuspert unter jugendlichen Angehörigen der deutschsprachigen Gangsta-Rap-Szene als Identifikationsfigur gewirkt haben.“ [42] Cuspert scheint diese Vorbildfunktion sogar bewusst zu sein: „Ich hab fast ein Jahrzehnt gesessen und ich hab durch die Musik die Möglichkeit, meine Sachen zu machen, Geld zu verdienen und raus zu bleiben von der Straße plus [für] die Jugendlichen auch ein Vorbild zu sein." [43]

Immer wieder geht es „Deso Dogg" darum, dass er sich ausgegrenzt fühlt – ein Eindruck, der sich nach der Rückkehr aus der Haft noch verstärkt. [44] Dabei hat er nur einen Wunsch: „Ich will meiner Geschichte gerecht gemacht werden." [45] Damit meint Cuspert vor allen Dingen Respekt und Anerkennung als echter „Gangsta" in einer deutschen Gangsta-Rap-Szene. Und Cuspert gibt sich geläutert: Denn obwohl er immer wieder beteuert, wie wichtig ihm „die Straße" ist, möchte er keinesfalls wieder straffällig werden: „Ich mache echten Gangsterrap. Das ist gut für die Hörer! Ich rede von meinen Taten. Aber ich erzähle auch, was danach kommt: Totalschaden, Kopf-Fickerei. Ich weiß, dass es draußen hart ist. Manchmal sieht man keine andere Möglichkeit, als Drogen zu verkaufen. Aber es gibt eine Lösung, es gibt immer eine Lösung für den Dreck da draußen. Wir müssen nur die Eier, den Verstand und das Herz dazu haben." [46] Als Deso Dogg möchte er nun die jungen Leute warnen. [47] „Meine Texte sind aggressiv. Sie warnen vor der dreckigen Clubszene voller Alkohol und Drogen – und vor falschen Freunden. Werte wie echte Freundschaft und Familie sind wichtig. Ich will, dass die Jungs auf der Straße auf sich aufpassen. Sie sollen ihr Geld anständig verdienen." [48]

Nach seiner Gefängniszeit stieß er auf das Label Streetlife Entertainment und seine neuen Produzenten Montana Beats und Dean Dawson. Bereits 2005 erhielt Deso Dogg die Chance, an der DMX-Tour teilzunehmen. [49] Bei DMX (Dark Man X) handelt es sich um Earl Simmons, eine Größe im US-amerikanischen Rap-Geschäft und Filmschauspieler. [50] Da Cuspert jedoch kurz zuvor einen Nervenzusammenbruch erlitt und in die Psychiatrie verlegt wurde, konnte er diese Chance nicht wahrnehmen. [51] D-Flame, ein Frankfurter Rapper, ersetzte ihn dann. [52] Später ließ Deso Dogg verkünden: „In meiner damaligen Situation wusste keiner, ob ich am nächsten Tag wieder im Knast bin oder tot in der Ecke liegen würde. Wenn ich was erreichen wollte, musste ich mein Leben ändern." [53]

Bereits ein Jahr später erhielt Deso Dogg eine weitere Chance und konnte diesmal tatsächlich an der DMX-Tour 2006 teilnehmen. [54] Hier wurde die Religion das erste Mal zum Thema, denn DMX ist als besonders gläubiger Christ bekannt. Cuspert berichtete im Interview mit Hip-Hop.de: „Wir haben sehr viel über Gott geredet. Er ist auch ein sehr gläubiger Mann. Er ist ein Christ, aber ist egal, ja, ich bin Moslem. Es war aber kein Problem. Wir haben auf jeden Fall zusammen auch gebetet, also er nach seinen Ritualen [...]. Ich hab sowieso gebetet. Und das war so ein Ding, dieses Gottes-Ding, dass wir beide an einen Gott glauben. Er ist ein Christ, ich bin ein Moslem. Wir sind zusammen dort reingegangen in die Schlacht, weißt du? Wir haben uns zusammen gestärkt. Er hat mich sehr unterstützt. [...] Guck mal, es geht alles. So, egal. Du kommst aus Amerika, ich komm aus Deutschland. Der ist nen Christ, der ist Moslem. Wir haben zusammen ein Ding gerissen." [55] Er schien stolz darauf zu sein, nicht ausgegrenzt oder diskriminiert zu werden, so wie er es früher häufig erlebte. Er freute sich offensichtlich darüber, dass er dazugehörte, trotz seiner unterschiedlichen Religionszugehörigkeit.

Trotz seiner Kontakte zu US-Rappern und einiger Bekanntheit in der deutschen Szene blieb der große Erfolg für Cuspert aus. [56] Wurde er in dieser Zeit auf seine Ziele angesprochen, so antwortete er mit Extremen: Sollte es so weitergehen, würde er entweder auswandern oder „im Knast oder tot in der Ecke landen". [57] Sprunghaft, wie er ist, will er 2008 dann unbedingt in die Vereinigten Staaten reisen und dort eine Karriere als Rapper beginnen. Was er über sich selbst in dieser Zeit in Interviews von sich gibt, klingt sehr labil: „Jede Woche, also eigentlich jeden Tag, kann es passieren, dass ich mich für irgendwas entscheide, was meine Karriere komplett fickt, weißt du, wenn ich das mal so sagen darf. Jetzt, die letzten drei, vier Wochen habe ich richtig viel Stress gehabt, richtig viel, richtig viel Action gehabt. Auch, wo es auch wirklich, wo ich, wo ich so an der Grenze war, wo ich gesagt habe: ‚Ich scheiß auf das Album, ich scheiß auf alles, ich nehm jetzt mein Eisen und geh Leute umschießen.'" [58]

Cuspert machte erneut eine persönliche Veränderung durch. Hinzu kam ein Autounfall, bei dem er eine schwere Kopfverletzung davontrug. Seine persönlichen Krisen nahm Cuspert immer wieder zum Anlass, um diese in seinen Rap-Texten zu reflektieren und zu verarbeiten. So auch in dem Song „Willkommen in meiner Welt". [59] Das Lied handelt davon, dass er sein früheres „Hardcore"-Leben bereut und nun Allah seine Sünden beichtet und ihn um Verzeihung bittet. Er wolle von nun an nur noch Gutes tun und hoffe, dass Allah ihn nicht fallenlässt. [60]

Im Jahr 2010 kommt es dann zum völligen Bruch mit der Gangsta-Rap-Karriere. Zu diesem Zeitpunkt soll er bereits mit salafistischen Gruppen in Kontakt getreten sein. [61] Die *Frankfurter Allgemeine Zeitung* dokumentiert seinen endgültigen Ausstieg: „Im Jahr 2011, kurz nachdem Cuspert nur noch in Berliner Moscheen anzutreffen war, veröffentlichte er auf Youtube ein Video, in dem er Musik zu Teufelszeug erklärt. Er sitzt dabei an einem Tisch, Tränen laufen ihm die Wangen runter. Er sagt: ‚Bitte, wenn ihr Musik hört oder macht, dann versucht ganz schnell, da rauszukommen. Es ist Haram, es ist hundert Prozent Haram. Allah soll mich nie wieder in diese Szene lassen.'" [62] Mit „Haram" meint er ein Tabu, eine Sünde.

In islamischen Schriften wie „Das Urteil über Musik und Singen" von Muhammad ibn Adam al-Kawthari werden Gläubige auf das Folgende hingewiesen: „Wir sollten uns bewusst machen, dass nichts von dem allmächtigen Schöpfer verboten wurde außer dem, was schädlich für die Muslime und die Gesellschaft allgemein ist. Es liegen große Schändlichkeiten und Krankheitswirkungen in der Musik." [63] Begründet wird das wie folgt: „Dies ist also einer der Hauptgründe für das Verbot der Musik, denn sie weckt in einem Gefühle der Erregung und Begierde und führt zu unterschiedlichen psychologischen Veränderungen in einer Person. Es ist eine Tatsache, dass zwei Dinge dazu führen, den Sexualtrieb zu fördern, eine davon ist die weibliche Stimme (für Männer) und die andere die Musik." [64] Offenbar ist das einer der

Gründe, warum sich Denis Cuspert schließlich vollständig aus der Musik-Branche zurückgezogen hat. Die *Hamburger Morgenpost* zitiert den Ex-Rapper, der rückblickend sagt: „Ich war ein Sünder. Ich habe in Sünde gelebt, bevor ich mich dem Islam zugewandt habe. In der Umgebung von Musik, Drogen, Alkohol und Frauen." [65] Er bekennt sich nun offen zum Islam: „Von diesem Tag an habe ich mich entschieden, mein Leben zu verändern und mein Leben komplett ganz Allah zu widmen." [66]

Radikalisierung

Warum Denis Cuspert sich schließlich dem „Islamischen Staat" angeschloss und warum er grundsätzlich solch radikale Gedanken entwickelte, ist unklar. So schreibt auch der Berliner Verfassungsschutz: „Über die genauen Gründe für Cusperts Hinwendung zum Islamismus und seine spätere Radikalisierung zu einem jihadistischen Salafisten liegen keine gesicherten Informationen vor." [67]

Ob Cuspert bereits seit seiner Kindheit muslimischen Glaubens war, ist ebenfalls nicht gesichert. Er selbst soll sich allerdings bereits mehrfach als „gebürtiger Muslim" bezeichnet haben. Andererseits gibt er an, dass ihm erst ein schiitischer Freund dabei geholfen habe, das islamische Glaubensbekenntnis auszusprechen. Zu diesem Zeitpunkt soll Denis Cuspert bereits elf Jahre alt gewesen sein. [68] Auch in anderen Texten ist zu finden, dass Cuspert erst in seiner Jugendzeit zum schiitischen Islam konvertiert sei. [69]

In der *ARD*-Sendung „Gewalt im Namen Allahs – Wie denken unsere Muslime?" am 28.09.2014 mit Günther Jauch trat unter anderem der Imam Abdul Adhim Kamouss auf. Er predigt mitunter in der Al-Nur-Moschee in Berlin-Neukölln. Rund vier Jahre zuvor, im Jahr 2010, war Abdul Adhim Kamouss gemeinsam mit Denis Cuspert in einem Video zu sehen gewesen, auf dem sie gemeinsam für ein Seminar warben.

Günther Jauch konfrontierte Abdul Adhim Kamouss mit dieser Situation und sagte: „Sie kennen ja Denis Cuspert." Der Imam nickte. Jauch fragte weiter: „Wie erklären Sie sich dessen Werdegang?" In seiner Antwort bestreitet der Imam zunächst eine mögliche

Verbindung: „Sehr gute Frage. Erst einmal: Ich möchte auf keinen Fall jetzt mit diesen Predigern in Verbindung gebracht [werden]." Dann geht er auf den Fall Cuspert ein: „Das ist einer von den Einzelnen, die ich nicht erreichen konnte. Und viele Tausende sind ganz anders." In der Sendung versuchte der Imam immer wieder deutlich zu machen, dass er sich im Gegensatz zu früheren Predigten, die von ihm dokumentiert sind, „weiterentwickelt" habe. [70]

Die Al-Nur-Moschee wird immer wieder mit Hasspredigten in Verbindung gebracht. Im Februar 2010 war Cuspert erstmals in einem Video zu sehen, in dem sein Bezug zur Al-Nur-Moschee deutlich wird. Im Zusammenhang mit einem sogenannten „Islamseminar" tritt er darin zusammen mit dem salafistischen Prediger Pierre Vogel auf. [71] Besonders auffällig ist in diesem Zusammenhang, dass Denis Cuspert noch stark an seine Gangsta-Rapper-Zeit erinnert. Das merkt man vor allem an seiner Sprache, die laut den Verfassungsschützern nicht „mit den typischen, von Salafisten sehr häufig genutzten, islamischen Erbauungsfloskeln und Segensformeln" [72] versehen ist. Pierre Vogel lobt Denis Cuspert in diesem Video für seine Entscheidung, der Musik-Karriere den Rücken gekehrt zu haben. Es wird deutlich, dass Vogel stark daran interessiert ist, auch andere muslimische Rapper zu dieser Entscheidung zu bewegen. Ziel hierbei ist es, auf diese Weise deren Fans zu erreichen und möglichst auch zu missionieren. [73]

Genau diesen Effekt befürchtet die *Spiegel*-Redakteurin Özlem Gezer, die ebenfalls in der *ARD*-Sendung mit Günther Jauch ihre Meinung zu Denis Cuspert äußerte: „Wenn man so Jungs wie Denis Cuspert drüben sieht, heißt es eigentlich nur: Auch Verlierer können bei uns was werden – aber im Dschihad. Und er ist eigentlich das beste Beispiel dafür, dass [er] gerade [für] die Jungs, die aus Deutschland dahin gehen, als PR-Maschine dient." [74] Der *ARD*-Journalist Stefan Buchen, ebenfalls Gast in der Talk-Runde, sieht das ähnlich. Er geht davon aus, dass die jungen Leute leicht zu beeindrucken sind und die Texte, die ihnen die Prediger mit auf den Weg geben, viel zu selten kritisch beleuchtet werden.

Häufig seien die jungen Leute, die in den Dschihad ziehen, auch psychisch labil. [75]

Ab Mai 2010 wurde Denis Cuspert, von dem man nicht weiß, wie er letztlich zum radikalen Umfeld der Al-Nur-Moschee fand, dann zu einem beliebten Gast in der salafistischen Szene. Immer wieder wurde er zu Seminaren und Veranstaltungen eingeladen, um Vorträge zu halten. Er war zu diesem Zeitpunkt zwar noch nicht tief in die salafistische Materie vorgedrungen, erwies sich jedoch als äußerst beliebter Redner. Denn auch wenn er nicht erfahren genug war, um zu predigen, so war er doch prominent und vor allem von seinem Glauben überzeugt. Wie bereits in seiner Karriere als Gangsta-Rapper nahm Cuspert immer wieder Bezug auf seine eigene Geschichte. Bei seinen Vorträgen spickte er seine Aussagen mit eigenen Hintergrundinformationen und verwies immer wieder auf das, was er erlebt und gefühlt hat. Die Vorträge waren aus diesem Grund auch besonders emotional und sollten vorwiegend junge Leute ansprechen, die sich mit ihm identifizieren sollten. [76]

Kampflieder

Aufgrund von Cusperts Hintergrund aus der Musik-Branche scheint es folgerichtig, dass er sich innerhalb der salafistischen Gruppierung erneut dem musikalischen Bereich widmete. „Anaschid", so nennt sich die islamische Vokalmusik, die im Gegensatz zur restlichen Musik bei den Fundamentalisten nicht verboten ist. Dabei steht der Gesang im Vordergrund, auf Beats und Instrumente wird meist gänzlich verzichtet. Das mag vielleicht erst einmal harmlos klingen, ist es in Wahrheit aber nicht. In seinen Texten ruft Denis Cuspert nämlich zum bewaffneten Dschihad auf. [77]

Diese Intention zeigt er auch außerhalb seiner Liedtexte immer wieder deutlich. In einem Video macht er zum Beispiel Aussagen wie: „Dschihad macht Spaß." [78] Der Verfassungsschutz nimmt dies sehr ernst: „Diese Anaschid von Cuspert stehen, durch zunehmende Militanz gekennzeichnet, sinnbildlich für die fortschreitende Radikalisierung ihres Autors selbst." [79] Besonders bedenklich ist für den Verfassungsschutz auch hier wieder die Wirkung auf Jugendliche, denen durch diese Musik vermittelt wird, dass der Tod als Märtyrer im Dschihad zum Islam gehört. [80]

In seiner salafistischen Zeit veröffentlichte Cuspert mehrere Kampf-Anaschid. Sein erstes Naschid (die Einzahl von Anaschid) trägt den Titel „Wacht doch auf". Es erschien während eines sogenannten „Islamseminars" im rheinlandpfälzischen Mayen im Januar 2011. Der Verfassungsschutz erkennt in diesem Naschid Ähnlichkeiten zu anderen Liedern der Szene: „Melodie, Aufbau und Stil des Naschids ähneln sowohl dem Kampflied ‚Labbaik', Teil eines 2010 verbreiteten Propagandavideos der terroristischen ‚Islamischen Bewegung Usbekistan' (IBU), als auch einem dari-sprachigen Naschid, in dem der Kampf der Jihadisten gegen die damalige UdSSR und die USA in Afghanistan gepriesen wird." [81]

In dem Lied wird vor allem Angst geschürt. Es geht darum, die Emotionen der Muslime zu erreichen und ihnen ein ganz eigenes Bild vom Krieg zu vermitteln. Denis Cuspert singt in dem Kampflied deshalb unter anderem davon, dass Bomben auf Irak und Palästina niedergehen und diese „zerstören unsren Din" (Religion) [82] – der Aggressor sind also die anderen und die Muslime im Irak und Palästina sind die Opfer. Die Lösung, wenn „Mütter schrei'n, Kinder wei'n", ist schließlich „fi sabillillah Jihad" (der militante Dschihad). [83] Dieser soll unter anderem dazu dienen, die Scharia, das islamische Recht, durchzusetzen. Gegen Ende wird Cuspert in dem insgesamt achtstrophigen Kampflied deutlicher: Er ruft Gleichgesinnte zum Dschihad auf. Sie sollen auswandern und sich dem Kampf gegen die Feinde anschließen, um, so Gott will, den Märtyrertod zu sterben – so heißt es in den Zeilen, die mit „Allahu akbar, Allahu akbar" (Gott ist groß) enden. [84]

Denis Cuspert veröffentlicht im Februar 2011 ein weiteres Naschid. Das Kampflied „Wofür wir stehen" hat ein CD-Cover, das deutlicher nicht sein könnte: Darauf ist neben Cuspert auch das Brandenburger Tor in Berlin zu sehen, das mit der schwarzen Flagge des Dschihad versehen wurde. Die Verfassungsschützer sind sich sicher: „Das mit der Flagge des Jihadismus visualisierte deutsche Nationalsymbol verkörpert hierbei den Anspruch des Sängers, den Jihad nicht allein im Nahen und Mittleren Osten zu führen, sondern durch Gewaltanwendung auch die politischen Verhältnisse in Deutschland zu ändern." [85]

Inhaltlich unterscheidet sich das zweite Naschid kaum vom ersten. Auch in diesem schürt Cuspert die Angst seiner Zuhörer und ruft zur Solidarität mit den Opfern auf, indem er singt: „Uns're Brüder schre'in und fall'n" oder „heil'ger Boden, wo Bomben fall'n". Außerdem will er den meist jungen Zuhörern weismachen, dass sie im Namen Gottes kämpfen. Um das zu untermauern, singt er: „aus Liebe geb'n wir unser Blut", „mein Herz schlägt für Jihad", „für Gerechtigkeit ya Allah". Dann zeigt er, wie ernst es die Salafisten meinen: „Wir kämpfen für den Sieg, versprochen, dass es ihn gibt, egal, wohin wir geh'n, wird uns're Flagge weh'n". [86] Interessant ist in diesem Zusammenhang, dass sich sogar namhafte Salafisten von ihm abwandten, als er einige seiner Anaschid veröffentlichte. Daraufhin betitelte Cuspert diese als „Angsthasenprediger". [87]

Nur drei Monate später entstand ein weiteres Kampflied, das deutlich zeigt, wie viel radikaler Cuspert geworden ist. Der Titel des im Mai 2011 veröffentlichten Naschid lautet „Mumina", was zu Deutsch so viel wie „die Gläubige" heißt. Es enthält den Schlachtruf „haiya ala'l-Jihad", was zu Deutsch „auf zum Dschihad" bedeutet und von den Dschihadisten als Kampfaufruf genutzt wird. Interessant und neu an diesem Lied ist, dass er sich sowohl an seine Mutter als auch an seine Ehefrau und Mutter seiner Kinder wendet. Er singt: „Sei stolz auf dein Sohn Mutter weine nicht" und „Mu'mina, pass auf meine Kinder auf". [88] Neben dem Text sorgt auch das Cover wieder für Aufsehen. Darauf trägt Cuspert ein T-Shirt, das mit dem Text „I´m Muslim, not Terrorist" versehen ist. Auch die schwarze Flagge des Dschihad ist wieder zu sehen sowie ein Bild von Osama bin Laden. [89]

Mit „Mujahid lauf, Mujahid kämpf" erscheint fast zeitgleich ein weiteres Kampflied von Cuspert. Mit „Mujahid" ist erneut der Glaubenskämpfer gemeint. In dem Lied werden explizite

Pläne und Wünsche der Radikalen angesprochen: „Unser Ziel ist die Scharia bis der Tod zu uns kommt“. Cuspert möchte alle Muslime dazu aufrufen, sich ihm und den Islamisten anzuschließen: „Aus allen Nationen stehen wir an der Front“, heißt es dementsprechend. Auf dem Cover ist Cuspert diesmal zusammen mit einem bewaffneten Dschihad-Kämpfer zu sehen. [90] Ein fünftes Naschid vom Juni 2011 nennt sich „Sheikh Usama“. Darin drückt Cuspert seine Bewunderung für Osama bin Laden, den einstigen Anführer von al-Qaida, aus. Er nennt ihn den „schönsten Märtyrer dieser Zeit“.

Cuspert macht außerdem deutlich, wie wichtig Osama bin Laden für die jungen Dschihadisten sei. So singt er: „Generationen hast Du geprägt und die Umma neu belebt“ und „Dein Name fließt in unsrem Blut“. Es erfolgt dann auch erneut der konkrete Aufruf zum Dschihad. Auch im zugehörigen Video wird ein Bezug zu al-Qaida hergestellt, da hierfür Propagandafilme der Terrororganisation verwendet wurden, die unter anderem Kämpfe der Terrororganisation in Afghanistan zeigen. [91]

Als Konsequenz wurden bislang drei Anaschid von Cuspert als jugendgefährdend eingestuft, denn als öffentliche Person hat er eine große Wirkung auf Jugendliche und junge Erwachsene. Auch die *Frankfurter Allgemeine Zeitung* berichtet über Cusperts Ausstrahlung: „Ist eine Kamera auf ihn gerichtet, dann trägt Denis Cuspert meistens eine Jacke in Fleckentarn, dazu ein schwarzes Kopftuch. Es lässt sein dunkles Gesicht geheimnisvoll leuchten, und wenn man einmal den Ton abschaltet und Cuspert nicht mehr gegen den Westen und andere Dinge hetzen hört, dann muss man zugeben: Er sieht ziemlich anziehend in diesen Videos aus.“ [92] Auch seine ehemaligen Freunde vom Kottbusser Tor in Berlin berichten, dass Cuspert schon früh über viel Charisma verfügte. [93]

Der Nachrichtensender *N-TV* erklärt, warum besonders junge Menschen für die Propaganda des Ex-Rappers empfänglich sind: „Im Islamismus ist es wie in der Werbung: Prominente Gesichter bringen eine bessere PR. Daniel Cuspert alias Deso Dogg ist ein Begriff, man kennt ihn, seine Texte. Anders als andere Rapper redet er nicht nur, er tut etwas. Er setzt sein Leben für seine Ziele ein. Er hat alles durchgemacht, hat die dekadente Kultur des Westens, wie es die Islamisten nennen, erlebt: Diskos, Frauen, Alkohol. Trotzdem lehnt er all das für einen ‚besseren Islam' ab." [94]

Dass Cusperts Auftreten besonders für junge Menschen gefährlich werden kann, zeigt ein Vorfall besonders deutlich: Arid U. erschoss im März 2011 am Frankfurter Flughafen zwei Soldaten der US-Armee und verletzte zudem zwei weitere Menschen schwer. Über die sozialen Medien war Arid U. vorher mit Cuspert in Kontakt gekommen. Insbesondere über Facebook kommunizierten die beiden. Arid U. soll außerdem kurz vor seiner Tat Dschihad-Anaschid gehört haben. Er wurde zu lebenslanger Haft verurteilt. Cuspert selbst macht keinen Hehl daraus, dass er eines Tages selbst bei einem Selbstmordanschlag ins „Paradies" einziehen will. So singt er später: „Ich wünsch mir den Tod und kann ihn nicht erwarten, bewaffnet mit Bomben und Granaten, ... mitten im Zentrum oder in der U-Bahn drück ich auf den Knopf." [95]

Cuspert schließt sich „Millatu Ibrahim" an

„Millatu-Ibrahim", zu Deutsch „Gemeinschaft Abrahams", ist eine dschihadistisch geprägte Salafisten-Gruppe. Der Österreicher Mohamed Mahmoud, der noch kurz zuvor eine vierjährige Haftstrafe abgesessen hatte, wurde bald zur Führungsperson der „Millatu-Ibrahim": Ende 2011 gründete er in Solingen die gleichnamige „Millatu-Ibrahim-Moschee", die im Jahr 2012 für Aufsehen sorgte. [96]

In Nordrhein-Westfalen standen die Landtagswahlen an und die rechtsorientierte Partei „Pro NRW" führte Veranstaltungen in der Nähe von islamischen Einrichtungen durch. Am 1. Mai 2012 fand eine solche Veranstaltung in Solingen statt. Die „Millatu-Ibrahim-Moschee" kündigte Gegendemonstrationen an. Diese verliefen friedlich, bis „Pro NRW" Mohammed-Karikaturen zeigte. [97]

Der Islamist Abu Ibrahim ließ noch kurz vor den Ausschreitungen die folgenden Worte verlauten: „Kehrt zur Religion zurück, die vom Schöpfer kommt. Wer muss sich integrieren? Wer? Wem gehört diese Welt? Wem gehört diese Welt? Deutschland? Sind wir Deutschland? Nein. Wir sind auf der Welt von Allah. Wir sind auf der Welt von Allah und ihr müsst euch integrieren, nicht wir." [98] Als kurz darauf die Mohammed-Karikaturen gezeigt wurden, rasteten die Islamisten aus. Sie gingen auf die Polizeibeamten los und schlugen unter anderem mit den Stangen ihrer Dschihad-Flaggen zu. Die Kundgebung wurde innerhalb weniger Minuten beendet. [99] Es wurden insgesamt 14 Salafisten, zwei Polizeibeamte sowie ein Unbeteiligter verletzt. [100]

Nur wenige Tage nach diesen Ausschreitungen, am 5. Mai 2012, gingen die Demonstrationen in Bonn weiter. Diesmal war auch Denis Cuspert dabei, der die Gegendemonstration vermeintlich friedlich mit einem Gebet begann. Die anderen Salafisten folgten seinem Beispiel. Mit dabei waren keineswegs nur unbekannte Gesichter. So befanden sich unter Cusperts Anhänger auch polizeibekannte Salafisten. Wie sich später herausstellen sollte, waren einige der Salafisten sogar bewaffnet. Einer von ihnen drohte bereits im Vorfeld: „Das ist Ihre Pflicht, das [gemeint sind die Mohammend-Karikaturen] zu unterbinden, und wenn Sie es nicht tun, wir können leider für nichts garantieren." Davon ließen sich die Anhänger von „Pro NRW" allerdings nicht beeindrucken und zeigen die Karikaturen wenig später erneut. Daraufhin warfen die Salafisten mit Eisenstangen. Auch Steine kamen geflogen. Es wurden hauptsächlich die Polizeibeamten getroffen, denn diese standen zwischen den beiden Parteien und sollten die Ausschreitungen verhindern. [101]

Später erklärte Cuspert, dass er nichts mit der Gewalt zu tun hatte: „Allah ist mein Zeuge. Ich habe keine Gewalt geplant. Sondern, Allah ist mein Zeuge, ich habe sogar Steine genommen und weggebracht. Steine genommen und weggebracht. Flaschen genommen und weggebracht. Und ich habe so oft gesagt in den Kameras und zu den Polizisten: Wir wollen keine Gewalt. Wir wollen, dass diese Schilder verhindert werden. Wir wollen, dass diese Karikaturen verhindert werden. Wir sind hier nicht, um irgendwelche Sachen zu planen und zu machen und ich habe die

Jugendlichen gesagt: Keine Gewalt, lasst euch nicht provozieren. Provoziert nicht. Schmeißt die Steine weg, schmeißt die Stöcke weg." [102]

In der Dokumentation „Der Islamistische Terror mitten in Deutschland" auf *Phoenix* sieht man dann aber ein anderes Bild Cusperts. Er greift augenscheinlich zu Stöcken, zerlegt hierfür einen Gartenzaun und verteilt die Zaunlatten als Nachschub für seine Anhänger. Anschließend gehen sie auf Polizisten los – auch Murat K., der noch einen Schritt weitergeht und Polizeibeamte mit Messerstichen verletzt. [103] Kurz darauf veröffentlicht Cuspert eine Audiobotschaft, die den Titel „Der deutsche Löwe Murat K." trägt. Darin bezeichnet er diesen als „Löwen Allahs", der die „Ehre des Propheten" verteidigen wollte. Im Text wird wieder explizit zur Gewalt aufgerufen: „Jeder Beleidiger des Propheten wird geschlachtet", heißt es und: „die Deutschen sind auch zum Greifen nah". Er kündigt außerdem an, Murat K. aus der Haft zu befreien. [104]

Wenig später, im Juni 2012, wird „Millatu Ibrahim" dann von Bundesinnenminister Hans-Peter Friedrich verboten: „Diese Vereinigung richtet sich gegen unsere verfassungsmäßige Ordnung und gegen den Gedanken der Völkerverständigung und deswegen war dieses vereinsrechtliche Verbot gerechtfertigt und notwendig." [105]

Deutschland als Kriegsgebiet

Wie es Denis Cuspert bereits zu seiner Zeit als Gangsta-Rapper angekündigt hatte, wollte er Deutschland schon lange verlassen – ganz besonders dann, wenn sich die CDs nicht so verkaufen würden, wie er es sich wünschte. [106] Im Juni 2012 wird es dann Wirklichkeit: Cuspert verlässt Deutschland gemeinsam mit Mohamed Mahmoud. [107] Zu diesem Zeitpunkt ist er allerdings völlig anders motiviert. Als Deso Dogg träumte er von einer Karriere in den Staaten, jetzt will er als Abou Maleeq [108], wenig später als Abu Talha al-Almani [109], „im Namen Allahs" kämpfen.

Zunächst geht es für Cuspert nach Ägypten. Dort führt er die Dschihad-Propaganda weiter. Am 4. September 2012 veröffentlicht das *ZDF* einen Fernsehbeitrag unter dem Namen „Deutschland in Gefahr? Kampf gegen den Terror". [110] Darin ist Cuspert zu sehen, wie er explizit zu Terrorgewalt aufruft. Er richtet seine Aussagen dabei klar an die deutschen Politiker: „An Merkel und Innenminister und Außenminister: Ihr führt Dschihad in unseren Ländern und wir werden den Dschihad in eure Länder bringen." Und weiter: „Ihr habt keine Sicherheit mehr. Ihr werdet nicht mehr in Sicherheit leben und deswegen ist dieses Land hier, die Bundesrepublik Deutschland, ist ein Kriegsgebiet." [111]

Cuspert verabschiedete sich in der Dokumentation auf *Phoenix* auch öffentlich von seiner Familie: „Und ich möchte meiner Familie sagen: Seid nicht traurig, denn wahrlich, ihr habt Barmherzigkeit in eurem Hause gehabt und unter euch ist einer, der, Inshallah [so Gott will], das Licht genommen hat und ergriffen hat und ich kann jeder Familie empfehlen, erzieht eure Kinder zu Löwen, erzieht sie zu Mudschahedin, wandert aus, [...] geht in den Dschihad, denn wahrlich, der Dschihad ist der Gipfel des Islams und im Dschihad werdet ihr den richtigen Islam kosten." [112]

In einem weiteren Video, das im Januar 2014 veröffentlicht wurde, schildert Cuspert seinen bisherigen Weg. Das Video zeigt ihn zusammen mit dem IS-Ideologen Abu Sufyan al-Sulami. Dieser zeigt sich angetan von Cusperts bisherigem Werdegang und seinem Einsatz für „den Glauben". Deshalb „verbinde beide die islamische Brüderlichkeit". Im Video fragt Cuspert Al-Sulami nach den Alawiten und deren Rechtsstatus. Die Antwort lautet, „dass jeder Alawit, gleich ob Mann, Frau oder Jugendlicher als Abtrünniger zu töten sei. Lediglich Kinder vor der Geschlechtsreife seien von diesem Tötungsgebot ausgenommen." [113]

Seine ehemaligen Freunde erkennen ihn zu diesem Zeitpunkt schon lange nicht mehr wieder. Besonders schlimm ist für sie, dass er sich so drastisch verändert hat. Sie geben gegenüber der *Frankfurter Allgemeinen Zeitung* an: „Früher war Denis da, da konnte man mit ihm reden. Jetzt erfahren seine alten Weggefährten nur noch alles aus dem Internet." [114]

Cuspert und der IS

Zu Beginn des Jahres 2013 verschlug es Cuspert dann tatsächlich nach Syrien. Die *Hamburger Morgenpost* berichtete: „Jetzt küsste er den Boden der IS-Metropole Raqqah in Ost-Syrien, sagt: ‚Ich bin endlich zu Hause angekommen'." [169] Im Juli 2013 veröffentlichte er dann wieder ein Naschid. In dem Lied-Text von „Al-Jannah al-Jannah" (zu Deutsch: „Das Paradies, das Paradies") heißt es unter anderem: „Ich wünsch' mir den Tod und kann ihn nicht erwarten", „ich zünd' die Bombe inmitten der Menge" – ein Kampfgesang für Selbstmordattentäter. [115]

Insbesondere das Video zu diesem Songtext trug dazu bei, dass Cuspert schließlich vom Bundeskriminalamt aufgrund von möglichen Terroranschlägen in der westlichen Welt gesucht wurde. [116] Er wurde auf Plakaten abgebildet und wegen Terrorismus gesucht: „Die abgebildete Person ist verdächtig, terroristische Anschläge gegen westliche Einrichtungen und Interessen zu planen." [117] Darunter der Warnhinweis: „Vorsicht: Die abgebildete Person könnte gewalttätig und bewaffnet sein!" [118]

Während seiner Zeit in Syrien veröffentlichte Cuspert mehrere Videos und verbreitete zahlreiche Bilder mit schwer bewaffneten Kämpfern über die sozialen Netzwerke im Internet. [119] In manchen Videos sieht man Cuspert im Schnee mit anderen Dschihad-Kämpfern spielen. Sie werfen sich gegenseitig Schneebälle an den Kopf und toben herum wie kleine Kinder. Es soll ein fröhliches Bild der Dschihad-Szene propagiert werden. Sie wollen besonders jungen Menschen suggerieren, dass der Dschihad ein lustiges Unterfangen sei. Cuspert ruft in einem solchen Video: „Ich lad euch ein zum Dschihad" [120] – so beiläufig, als würde er Freunde zu einer riesigen Party einladen.

Asiem El Difraoui, Experte für dschihadistische Propaganda, erklärt in der *Welt,* warum das ein ernst zu nehmendes Problem ist: „Dadurch, dass die Propaganda-Macher wirklich Kinder der europäischen Gesellschaften sind, diese total die Videoclip-, Musikclipkultur integriert haben, und wirklich das Ganze mehr dem europäischen oder westlichen Geschmack anpassen." Und weiter: „Also al-Qaida hat schon sehr lange Propaganda konzeptualisiert, sich Propagandastrategien ausgedacht. Es gibt eine ausgiebige Literatur von al-Qaida und den Dschihadisten über Propaganda und da gab es einen Syrer, der ist heute wieder in der Freiheit, der hat immer gesagt: Wir wollen keine zentrale Propaganda. Wir wollen ein System, keine Organisation. Wir wollen eine Propaganda-Blaupause machen, die alle nachmachen können. Und diese Propaganda-Blaupause wird um die ganze Welt verteilt und das ist jetzt in Zeiten des Web 2.0 und der sozialen Netzwerke geschehen." [121] Der Ex-Rapper Cuspert passt in diese Propaganda-Maschinerie perfekt hinein.

Im September 2013 wurde Cuspert dann bei einem Luftangriff des syrischen Militärs schwer verwundet. [122] Noch im selben Jahr veröffentlichte Cuspert ein Video hierzu. Man sieht ihn auf einem Sofa sitzend, im Hintergrund erkennen die Zuschauer eine Kalaschnikow. Cuspert spricht langsam und man sieht ihm an, wie schwer es ihm fällt: „Verzeih mir meine Sprache, ist noch ein bisschen schwach, aber Alhamdillulah (Lob sei Gott, d. Red.)." Dann fährt er fort und beschreibt seine Kriegsverletzung: „Ich bin nur leicht halb gelähmt." Und: „Mein Kopf war offen gewesen, und mein Gehirn kam ein bisschen raus." Er habe mehrere Tage im Koma gelegen, ehe er dann in die „Villa am Rande des Schlachtfelds" ziehen konnte, um dort zu genesen. Man erkennt schnell, wie angespannt die Situation ist. Cuspert macht sich plötzlich Gedanken über die „Geheimdienste", denn sie schnüffeln nach seiner Aussage überall herum „wie Hunde". Obwohl deutlich wird, wie sehr er durch seine Verletzungen beeinträchtigt ist (durch die Lähmung hängt sein rechtes Auge herunter), versucht er nach wie vor, junge Menschen aus Deutschland zu rekrutieren: „Wandert aus! Sucht euch einen besseren Ort, die Erde ist groß genug. Die Türkei ist ein Islam-ähnliches Land. Geht erst mal dort hin, dann sehen wir weiter." Er selbst scheint regelrecht auf den Tod zu warten, denn in dem Video führt er weiter aus: „Ich werde Inschallah (so Gott will, d. Red.) dann Schahid (Märtyrer, d. Red.) sein und dann mein Ziel erreicht haben." [123] Im Frühjahr 2014 erholte Cuspert sich dann offenbar wieder von seinen Verletzungen. [124]

In der dschihadistisch-salafistischen Szene gewann Cuspert durch seine Kriegsverletzung mehr Ansehen. Es wurde deutlich gemacht, dass Cuspert nun vollständig dazugehörte, schließlich habe er mit seinem Einsatz bewiesen, dass er bereit sei zu sterben. Es war bis dato offenbar nicht klar gewesen, dass Cuspert so weit gehen würde, denn schließlich wurde er von den Deutschen immer wieder als eher martialischer Propagandist gesehen statt als dschihadistischer Kämpfer. Im Frühjahr 2013 erschien außerdem ein Kurzzitat samt Text im englischsprachigen Dschihad-Magazin „Inspire". Auch dies trug unter anderem zu seinem Aufstieg und Ansehen in der Dschihad-Szene bei. Er wurde nun erstmals als Kämpfer wahrgenommen und schließlich in den damaligen ISIG (Islamischer Staat im Irak und Groß-Syrien) aufgenommen, den heutigen IS. [125] Im April 2014 tauchte entsprechend ein Video auf, in dem Cuspert von seinem Treueeid, dem sogenannten „Bay´a", auf Abu Bakr al-Baghdadi berichtet. Er forderte darin alle Muslime, nicht nur die Deutschen, dazu auf, sich ihm und dem ISIG anzuschließen. Damit dies für alle verständlich ist, wurde das Video mit englischen Untertiteln versehen. [126]

Laut Verfassungsschutz wurde Mitte Mai 2014 dann eine Chat-Room-Aufzeichnung bekannt, in der Cuspert detaillierter über den Ablauf seines Aufstiegs in der Szene sprach. Unter anderem soll er angegeben haben, dass es immer sein Wunsch war, einer „großen und starken Gruppe" anzugehören, „die nicht beständig in ihrer Existenz bedroht sei, sondern über feste Strukturen verfüge". [127] Der Berliner Verfassungsschutz schlussfolgert aus diesem Gespräch: „Das zuvor geschilderte Treffen mit Abu Sufyan al-Sulami, einem führenden Ideologen des IS, wie auch sein Treueeid vor Abu Ayman al-Iraqi, einem der berüchtigsten Militärkommandeure des IS, belegen, dass Cuspert über direkten Zugang zu Führungskreisen des IS verfügt. Ohne seine Glaubwürdigkeit als Jihadist und seine Bedeutung als Propagandist wäre dies nicht denkbar." [128]

Musik-Tantiemen zur Terror-Finanzierung

Wie die *Bild*-Zeitung am 24. September 2014 berichtete, wandte sich die Neuköllner Bundestagsabgeordnete Christina Schwarzer öffentlich an den iTunes-Store von Apple, weil man dort Lieder von Cuspert erwerben konnte: „Machen wir uns nichts vor, das Geld, das er mit seinen Songs verdient, [wird] er in Waffen stecken." Schwarzer entschloss sich deshalb, Apple darauf hinzuweisen, dass das Unternehmen auf diese Weise möglicherweise den Dschihad mitfinanziert. So schrieb sie laut *Bild*-Zeitung: „Cuspert hat direkten Zugang zu IS-Führungskreisen ... In Anbetracht der menschenverachtenden Verbrechen bis hin zum Genozid, die die IS derzeit im Nordirak begeht, bitte ich Sie herzlich zu prüfen, ob der Verkauf der Lieder von ‚Deso Dogg' gestoppt werden kann. Denn meiner Ansicht nach stellt dies eine indirekte Finanzierung dieser Person und ihrer Aktivitäten dar." Es ist aber nicht der einzige Grund, warum Schwarzer diese Art von Musik-Verbreitung für gefährlich hält: „Cuspert hat über diese Lieder die Gelegenheit, Einfluss auf andere Menschen – vor allem auf jüngere Personen – zu gewinnen, denen er möglicherweise als Vorbild dienen kann." Der iTunes-Store reagierte daraufhin sehr schnell: „Wir haben die Betreiberin des iTunes-Stores entsprechend informiert und können Ihnen mitteilen, dass die betreffenden Werke entfernt wurden." [129] Inzwischen sind im iTunes-Store keinerlei Songs des Ex-Rappers mehr verfügbar.

Am 12. Oktober 2014 erschien in der *Bild*-Zeitung ein weiterer Artikel, der für Aufsehen sorgte. Unter der Überschrift „Finanziert die GEMA den ISIS-Terror?" wird der Verdacht ausgesprochen, die Gesellschaft für musikalische Aufführungs- und mechanische Vervielfältigungsrechte, kurz GEMA, könne ehemaligen Rap-Musikern, wie zum Beispiel Denis Cuspert, Geld auszahlen – und das, obwohl sie keine Rap-Musik mehr machen, sondern jetzt Anaschid singen. Die *Bild* schreibt wörtlich: „ISIS-Kämpfer könnten ihren Terrorkampf in Syrien und dem Irak mit Gebühren der GEMA finanzieren! Der Verdacht: Unter den mindestens 30 000 Dschihadisten, die in Syrien und im Irak für die Terrormiliz (ISIS) kämpfen, befinden sich mehrere Rap-Musiker." Weiter erklärt die *Bild*-Zeitung dann, dass jeder Musiker eine Mitgliedschaft bei der GEMA beantragen und bei einer Aufnahme „die Urheberschaft für seine Musik geltend machen" kann.

Das bedeutet konkret, dass Cuspert für Lieder, die er im Namen des Dschihad macht, Geld erhalten könne, wenn sie öffentlich gespielt werden. Dass er sich mittlerweile in Syrien aufhielt, würde daran vermutlich nichts ändern. Auch nach Cusperts Tod könnten solche Zahlungen der GEMA an seinen sogenannten Rechtsnachfolger weitergeleitet werden. [130]

Der Fall wurde von den Medien weiter verfolgt. Das Internetportal *Telepolis* fragte sogar bei der GEMA nach und brachte in Erfahrung, dass Cuspert tatsächlich Mitglied bei ihr war. Über eventuelle Auszahlungen wollte die Gesellschaft jedoch aus Datenschutzgründen keine Aussage machen. Auch hatte die GEMA „keine Kenntnis" darüber, „ob und welche ihrer Mitglieder derartigen Organisationen angehören", also wie viel Geld insgesamt an Mitglieder von Terrorgruppen geflossen ist. Nur bei „einem rechtlich bindenden Zahlungsverbot" würden die Zahlungen gestoppt. Aber, so berichtet *Telepolis* weiter: „Ein bindendes Zahlungsverbot wegen Terrorverdachts gab es bei der GEMA angeblich noch nicht, weshalb offen bleibt, wohin das Geld in solch einem Fall fließt." [131]

Auch die *Welt* griff den Fall auf: „Laut Bundesinnenministerium habe man ‚keine Erkenntnisse'. Das bayerische Innenministerium, das für die Gema zuständig ist, habe die Fragen an das Justizministerium weitergegeben. Das aber schweige." [132] Doch wenige Tage nach diesem Artikel, am 14. Oktober 2014, bezieht die GEMA Stellung. Inzwischen war der Verdacht in den Medien hochgekocht und die Empörung auch in der Bevölkerung war groß. Denn die Frage stand weiterhin im Raum: Finanziert die GEMA tatsächlich den Heiligen Krieg, an dem auch Ex-Rapper Denis Cuspert beteiligt ist?

Das Musik-Magazin *Rolling Stone* schließlich klärte auf. Es berichtet über die Stellungnahme der GEMA und erklärt anschließend unter anderem, dass „keine Musikurheber als Mitglieder" ausgeschlossen werden können, solange deren Werke nicht als rechtswidrig eingestuft und entsprechend auf dem Index der Bundesprüfstelle stehen. Die GEMA selbst dürfe weder einzelne Mitglieder noch deren Werke beurteilen oder „zensieren", selbst wenn sie Kenntnis davon hätte, „ob und welche ihrer Mitglieder derartigen Organisationen angehören". Zum Fall Cuspert heißt es: „Das Mitgliedskonto des Musikers sei seit 2009 ‚aufgrund des unbekannten Wohnsitzes gesperrt'. Die in den vergangenen Jahren eingespielten Tantiemen lägen im ‚zweistelligen bis unteren dreistelligen Bereich' und seien nicht an Denis Cuspert ausgeschüttet worden." Des Weiteren wird in der Stellungnahme der GEMA darauf verwiesen, dass diese dazu verpflichtet sei, „einerseits jeden Urheber als Mitglied aufzunehmen und andererseits Veranstaltern die Nutzungsrechte des eigenen Repertoires einzuräumen". Die GEMA ist zur Ausschüttung an die Urheber verpflichtet, es sei denn, das Geld würde per Gerichtsbeschluss beschlagnahmt. Die GEMA selbst kann also nicht entscheiden, ob jemandem die Auszahlung verweigert wird. Aus diesem Grund schließt die Stellungnahme der GEMA mit der eindringlichen Bitte, die Musikplattformen sollen die Musik, die Cuspert mittlerweile produziert, nicht mehr verbreiten bzw. für die Öffentlichkeit zugänglich machen, damit auf diese Weise der Terror nicht mitfinanziert wird. [133]

Die UN-Terrorliste

Nachdem bekannt wurde, dass Denis Cuspert den Führungskreisen des IS nahesteht, soll Cuspert nun auf die UN-Terrorliste gesetzt werden. Durch eine Listung Cusperts bei den Vereinten Nationen will die deutsche Bundesregierung vor allem junge Leute aus Deutschland abschrecken, die es dem Ex-Rapper gleichmachen und als IS-Kämpfer nach Syrien gehen wollen. Das wird besonders damit begründet, dass Cuspert als Propagandist bereits zahlreiche junge Menschen dazu animieren konnte, ihm zu folgen.

Spiegel Online schreibt hierzu: „Nach der Aufnahme in die Terrorkartei könnte Cuspert nach internationalem Recht nicht mehr reisen; Geldzuwendungen, also auch Spendensammlungen für ihn, wären verboten." [134] Dass Cuspert inzwischen zu immer brutaleren und abscheulicheren Taten bereit ist, zeigte auch ein Video, das im Juli 2014 veröffentlicht wurde. Dort soll man Cuspert bei der „Schändung einer Leiche" sehen. [135] Schon früher soll er vor einer Jugendrichterin gesagt haben: „Ich will berühmt werden, egal wie." [136] Es scheint fast so, als wäre ihm dafür jedes Mittel recht.

Die Lebensgeschichte von Denis Cuspert liest sich auch wie ein Musterbeispiel für fundamentalistische Radikalisierung – erschwerend kommt hinzu, dass er durch seinen Bekanntheitsgrad als Musiker ein hohes Identifikationspotenzial für Jugendliche bietet. Cuspert, der mittlerweile sogar den Führungskreisen des IS nahesteht, hat sich zu Beginn durch seine Abkehr vom Gangsta-Rap und die Hinwendung zum Islam einen Namen in der Szene gemacht, zeigte sein steigendes Engagement schließlich durch Ansprachen und durch immer extremere Anaschid, bis er schließlich durch seine Verletzung im Zuge von Kampfhandlungen seine Bereitschaft bewies, für die Interessen des IS sogar den Märtyrertod in Kauf zu nehmen. Appellierte er zu Beginn noch an diejenigen, die sich mehr dem Islam zuwenden wollten, so sind es, wie die Videos zeigen, mittlerweile Menschen, die in ihrem Radikalisierungsprozess schon weiter fortgeschritten sind. Er spricht bewusst die jungen Leute an, die bereit sind auszureisen, um „im Namen Allahs" in den „heiligen Krieg" zu ziehen. Dass er sich dabei scheinbar vor nichts fürchtet, zeigt er immer wieder auch dadurch, dass er stets versucht, immer radikaler, brutaler und gewalttätiger zu wirken.

Ein Blick zurück auf seine Jugendzeit macht deutlich, dass Cuspert, der nach eigener Aussage schon immer ausgegrenzt worden ist, nun schienbar in fundamentalistischen Kreisen den Anschluss und die Zugehörigkeit gefunden hat, die er immer suchte. Es scheint, als wollte er schon damals um jeden Preis zu einer sich als stark gebärdenden Gruppe dazugehören, um bloß kein Außenseiter mehr zu sein.

Nicht zu vergessen ist jedoch bei aller Analyse vermutlich eher persönlicher Motive, dass Cuspert bereits zu seiner Jugendzeit eine kriminelle Ader zeigte. Immer mehr Gewalt kennzeichnete sein Leben. Diese kommunizierte er anfangs noch als Gangsta-Rapper, später dann in seinen Anaschid. Und je mehr er in die

Szene der Salafisten vordrang, desto gewalttätiger wurden seine Texte und auch seine Taten. Bereits als Gangsta-Rapper hatte Cuspert betont, wie wichtig es ihm sei, als authentisch zu gelten. Er wollte nicht bloß der Entertainer sein, sondern er wollte, dass seine Texte Anklang finden, ernst genommen werden und dass er als Mensch und Rapper respektiert wird. Es ist eine deutliche Parallele zu seiner späteren Etablierung beim IS zu erkennen. War es vorher die sogenannte „street credibility", so strebte er nun die „Glaubwürdigkeit auf dem Schlachtfeld" an. [137] Der Verfassungsschutz sieht besonders dies als besonders kritisch an, insbesondere im Hinblick auf junge Menschen, die es Cuspert gleichtun könnten: „Cusperts zur Schau gestellter authentischer Auftritt in seiner Propaganda im Verbund mit der Attraktivität einer derzeit siegreich erscheinenden islamistischen Terrororganisation wie dem ‚Islamischen Staat' birgt ein erhebliches Mobilisierungsmoment für einschlägig radikalisierte Personen in Deutschland, die Reise nach Syrien anzutreten. Seine demagogische Propaganda kann junge Menschen für ein vorgebliches Paradiesversprechen ins Verderben locken." [138]

Der Experte für dschihadistische Propaganda Asiem El Difraoui erklärt das gefährliche Phänomen rund um den ehemaligen Rapper im Interview mit der *Welt*: „Deso Dogg als Ex-Gangsta-Rapper war schon für gewisse Milieus in Deutschland eine Leitfigur. Jetzt ist er natürlich eine dschihadistische Propaganda-Ikone. Der Mann rappt jetzt nicht mehr, sondern singt islamische Kampflieder auf Deutsch, im deutschen Ghetto-Vokabular, und hat natürlich dadurch die Möglichkeit, Deutsche viel direkter zu erreichen und davon geht auch diese Gefahr aus. Diese Dschihadisten sprechen die Sprache deutscher Jugendlicher und deshalb sind diese Ikonen des Dschihads in Anführungsstrichen natürlich besonders bedrohlich." [139]

Die Verfassungsschützer gehen aber noch weiter. Sie fürchten nicht nur, dass es durch Cuspert immer mehr Menschen nach Syrien verschlägt, um sich dem IS und dem Dschihad anzuschließen, sondern auch hierzulande erwarten sie Probleme: „In der Konsequenz kann die Gewaltorientierung in der salafistischen Szene weiter zunehmen und diese quantitativ weiter anwachsen. Hinzu kommt die besondere Gefährdung durch Syrien-Rückkehrer." [140] Aus diesem Grund gilt Denis Cuspert als einer der gefährlichsten aus Deutschland stammenden IS-Propagandisten, die es bislang gibt. Für die Bundesregierung in Deutschland ist es deshalb nur folgerichtig, Cuspert bei den Vereinten Nationen auf die UN-Terrorliste zu setzen. [141]

Doch es bedarf sicherlich noch weit deutlicherer Maßnahmen, um die Gefahr, die vom IS und seinen radikalisierten Anhängern ausgeht, weltweit ins Bewusstsein zu rücken. Dieses Buch sollte ein kleiner Anstoß dazu sein.

Quellennachweise

Vorzeichen: Die schwarze Flagge des Dschihad

[1] http://www.hna.de/lokales/kassel/aehnlichkeit-is-symbol-flagge-sorgt-entruestung-4112712.html

[2] http://www.spiegel.de/politik/ausland/kobane-islamischer-staat-macht-angst-mit-schwarzer-flagge-a-995797.html

[3] http://www.spiegel.de/politik/ausland/kobane-islamischer-staat-macht-angst-mit-schwarzer-flagge-a-995797.html

[4] http://blog.zeit.de/radikale-ansichten/2014/09/12/soll-man-die-flagge-des-islamischen-staates-verbieten/

[5] http://de.wikipedia.org/wiki/Schwarzes_Banner

[6] http://blog.zeit.de/radikale-ansichten/2014/09/12/soll-man-die-flagge-des-islamischen-staates-verbieten/

[7] http://de.wikipedia.org/wiki/Schah%C4%81da#cite_note-1

[8] http://blog.zeit.de/radikale-ansichten/2014/09/12/soll-man-die-flagge-des-islamischen-staates-verbieten/

[9] http://blog.zeit.de/radikale-ansichten/2014/09/12/soll-man-die-flagge-des-islamischen-staates-verbieten/

[10] http://blog.zeit.de/radikale-ansichten/2014/09/12/soll-man-die-flagge-des-islamischen-staates-verbieten/

[11] http://www.spiegel.de/politik/ausland/kobane-islamischer-staat-macht-angst-mit-schwarzer-flagge-a-995797.html

[12] http://www.spiegel.de/politik/ausland/kobane-islamischer-staat-macht-angst-mit-schwarzer-flagge-a-995797.html

[13] http://salafiyya.wordpress.com/2008/04/16/die-flaggen-des-islams/

[14] http://endzeit-reporter.org/web/wp-content/uploads/2011/05/Der-Islamische-Antichrist-4.pdf, S. 20

[15] http://endzeit-reporter.org/web/wp-content/uploads/2011/05/Der-Islamische-Antichrist-4.pdf, S. 20

[16] http://salafiyya.wordpress.com/2008/04/16/die-flaggen-des-islams/

[17] http://library.islamweb.net/grn/index.php?page=articles&id=154155

[18] http://library.islamweb.net/grn/index.php?page=articles&id=154155

[19] http://endzeit-reporter.org/web/wp-content/uploads/2011/05/Der-Islamische-Antichrist-4.pdf, S. 19

[20] http://endzeit-reporter.org/web/wp-content/uploads/2011/05/Der-Islamische-Antichrist-4.pdf, S. 19

[21] http://blog.zeit.de/radikale-ansichten/2014/09/26/islamische-argumente-gegen-den-islamischen-staat/

[22] http://blog.zeit.de/radikale-ansichten/2014/09/26/islamische-argumente-gegen-den-islamischen-staat/

[23] http://www.tauhid.net/schwarze-fahnen.html

[24] http://www.focus.de/politik/videos/bizarre-herrschaftsplaene-dieses-video-zeigt-is-terrormiliz-will-teile-europas-erobern_id_4125499.html

[25] http://www.islamweb.net/grn/index.php/index.php?page=articles&id=154155

[26] http://www.katholisches.info/2014/09/15/schwarze-fahne-des-dschihad-auf-petersplatz-wir-werden-auch-den-vatikan-einnehmen/

[27] http://www.katholisches.info/2014/09/15/schwarze-fahne-des-dschihad-auf-petersplatz-wir-werden-auch-den-vatikan-einnehmen/

[28] http://www.taz.de/!146043/

[29] http://www.spiegel.de/politik/ausland/kobane-islamischer-staat-macht-angst-mit-schwarzer-flagge-a-995797.html

[30] http://www.bild.de/politik/ausland/isis/terroristen-veroeffentlichen-neues-horror-video-37037586.bild.html

[31] http://www.bild.de/politik/ausland/isis/terroristen-veroeffentlichen-neues-horror-video-37037586.bild.html

[32] http://www.spiegel.de/politik/ausland/kobane-islamischer-staat-macht-angst-mit-schwarzer-flagge-a-995797.html

[33] http://www.spiegel.de/politik/ausland/kobane-islamischer-staat-macht-angst-mit-schwarzer-flagge-a-995797.html

[34] http://www.n-tv.de/politik/Das-bedeutet-der-Hitlergruss-des-IS-article13762256.html

[35] http://www.focus.de/politik/ausland/tassen-und-t-shirts-mit-is-logo-mitten-in-istanbul-terror-fanshop-verscherbelt-dschihad-merchandise_id_4053442.html

[36] http://blog.zeit.de/radikale-ansichten/2014/09/12/soll-man-die-flagge-des-islamischen-staates-verbieten/

[37] http://www.idea.de/nachrichten/detail/menschenrechte/detail/muslime-distanzieren-sich-von-is-87651.html

[38] http://www.idea.de/nachrichten/detail/menschenrechte/detail/muslime-distanzieren-sich-von-is-87651.html

[39] http://www.idea.de/nachrichten/detail/menschenrechte/detail/muslime-distanzieren-sich-von-is-87651.html

[40] http://www.idea.de/nachrichten/detail/menschenrechte/detail/muslime-distanzieren-sich-von-is-87651.html

[41] http://www.spiegel.de/politik/deutschland/salafisten-journalistin-sounia-siahi-reagiert-auf-augstein-kolumne-a-991888.html

[42] http://www.spiegel.de/politik/deutschland/salafisten-journalistin-sounia-siahi-reagiert-auf-augstein-kolumne-a-991888.html

[43] http://www.cicero.de/weltbuehne/fundamentalismus-wie-der-syrien-krieg-die-deutschen-salafisten-mobilisiert/57804

[44] http://www.sueddeutsche.de/politik/radikal-islamische-missionierung-im-auftrag-des-herrn-1.1328178

[45] http://www.stuttgarter-nachrichten.de/inhalt.islamverbaende-zur-isis-gefahr-deutschlands-muslime-unter-generalverdacht.9798ef62-82b2-4118-ab8b-a237674912b8.html

[46] http://www.stuttgarter-nachrichten.de/inhalt.islamverbaende-zur-isis-gefahr-deutschlands-muslime-unter-generalverdacht.9798ef62-82b2-4118-ab8b-a237674912b8.html

[47] http://de.wikipedia.org/wiki/Islamischer_Staat

[48] http://www.handelsblatt.com/politik/deutschland/is-verbot-in-deutschland-ein-glaubensbekenntnis-in-den-faengen-des-terrors/10693808.html

[49] http://www.dw.de/is-verbot-in-deutschland/av-17918670

[50] http://de.wikipedia.org/wiki/Islamischer_Staat

[51] http://www.handelsblatt.com/politik/deutschland/is-verbot-in-deutschland-ein-glaubensbekenntnis-in-den-faengen-des-terrors/10693808.html

[52] http://blog.zeit.de/radikale-ansichten/2014/09/12/soll-man-die-flagge-des-islamischen-staates-verbieten/

[53] http://blog.zeit.de/radikale-ansichten/2014/09/12/soll-man-die-flagge-des-islamischen-staates-verbieten/

[54] Hamed Abdel-Samad: Der islamische Faschismus, 2014. S. 193

[55] Hamed Abdel-Samad: Der islamische Faschismus, 2014. S. 193

[56] Hamed Abdel-Samad: Der islamische Faschismus, 2014. S. 193 f.

[57] Hamed Abdel-Samad: Der islamische Faschismus, 2014. S. 194

[58] http://www.spiegel.de/politik/deutschland/muslime-in-deutschland-grenzen-sich-von-is-terrormiliz-ab-a-991964.html#ref=veeseoartikel

[59] Hamed Abdel-Samad: Der islamische Faschismus, 2014. S. 194

[60] http://www.dw.de/experte-is-verbot-symbolisch/av-17919275

[61] http://www.dw.de/experte-is-verbot-symbolisch/av-17919275

[62] http://www.dw.de/is-verbot-in-deutschland/av-17918670

[63] http://www.ksta.de/politik/-extremismus-gesetz-gegen-gewissenlose,15187246,28394106.html

[64] http://www.vice.com/de/read/deshalb-haben-feministische-aktivisten-auf-eine-is-flagge-gekackt-und-menstruiert-291

[65] http://www.vice.com/de/read/deshalb-haben-feministische-aktivisten-auf-eine-is-flagge-gekackt-und-menstruiert-291

[66] http://www.vice.com/de/read/deshalb-haben-feministische-aktivisten-auf-eine-is-flagge-gekackt-und-menstruiert-291

[67] http://www.vice.com/de/read/deshalb-haben-feministische-aktivisten-auf-eine-is-flagge-gekackt-und-menstruiert-291

Was ist der „Islamische Staat“ (IS)?

[1] http://derstandard.at/2000005925040/Islamischer-Staat-Geschichte-einer-Verwuestung

[2] http://www.welt.de/kultur/article132625450/Das-ABC-des-Islamischen-Staats.html

[3] http://www.mdr.de/nachrichten/terrorgruppeisis100.html

[4] https://infosyr.wordpress.com/2014/06/22/isisisil-geschichte-einer-terrororganisation/

[5] http://www.mdr.de/nachrichten/terrorgruppeisis100.html

[6] http://infosyr.wordpress.com/2014/06/22/isisisil-geschichte-einer-terrororganisation/

[7] http://www.dw.de/was-ist-der-islamische-staat/a-17843187

[8] http://www.bpb.de/politik/extremismus/islamismus/190499/der-islamische-staat-im-irak-und-syrien-isis

[9] http://www.bpb.de/politik/extremismus/islamismus/190499/der-islamische-staat-im-irak-und-syrien-isis

[10] http://www.rechtslupe.de/strafrecht/isis-als-auslaendische-terroristische-vereinigung-379599#sthash.obiuYv18.dpufn

[11] http://www.bpb.de/politik/extremismus/islamismus/190499/der-islamische-staat-im-irak-und-syrien-isis

[12] http://infosyr.wordpress.com/2014/06/22/isisisil-geschichte-einer-terrororganisation/

[13] http://www.bpb.de/politik/extremismus/islamismus/190499/der-islamische-staat-im-irak-und-syrien-isis

[14] http://www.thefiscaltimes.com/Articles/2014/09/09/20-Facts-About-Baghdadi-Leader-ISIS

[15] http://www.theguardian.com/world/2014/jul/06/abu-bakr-al-baghdadi-isis

[16] http://www.theguardian.com/world/2014/jul/06/abu-bakr-al-baghdadi-isis

[17] http://www.thedailybeast.com/articles/2014/06/14/isis-leader-see-you-in-new-york.html

[18] http://www.thedailybeast.com/articles/2014/06/14/isis-leader-see-you-in-new-york.html

[19] http://www.aljazeera.com/news/middleeast/2009/12/2009121274712823455.html

[20] http://www.thedailybeast.com/articles/2014/06/14/isis-leader-see-you-in-new-york.html

[21] http://www.thedailybeast.com/articles/2014/06/14/isis-leader-see-you-in-new-york.html

[22] http://www.thewire.com/global/2014/09/sotloff-family-calls-out-isil-leader-abu-bakr-al-baghdadi/379618/

[23] http://infosyr.wordpress.com/2014/06/22/isisisil-geschichte-einer-terrororganisation/

[24] http://www.bpb.de/politik/extremismus/islamismus/190499/der-islamische-staat-im-irak-und-syrien-isis

[25] http://www.dw.de/was-ist-der-islamische-staat/a-17843187

[26] http://www.bpb.de/politik/extremismus/islamismus/190499/der-islamische-staat-im-irak-und-syrien-isis

[27] http://www.bpb.de/politik/extremismus/islamismus/190499/der-islamische-staat-im-irak-und-syrien-isis

[28] http://www.bpb.de/politik/extremismus/islamismus/190499/der-islamische-staat-im-irak-und-syrien-isis

[29] http://www.eslam.de/begriffe/w/wahhabismus.htm

[30] http://www.eslam.de/begriffe/w/wahhabismus.htm

[31] http://derstandard.at/2000005925040/Islamischer-Staat-Geschichte-einer-Verwuestung

[32] http://www.dw.de/wahhabiten-und-salafisten-gleiche-basis-unterschiedliche-mittel/a-17304769

[33] http://www.dw.de/wahhabiten-und-salafisten-gleiche-basis-unterschiedliche-mittel/a-17304769

[34] http://derstandard.at/2000005925040/Islamischer-Staat-Geschichte-einer-Verwuestung

[35] http://derstandard.at/2000005925040/Islamischer-Staat-Geschichte-einer-Verwuestung

[36] http://derstandard.at/2000005925040/Islamischer-Staat-Geschichte-einer-Verwuestung

[37] http://www.nytimes.com/2014/09/09/opinion/the-saudis-can-crush-isis.html?_r=0

[38] http://derstandard.at/2000005925040/Islamischer-Staat-Geschichte-einer-Verwuestung

[39] http://derstandard.at/2000005925040/Islamischer-Staat-Geschichte-einer-Verwuestung

[40] http://derstandard.at/2000005925040/Islamischer-Staat-Geschichte-einer-Verwuestung

[41] http://derstandard.at/2000005925040/Islamischer-Staat-Geschichte-einer-Verwuestung

[42] http://derstandard.at/2000005925040/Islamischer-Staat-Geschichte-einer-Verwuestung

[43] http://derstandard.at/2000005925040/Islamischer-Staat-Geschichte-einer-Verwuestung

[44] http://www.nzz.ch/feuilleton/toeten-im-namen-allahs-1.18378020

[45] http://www.nzz.ch/feuilleton/toeten-im-namen-allahs-1.18378020

[46] http://www.nzz.ch/feuilleton/toeten-im-namen-allahs-1.18378020

[47] http://www.nzz.ch/feuilleton/toeten-im-namen-allahs-1.18378020

[48] http://www.zeit.de/politik/ausland/2014-06/isis-kalifat-terror-geschaeft

[49] http://www.zeit.de/politik/ausland/2014-06/isis-kalifat-terror-geschaeft

[50] http://www.zeit.de/politik/ausland/2014-06/isis-kalifat-terror-geschaeft

[51] http://www.nzz.ch/international/ein-kalif-fuer-die-jihadisten-1.18333890

[52] http://derstandard.at/2000002457169/ISIS-Extremisten-rufen-Kalifat-in-Irak-und-Syrien-aus

[53] http://www.spiegel.de/international/world/the-professional-pr-strategies-of-isis-in-syria-and-iraq-a-995611.html

[54] http://blog.zeit.de/radikale-ansichten/2014/06/30/bedeutet-die-ausrufung-des-kalifats-durch-isis/

[55] http://www.faz.net/aktuell/feuilleton/debatten/der-isis-terror-und-das-kalifat-13023461.html

[56] http://blog.zeit.de/radikale-ansichten/2014/06/30/bedeutet-die-ausrufung-des-kalifats-durch-isis/

[57] http://www.faz.net/aktuell/feuilleton/debatten/der-isis-terror-und-das-kalifat-13023461.html und http://blog.zeit.de/radikale-ansichten/2014/06/30/bedeutet-die-ausrufung-des-kalifats-durch-isis/

[58] http://www.nzz.ch/feuilleton/statthalter-gottes--strohmann-der-maechtigen-1.18340023

[59] http://www.faz.net/aktuell/feuilleton/debatten/der-isis-terror-und-das-kalifat-13023461.html

[60] http://www.nzz.ch/feuilleton/statthalter-gottes--strohmann-der-maechtigen-1.18340023

[61] http://www.faz.net/aktuell/feuilleton/debatten/der-isis-terror-und-das-kalifat-13023461.html

[62] http://www.faz.net/aktuell/feuilleton/debatten/der-isis-terror-und-das-kalifat-13023461.html

[63] http://www.faz.net/aktuell/feuilleton/debatten/der-isis-terror-und-das-kalifat-13023461.html

[64] http://www.faz.net/aktuell/feuilleton/debatten/der-isis-terror-und-das-kalifat-13023461.html

[65] http://blog.zeit.de/radikale-ansichten/2014/06/30/bedeutet-die-ausrufung-des-kalifats-durch-isis/

[66] http://blog.zeit.de/radikale-ansichten/2014/06/30/bedeutet-die-ausrufung-des-kalifats-durch-isis/

[67] http://derstandard.at/2000002457169/ISIS-Extremisten-rufen-Kalifat-in-Irak-und-Syrien-aus

[68] http://blog.zeit.de/radikale-ansichten/2014/06/30/bedeutet-die-ausrufung-des-kalifats-durch-isis/

[69] http://derstandard.at/2000002457169/ISIS-Extremisten-rufen-Kalifat-in-Irak-und-Syrien-aus

[70] http://www.spiegel.de/politik/ausland/irak-terrorgruppe-isis-veroeffentlicht-regeln-fuer-menschen-in-mossul-a-974766.html

[71] https://twitter.com/jenanmoussa/status/477042935821631490/photo/1

[72] http://www.spiegel.de/politik/ausland/irak-terrorgruppe-isis-veroeffentlicht-regeln-fuer-menschen-in-mossul-a-974766.html

[73] http://www.motherjones.com/politics/2014/10/isis-propaganda-magazine-rape-slavery-murder-allah-dabiq [übersetzt von Lukas Diringshoff] und https://ia601403.us.archive.org/0/items/Dabiq04En/Dabiq_04_en.pdf

[74] http://blog.zeit.de/radikale-ansichten/2014/08/27/fuenf-dinge-die-wir-ueber-das-kalifat-nicht-wissen/

[75] http://blog.zeit.de/radikale-ansichten/2014/08/27/fuenf-dinge-die-wir-ueber-das-kalifat-nicht-wissen/

[76] http://www.telegraph.co.uk/news/worldnews/islamic-state/11170958/Al-Qaeda-issu-

es-call-to-support-Isil-in-new-threat-to-American-strategy.html
[77] http://blog.zeit.de/radikale-ansichten/2014/08/27/fuenf-dinge-die-wir-ueber-das-kalifat-nicht-wissen/
[78] http://derstandard.at/2000002330093/ISIS-Brutalitaet-als-Strategie
[79] http://derstandard.at/2000002029157/Islamischer-Staat-Offenbar-Massenexekutionen-im-Irak
[80] http://derstandard.at/2000002029157/Islamischer-Staat-Offenbar-Massenexekutionen-im-Irak
[81] http://derstandard.at/2000002330093/ISIS-Brutalitaet-als-Strategie
[82] http://derstandard.at/2000005925040/Islamischer-Staat-Geschichte-einer-Verwuestung
[83] http://strategische-studien.com/2014/09/20/spezialinterview-isis-fuer-xecutives-net/
[84] http://www.handelsblatt.com/politik/international/terror-im-irak-die-strategien-der-isis/10062370.html
[85] http://derstandard.at/2000002330093/ISIS-Brutalitaet-als-Strategie
[86] http://www.nytimes.com/2014/06/18/world/middleeast/sectarian-violence-appears-to-spread-to-streets-of-baghdad.html?_r=1
[87] http://derstandard.at/2000002330093/ISIS-Brutalitaet-als-Strategie
[88] http://derstandard.at/2000002330093/ISIS-Brutalitaet-als-Strategie
[89] http://www.tagesschau.de/ausland/irak-maliki-111.html
[90] http://www.zeit.de/2014/42/islamischer-staat-terrorismus-vormarsch-luftangriff
[91] http://derstandard.at/2000002330093/ISIS-Brutalitaet-als-Strategie
[92] [http://www.zeit.de/2014/42/islamischer-staat-terrorismus-vormarsch-luftangriff
[93] http://www.zeit.de/2014/42/islamischer-staat-terrorismus-vormarsch-luftangriff
[94] http://www.tagesschau.de/ausland/irak-maliki-111.html
[95] http://www.zeit.de/2014/42/islamischer-staat-terrorismus-vormarsch-luftangriff
[96] http://www.zeit.de/2014/42/islamischer-staat-terrorismus-vormarsch-luftangriff
[97] http://www.zeit.de/2014/42/islamischer-staat-terrorismus-vormarsch-luftangriff
[98] http://www.zeit.de/2014/42/islamischer-staat-terrorismus-vormarsch-luftangriff/seite-2
[99] http://www.zeit.de/2014/42/islamischer-staat-terrorismus-vormarsch-luftangriff/seite-2
[100] http://www.zeit.de/2014/42/islamischer-staat-terrorismus-vormarsch-luftangriff/seite-2
[101] http://www.zeit.de/2014/42/islamischer-staat-terrorismus-vormarsch-luftangriff/seite-2
[102] http://orf.at/stories/2249149/
[103] http://kurdischenachrichten.com/2014/10/newsticker-zum-kampf-gegen-die-terrormiliz-is-in-kobane/
[104] http://derstandard.at/2000006715002/US-Experte-Kobanewird-ein-Opfer-sein
[105] http://derstandard.at/2000006164523/Warum-die-IS-Miliz-an-der-Eroberung-von-Kobane-festhaelt
[106] http://www.spiegel.de/politik/ausland/isis-auf-twitter-die-radikalen-nutzen-social-media-a-975856.html
[107] http://www.spiegel.de/politik/ausland/syrien-rebell-isst-herz-eines-assad-soldats-a-899439.html
[108] http://www.spiegel.de/politik/ausland/isis-auf-twitter-die-radikalen-nutzen-social-media-a-975856.html
[109] http://www.bild.de/politik/ausland/isis/hat-isis-social-media-mann-aus-boston-rekrutiert-37580896.bild.html
[110] http://www.krone.at/Digital/ISIS_So_funktioniert_der_Propaganda-Krieg_im_WWW-Terror_auf_Twitter-Story-409386
[111] http://www.bild.de/politik/ausland/isis/werben-mit-krebskranken-kindern-37225176.bild.html
[112] http://www.bild.de/politik/ausland/isis/hat-isis-social-media-mann-aus-boston-rekrutiert-37580896.bild.html
[113] http://www.spiegel.de/politik/ausland/isis-auf-twitter-die-radikalen-nutzen-social-media-a-975856.html
[114] http://www.spiegel.de/politik/ausland/isis-auf-twitter-die-radikalen-nutzen-social-media-a-975856.html
[115] http://www.bild.de/politik/ausland/isis/bild-erklaert-neues-isis-schock-video-37766316.bild.html

[116] http://www.focus.de/politik/videos/flammen-des-krieges-tod-und-zerstoerung-is-propaganda-video-warnt-us-militaer_id_4141153.html

[117] http://www.focus.de/politik/videos/flammen-des-krieges-tod-und-zerstoerung-is-propaganda-video-warnt-us-militaer_id_4141153.html

[118] http://www.bild.de/politik/ausland/isis/bild-erklaert-neues-isis-schock-video-37766316.bild.html

[119] http://www.dw.de/der-online-dschihad-der-islamisten/a-17721692

[120] http://www.krone.at/Digital/ISIS_So_funktioniert_der_Propaganda-Krieg_im_WWW-Terror_auf_Twitter-Story-409386

[121] http://www.vice.com/alps/read/die-isis-kaempfer-und-ihre-freunde-sind-absolute-social-media-pros

[122] http://www.bild.de/politik/ausland/isis/der-urknall-des-isis-terrors-38188838.bild.html und http://scoopempire.com/isiss-magazine-dabiq-shockingly-legit/ sowie http://www.sueddeutsche.de/medien/islamistische-propaganda-gottesstaat-fuer-einsteiger-1.2077643

[123] http://www.sueddeutsche.de/medien/islamistische-propaganda-gottesstaat-fuer-einsteiger-1.2077643

[124] http://www.bild.de/politik/ausland/isis/der-urknall-des-isis-terrors-38188838.bild.html und http://scoopempire.com/isiss-magazine-dabiq-shockingly-legit/

[125] http://www.sueddeutsche.de/medien/islamistische-propaganda-gottesstaat-fuer-einsteiger-1.2077643

[126] http://www.sueddeutsche.de/medien/islamistische-propaganda-gottesstaat-fuer-einsteiger-1.2077643

[127] http://scoopempire.com/isiss-magazine-dabiq-shockingly-legit/

[128] http://www.clarionproject.org/news/islamic-state-isis-isil-propaganda-magazine-dabiq und https://news.siteintelgroup.com/Jihadist-News/is-releases-4th-issue-of-english-magazine-dabiq-discusses-failed-crusade.html

[129] http://www.independent.co.uk/news/world/middle-east/isis-publishes-letter-from-steven-sotloff-to-family-in-propaganda-magazine-9794613.html

[130] http://www.huffingtonpost.co.uk/2014/06/18/iraq-crisis-7-facts-isis-annual-report_n_5506255.html

[131] http://www.understandingwar.org/sites/default/files/ISWBackgrounder_ISIS_Annual_Reports_0.pdf

[132] http://jihadology.net/2014/03/31/new-magazine-from-the-islamic-state-of-iraq-and-al-sham-al-bina-magazine-1/

[133] http://www.understandingwar.org/sites/default/files/ISWBackgrounder_ISIS_Annual_Reports_0.pdf

[134] http://www.huffingtonpost.co.uk/2014/06/18/iraq-crisis-7-facts-isis-annual-report_n_5506255.html

[135] http://www.dailymail.co.uk/news/article-2661007/15-000-fighters-1-000-assassinations-4-000-IEDs-How-Isis-publishes-annual-report-detailing-reign-terror-Middle-East.html

[136] http://www.huffingtonpost.co.uk/2014/06/18/iraq-crisis-7-facts-isis-annual-report_n_5506255.html

[137] http://www.understandingwar.org/sites/default/files/ISWBackgrounder_ISIS_Annual_Reports_0.pdf

[138] http://www.huffingtonpost.co.uk/2014/06/18/iraq-crisis-7-facts-isis-annual-report_n_5506255.html

[139] http://www.blick.ch/news/ausland/sie-fuehren-buch-ueber-ihre-graeueltaten-die-blutige-bilanz-der-isis-terroristen-id2927188.html

[140] http://www.understandingwar.org/sites/default/files/ISWBackgrounder_ISIS_Annual_Reports_0.pdf

[141] http://www.blick.ch/news/ausland/sie-fuehren-buch-ueber-ihre-graeueltaten-die-blutige-bilanz-der-isis-terroristen-id2927188.html

[142] http://www.blick.ch/news/ausland/sie-fuehren-buch-ueber-ihre-graeueltaten-die-blutige-bilanz-der-isis-terroristen-id2927188.html

[143] http://www.jspacenews.com/10-disturbing-facts-isis/3/

[144] Christian Fröba: Die Reichweite des § 129a StGB bei der Bekämpfung des transnationalen islamistischen Terrorismus, Bayreuth 2008, S. 64.

[145] http://www.tagesspiegel.de/politik/dschihadisten-im-irak-und-in-syrien-wo-

her-das-geld-fuer-die-gotteskrieger-von-is-kommt/10253368.html

[146] http://www.dw.de/wer-finanziert-isis/a-17718504

[147] Napoleoni, Loretta, Die Ökonomie des Terrors, 2004, S. 256

[148] Napoleoni, Loretta, Die Ökonomie des Terrors, 2004

[149] Napoleoni, Loretta, Napoleoni, Loretta, Die Ökonomie des Terrors, 2005, S. 202

[150] http://www.nwzonline.de/politik/niedersachsen/salafisten-verkaufen-kuchen-in-niedersachsen_a_18,0,1257958427.html

[151] http://www.zeit.de/politik/ausland/2014-07/islamischer-staat-gotteskrieger-finanzierung-syrien-irak

[152] http://www.zeit.de/politik/ausland/2014-09/un-sicherheitsrat-resolution-terrormilizen, ,

[153] http://www.welt.de/politik/ausland/article131469577/Das-eintraegliche-Geschaeft-mit-den-Entfuehrungen.html

[154] http://www.blick.ch/news/wirtschaft/reiche-terroristen-woher-hat-der-is-das-viele-geld-id3099445.html

[155] Napoleoni, Loretta, Die Ökonomie des Terrors, 2004

[156] www.sueddeutsche.de/politik/strategie-von-is-und-al-qaida-das-lukrative-geschaeft-mit-den-geiseln-1.2098007

[157] Napoeloni, Loretta: Die Ökonomie des Terrors, 2004, S. 281 ff.

[158] http://www.bundeswehr-monitoring.de/einsaetze-ausland/zahlt-die-bundeswehr-in-afghanistan-nun-schutzgelder-oder-nicht-13348.html

[159] www.deutsch-tuerkische-nachrichten.de/2014/09/505088/islamischer-staat-weitet-system-der-zwangsabgaben-aus/[144]

[160] http://brf.be/nachrichten/international/789943/

[161] http://deutsche-wirtschafts-nachrichten.de/2014/08/28/dumping-als-waffe-is-terroristen-verkaufen-oel-zum-billig-tarif/

[162] www.spiegel.de/politik/ausland/is-islamischer-staat-millionen-einnahmen-durch-schmuggel-von-oel-a-993670.html

[163] www.dw.de/wer-finanziert-isis/a-17718504

[164] Fröba, Christian, Die Reichweite des § 129a StGB bei der Bekämpfung des transnationalen islamistischen Terrorismus, 2009

[165] http://www.nzz.ch/aktuell/startseite/article86PF2-1.397550

[166] http://www.nzz.ch/aktuell/startseite/article86PF2-1.397550

[167] Fröba, Christian, Die Reichweite des § 129a StGB bei der Bekämpfung des transnationalen islamistischen Terrorismus, 2009

[168] www.un.org/depts/german/sr/sr_01-02/sr1373.pdf

[169] http://www.fatf-gafi.org

[170] http://www.giga-hamburg.de/de/system/files/publications/gf_global_1103.pdf

[171] http://www.deutschlandfunk.de/katar-politische-orientierung-ist-eindeutig-gegen-den-is.694.de.html?dram:article_id=297829

[172] http://www.deutschlandfunk.de/handelsbeziehungen-wuestenstaat-katar-investiert-in.766.de.html?dram:article_id=297782

[173] Wahlers, Kerstin, Die rechtliche und ökonomische Struktur von Zahlungssystemen innerhalb und außerhalb des Bankensystems, 2013

IS gegen den Rest der Welt

[1] http://www.weltkarte.com/mosten/mittlerer-osten/politsche-karte-naher-osten.htm

[2] http://www.zeit.de/politik/ausland/2014-09/syrien-usa-is

[3] http://www.focus.de/politik/ausland/news-ticker-zur-gewalt-im-irak-waffen-parade-mit-sprengstoffwesten-al-sadr-kaempfer-fordern-isis-krieger-heraus_id_3937366.html

[4] http://www.sueddeutsche.de/politik/is-extremisten-in-libanon-ploetzlich-waren-sie-da-1.2078188

[5] http://www.israelheute.com/Nachrichten/Artikel/tabid/179/nid/27646/Default.aspx

[6] http://www.sueddeutsche.de/politik/is-extremisten-in-libanon-ploetzlich-waren-sie-da-1.2078188

[7] http://www.israelheute.com/Nachrichten/Artikel/tabid/179/nid/27646/Default.aspx

[8] http://www.israelheute.com/Nachrichten/Artikel/tabid/179/nid/27646/Default.aspx

[9] http://www.israelnetz.com/arabische-welt/detailansicht/aktuell/immer-mehr-isis-anhaenger-im-gazastreifen-88698/

[10] http://www.wsws.org/de/articles/2014/10/16/obam-o16.html

[11] http://www.wsws.org/de/articles/2014/10/16/obam-o16.html

[12] http://www.zeit.de/politik/ausland/2014-09/syrien-tuerkei-pkk-islamischer-staat

[13] http://www.merkur-online.de/aktuelles/politik/sunnitisches-saudi-arabien-distanziert-sich-isis-zr-3662526.html

[14] http://www.spiegel.de/politik/ausland/is-islamischer-staat-kalif-abu-bakr-al-baghdadi-und-die-is-spitze-a-993128.html

[15] http://www.tagesschau.de/ausland/hintergrund-isis-102.html

[16] http://www.bild.de/politik/ausland/isis/maenner-gekreuzigt-wer-stoppt-die-isis-barbaren-36592254.bild.html

[17] http://www.welt.de/newsticker/news2/article133420175/Dschihadisten-richten-Mann-wegen-Filmaufnahme-von-IS-Zentrale-hin.html

[18] http://de.wikipedia.org/wiki/Islamischer_Staat_(Organisation)#Reaktionen

[19] http://de.wikipedia.org/wiki/Islamischer_Staat_(Organisation)#Reaktionen

[20] http://de.wikipedia.org/wiki/Islamischer_Staat_(Organisation)#Reaktionen

[21] http://de.wikipedia.org/wiki/Islamischer_Staat_(Organisation)#Reaktionen

[22] http://de.wikipedia.org/wiki/Islamischer_Staat_(Organisation)#Reaktionen

[23] http://de.wikipedia.org/wiki/Islamischer_Staat_(Organisation)#Reaktionen

[24] http://www.heise.de/tp/news/IS-Terror-Was-sagen-Muslime-darueber-2309282.html

[25] http://www.heise.de/tp/news/IS-Terror-Was-sagen-Muslime-darueber-2309282.html

[26] http://www.heise.de/tp/news/IS-Terror-Was-sagen-Muslime-darueber-2309282.html

[27] http://www.kath.net/news/46971

[28] Braml, J. (2011). Checks and Imbalances – Machtverschiebungen im institutionellen Gefüge der USA. In: T. Jäger, Die Welt nach 9/11. Auswirkungen des Terrorismus auf Staatenwelt und Gesellschaft (S. 17–31). Wiesbaden: VS Verlag für Sozialwissenschaft. S. 19 ff.

[29] Braml 2011, S. 26 ff.

[30] https://www.freitag.de/autoren/danielm2601/der-wandel-kam-nie

[31] http://de.wikipedia.org/wiki/Gefangenenlager_der_Guantanamo_Bay_Naval_Base

[32] http://www.tagesspiegel.de/meinung/us-praesident-obama-zu-gast-in-berlin-die-hoffnung-auf-wandel-war-zu-gross/8357436.html

[33] https://www.freitag.de/autoren/danielm2601/der-wandel-kam-nie

[34] http://www.tagesspiegel.de/meinung/us-praesident-obama-zu-gast-in-berlin-die-hoffnung-auf-wandel-war-zu-gross/8357436.html

[35] http://de.wikipedia.org/wiki/Neokonservatismus

[36] Reichwein 2011, S.72f

[37] http://www.zeit.de/online/2006/36/neokonservatismus-usa-pnac

[38] http://www.zeit.de/politik/ausland/2014-06/isis-irak-krise-usa

[39] http://de.wikipedia.org/wiki/Nuri_al-Maliki

[40] http://www.zeit.de/politik/ausland/2014-06/isis-irak-krise-usa

[41] http://www.zeit.de/politik/ausland/2014-06/isis-irak-krise-usa

[42] http://www.zeit.de/politik/ausland/2014-06/isis-irak-krise-usa/seite-2

[43] http://www.zeit.de/politik/ausland/2014-06/isis-irak-krise-usa/seite-2

[44] http://www.zeit.de/politik/ausland/2014-06/irak-isis-usa-militaer-luftangriff

[45] http://www.zeit.de/politik/ausland/2014-06/irak-isis-usa-militaer-luftangriff/seite-2

[46] http://www.zeit.de/politik/ausland/2014-09/usa-allianz-is-luftangriffe-syrien-irak

[47] http://www.zeit.de/politik/ausland/2014-09/syrien-irak-obama-un-sicherheitsrat-resolution

[48] http://www.bild.de/politik/ausland/isis/usa-bombardieren-isis-hochburg-mossul-millionenstadt-unter-beschuss-37746478.bild.html

[49] http://www.zeit.de/politik/ausland/2014-09/islamischer-staat-terrordrohung

[50] http://www.bild.de/politik/ausland/barack-obama/bekommt-gruenes-licht-fuer-bewaffnung-von-gemaessigten-rebellen-in-syrien-37712518.bild.html

[51] http://www.zeit.de/video/2014-09/3800438229001/islamischer-staat-usa-fliegen-luftangriffe-auf-is-stellungen-in-syrien

[52] http://www.zeit.de/politik/ausland/2014-09/usa-und-partnerlaender-fliegen-luftangriffe-gegen-is-in-syrien

[53] http://www.zeit.de/politik/ausland/2014-09/islamischer-staat-vergeltung-us-angriffe-drohung

[54] http://www.wiwo.de/politik/ausland/frank-walter-steinmeier-deutschland-beteiligt-sich-nicht-an-us-luftangriffen/10683648.html

[55] http://www.wiwo.de/politik/ausland/frank-walter-steinmeier-is-kaempfer-koennten-auch-usa-bedrohen/10683648-2.html

[56] http://www.zeit.de/politik/ausland/2014-09/syrien-usa-is

[57] http://www.bild.de/politik/ausland/isis/isis-droht-putin-mit-krieg-dein-thron-wackelt-37518836.bild.html

[58] http://www.zeit.de/politik/ausland/2014-09/islamischer-staat-terrordrohung

[59] http://www.epochtimes.de/USA-und-Gross-britannien-wollen-ISIS-mit-Task-Force-Black-zerschlagen-a1177680.html

[60] http://www.wiwo.de/politik/ausland/frank-walter-steinmeier-is-kaempfer-koennten-auch-usa-bedrohen/10683648-2.html

[61] http://www.bild.de/politik/ausland/isis/briten-heben-terrorwarnstufe-an-37465418.bild.html

[62] http://www.heute.de/gotteskrieger-in-gross-britannien-radikale-islamisten-wollen-dschi-had-33849546.html

[63] http://www.bild.de/politik/ausland/isis/enthauptet-briten-geisel-david-haines-37657914.bild.html

[64] http://www.zeit.de/politik/ausland/2014-09/islamischer-staat-terrorismus-frankreich-warnung

[65] http://www.bild.de/politik/ausland/isis/war-um-macht-deutschland-beim-kampf-gegen-isis-nicht-mit-37733786.bild.html

[66] http://www.bild.de/politik/ausland/isis/isis-groesster-anti-terror-einsatz-in-der-geschich-te-australiens-37713070.bild.html

Deutschland und IS

[1] http://www.welt.de/kultur/literarischewelt/ar-ticle109515326/Warum-Heinz-Buschkowsky-recht-hat.html

[2] http://www.deutschlandfunk.de/anti-terror-koalition-niederlande-beteiligen-sich-am-kampf.795.de.html?dram:article_id=299245

[3] http://www.wiwo.de/politik/ausland/kampf-gegen-is-terrormiliz-merkel-fordert-die-welt-zur-mithilfe-auf/10790824.html

[4] http://www.spiegel.de/politik/deutschland/is-islamischer-staat-claudia-roth-kritisiert-tuer-kei-a-995958.html

[5] https://www.piratenpartei.de/2014/10/08/die-stillen-unterstuetzer-der-isis/

[6] http://augengeradeaus.net/2014/08/deut-sche-unterstuetzung-fuer-kurdische-milizen-waffen-fuer-vier-grossverbaende/

[7] http://www.bild.de/politik/inland/isis/tut-deutschland-genug-37902478.bild.html

[8] http://www.welt.de/politik/deutschland/artic-le129339230/Wie-gefaehrlich-sind-die-deut-schen-Isis-Islamisten.html

[9] http://www.bild.de/politik/ausland/isis/westli-che-isis-krieger-neu-37452150.bild.html

[10] http://www.juraforum.de/lexikon/ausreise-verbot

[11] http://www.spiegel.de/politik/deutschland/ausreiseverbot-hessen-will-islamisten-fest-setzen-a-976615.html

[12] http://de.wikipedia.org/wiki/Religionsfrei-heit_in_Deutschland

[13] http://www.merkur-online.de/lokales/muen-chen/stadt-muenchen/islam-zentrum-geg-ner-reichen-buergerbegehren-3870361.html

[14] http://www.welt.de/politik/deutschland/article132394370/Verbrecher-Moerder-die-den-Islam-kidnappen.html

[15] http://www.fr-online.de/terrorgruppe-islami-scher-staat/is-terror-von-der-leyen-landet-im-nordirak,28501302,28524288.html

[16] http://www.tagesschau.de/ausland/bundes-wehr-nordirak-107.html

[17] http://www.d-a-g.de/index.php?id=41&tx_ttnews[tt_news]=524&cHash=3497ab8cdf9d0939b35bfb8721cd4a47

[18] http://www.zeit.de/politik/ausland/2011-07/politik-fuehrung-sehnsucht-buerger

[19] http://www.welt.de/print/welt_kompakt/koeln/article123841592/Neuer-Salafisten-Prozess.html

[20] http://www.focus.de/politik/deutschland/29-polizisten-zum-teil-schwer-verletzt-salafisten-stechen-in-nrw-auf-polizisten-ein_aid_747917.html

[21] http://www.bild.de/regional/koeln/salafismus/wer-den-propheten-beleidigt-verdient-den-tod-26649376.bild.html

[22] http://www.bmi.bund.de/SharedDocs/Pressemitteilungen/DE/2014/09/verbot-islamischer-staat.html

[23] http://www.bild.de/politik/inland/isis/verbot-in-deutschland-darf-ich-die-terrormiliz-noch-auf-twitter-beobachten-37643292.bild.html

[24] http://www.tabularasa-jena.de/artikel/artikel_3968/ und http://www.mik.nrw.de/uploads/media/KPD-Urteil_01.pdf

[25]http://www.sueddeutsche.de/bayern/ihr-forum-ist-die-abschiebung-von-islamisten-eine-wirksame-strategie-1.2158287

[26] http://www.express.de/bonn/brutale-attacke-von-salafisten--bonner-student-die-zunge-zerschnitten,2860,21305572.html

[27] http://www.spiegel.de/politik/deutschland/erhan-a-minister-widersprechen-sich-im-umgang-mit-salafisten-a-995257.html

[28] http://www2.mediamanual.at/themen/pdf/MI64_Puerer.pdf

[29] http://www.bpb.de/nachschlagen/lexika/17833/medien

[30] http://de.wikipedia.org/wiki/Vierte_Gewalt und http://www.presserat.de/pressekodex/pressekodex/

[31] http://www.dijg.de/menschenrechte-grundrechte/islam-meinungsfreiheit-religionsfreiheit/ und http://www.bpb.de/izpb/7492/warum-medien-wichtig-sind-funktionen-in-der-demokratie?p=all

[32] Hamed Abdel-Samad: Der islamische Faschismus, 2014

[33] Hamed Abdel-Samad: Der islamische Faschismus, 2014

[34] http://www.goethe.de/ges/phi/prj/ffs/the/med/de6425408.htm

[35] Hamed Abdel-Samad: Der islamische Faschismus, 2014

[36] http://www.faz.net/aktuell/politik/is-nutzt-soziale-netzwerke-als-medium-des-terrorismus-13216504-p3.html

[37] http://www.welt.de/politik/ausland/article131431685/Die-perfide-Inszenierung-eines-Mordes.html

[38] http://www.faz.net/aktuell/scharia-polizei-in-wuppertal-das-darf-sich-ein-rechtsstaat-nicht-bieten-lassen-13138063.html

[39] http://www.spiegel.de/politik/deutschland/jakob-augstein-ueber-die-scharia-polizei-in-wuppertal-a-990982.html

[40] http://www.spiegel.de/politik/deutschland/salafisten-journalistin-sounia-siahi-reagiert-auf-augstein-kolumne-a-991888.html

[41] http://www.sueddeutsche.de/politik/islamisten-in-wuppertal-nrw-verbietet-scharia-polizei-westen-1.2118897

[42] http://taz.de/Journalisten-im-Krisengebiet/!146759/

[43] Der Spiegel, Nr. 41, 6.10.2014, S. 44 ff.

[44] Der Spiegel, Nr. 41, 6.10.2014, S. 44 ff.

[45] http://www.spiegel.de/spiegel/print/d-129568329.html

[46] http://www.huffingtonpost.de/2014/09/11/islamisten-bildung_n_5801704.html

[47] http://de.wikipedia.org/wiki/Huri

[48] http://wikiislam.net/wiki/72_Jungfrauen

[49] http://www.fragenzumislam.de/?p=100

[50] http://www.helles-koepfchen.de/artikel/2471.html

[51] http://www.helles-koepfchen.de/artikel/2471.html

[52] Der Islamische Faschismus von Hamed Abdel-Samad, Seite 19, Kapitel 1

[53] http://www.helles-koepfchen.de/artikel/2471.html

[54] http://www.wn.de/Muensterland/1734048-Anwerbung-von-IS-Terroristen-Abgetaucht-Keine-Spur-von-18-jaehrigem-Ahlener

[55] http://www.wn.de/Muensterland/1734048-Anwerbung-von-IS-Terroristen-Abgetaucht-Keine-Spur-von-18-jaehrigem-Ahlener

[56] http://www.bild.de/politik/inland/islam/durch-terroristen-in-den-dreck-gezogen-37725950.bild.html

[57] http://www.phoenix.de/sterben_fuer_allah/874005.htm

[58] http://www.jungewelt.de/2014/09-02/062.php

[59] http://www.welt.de/politik/deutschland/article129339230/Wie-gefaehrlich-sind-die-deutschen-Isis-Islamisten.html

[60] http://www.welt.de/politik/deutschland/article129339230/Wie-gefaehrlich-sind-die-deutschen-Isis-Islamisten.html

[61] http://www.stern.de/politik/dschihad-40-wie-sich-deutsche-is-kaempfer-radikalisieren-2139753.html

Exkurs: Vom Gangsta-Rapper zum IS-Propagandisten – die Geschichte von Denis Cuspert

[1] http://www.faz.net/aktuell/feuilleton/debatten/rapper-denis-cuspert-in-allahs-gang-12635563.html; http://de.wikipedia.org/wiki/Denis_Cuspert; http://www.berlin.de/sen/inneres/verfassungsschutz/publikationen/lage-und-wahlanalysen/lageanalyse_denis_cuspert.pdf

[2] http://www.faz.net/aktuell/feuilleton/debatten/rapper-denis-cuspert-in-allahs-gang-12635563.html; http://de.wikipedia.org/wiki/Denis_Cuspert und http://www.berlin.de/sen/inneres/verfassungsschutz/publikationen/lage-und-wahlanalysen/lageanalyse_denis_cuspert.pdf sowie http://hiphop.de/video/deso-dogg-interview-part-1#.VCvyevl_sns

[3] http://www.faz.net/aktuell/feuilleton/debatten/rapper-denis-cuspert-in-allahs-gang-12635563.html und http://www.berlin.de/sen/inneres/verfassungsschutz/publikationen/lage-und-wahlanalysen/lageanalyse_denis_cuspert.pdf

[4] http://www.faz.net/aktuell/feuilleton/debatten/rapper-denis-cuspert-in-allahs-gang-12635563.html

[5] http://www.bz-berlin.de/artikel-archiv/new-york-in-berlin-mit-8-jahren-wurde-deso-dogg-aus-kreuzberg-kriminell-jetzt-kaempft-er-um-seine-zukunft

[6] http://www.faz.net/aktuell/feuilleton/debatten/rapper-denis-cuspert-in-allahs-gang-12635563.html

[7] http://www.faz.net/aktuell/feuilleton/debatten/rapper-denis-cuspert-in-allahs-gang-12635563.html

[8] http://www.faz.net/aktuell/feuilleton/debatten/rapper-denis-cuspert-in-allahs-gang-12635563.html

[9] http://www.bz-berlin.de/artikel-archiv/new-york-in-berlin-mit-8-jahren-wurde-deso-dogg-aus-kreuzberg-kriminell-jetzt-kaempft-er-um-seine-zukunft

[10] http://www.bz-berlin.de/artikel-archiv/new-york-in-berlin-mit-8-jahren-wurde-deso-dogg-aus-kreuzberg-kriminell-jetzt-kaempft-er-um-seine-zukunft

[11] http://www.bz-berlin.de/artikel-archiv/new-york-in-berlin-mit-8-jahren-wurde-deso-dogg-aus-kreuzberg-kriminell-jetzt-kaempft-er-um-seine-zukunft

[12] http://www.faz.net/aktuell/feuilleton/debatten/rapper-denis-cuspert-in-allahs-gang-12635563.html

[13] http://www.faz.net/aktuell/feuilleton/debatten/rapper-denis-cuspert-in-allahs-gang-12635563.html

[14] http://www.faz.net/aktuell/feuilleton/debatten/rapper-denis-cuspert-in-allahs-gang-12635563.html

[15] http://www.bz-berlin.de/artikel-archiv/new-york-in-berlin-mit-8-jahren-wurde-deso-dogg-aus-kreuzberg-kriminell-jetzt-kaempft-er-um-seine-zukunft

[16] http://www.faz.net/aktuell/feuilleton/debatten/rapper-denis-cuspert-in-allahs-gang-12635563.html und https://www.youtube.com/watch?v=hU4ouWqZ0AY

[17] http://www.faz.net/aktuell/feuilleton/debatten/rapper-denis-cuspert-in-allahs-gang-12635563.html

[18] http://www.faz.net/aktuell/feuilleton/debatten/rapper-denis-cuspert-in-allahs-gang-12635563.html

[19] http://www.faz.net/aktuell/feuilleton/debatten/rapper-denis-cuspert-in-allahs-gang-12635563.html

[20] http://de.wikipedia.org/wiki/Denis_Cuspert

[21] http://www.laut.de/Deso-Dogg

[22] http://de.wikipedia.org/wiki/Denis_Cuspert

[23] http://www.faz.net/aktuell/feuilleton/debatten/rapper-denis-cuspert-in-allahs-gang-12635563.html

[24] http://www.laut.de/Deso-Dogg

[25] http://www.faz.net/aktuell/feuilleton/debatten/rapper-denis-cuspert-in-allahs-gang-12635563.html

[26] http://www.laut.de/Deso-Dogg

[27] http://de.wikipedia.org/wiki/Denis_Cuspert

[28] http://www.berlin.de/sen/inneres/verfassungsschutz/publikationen/lage-und-wahlanalysen/lageanalyse_denis_cuspert.pdf

[29] http://www.faz.net/aktuell/feuilleton/debatten/rapper-denis-cuspert-in-allahs-gang-12635563.html

[30] http://www.bz-berlin.de/artikel-archiv/new-york-in-berlin-mit-8-jahren-wurde-deso-dogg-aus-kreuzberg-kriminell-jetzt-kaempft-er-um-seine-zukunft

[31] http://www.berlin.de/sen/inneres/verfassungsschutz/publikationen/lage-und-wahlanalysen/lageanalyse_denis_cuspert.pdf

[32] http://www.laut.de/Deso-Dogg

[33] http://www.laut.de/Deso-Dogg

[34] http://www.berlin.de/sen/inneres/verfassungsschutz/publikationen/lage-und-wahlanalysen/lageanalyse_denis_cuspert.pdf

[35] http://de.wikipedia.org/wiki/Stanley_Williams

[36] https://www.facebook.com/desodogg36/photos/pb.122770064408425.-2207520000.1410742612./179346438750787/?type=1

[37] http://www.spiegel.de/fotostrecke/tattoos-klassische-motive-und-ihre-bedeutung-fotostrecke-92021-9.html

[38] http://de.wikipedia.org/wiki/Tr%C3%A4nentattoo

[39] http://de.wikipedia.org/wiki/Game_(Rapper)

[40] http://www.berlin.de/sen/inneres/verfassungsschutz/publikationen/lage-und-wahlanalysen/lageanalyse_denis_cuspert.pdf

[41] http://hiphop.de/video/deso-dogg-interview-part-2

[42] http://www.berlin.de/sen/inneres/verfassungsschutz/publikationen/lage-und-wahlanalysen/lageanalyse_denis_cuspert.pdf

[43] http://hiphop.de/video/deso-dogg-interview-part-2

[44] http://hiphop.de/video/deso-dogg-interview-part-3#.VCv7Xfl_sns

[45] http://hiphop.de/video/deso-dogg-interview-part-3#.VCv7Xfl_sns

[46] http://www.laut.de/Deso-Dogg

[47] http://www.bz-berlin.de/artikel-archiv/new-york-in-berlin-mit-8-jahren-wurde-deso-dogg-aus-kreuzberg-kriminell-jetzt-kaempft-er-um-seine-zukunft

[48] http://www.bz-berlin.de/artikel-archiv/new-york-in-berlin-mit-8-jahren-wurde-deso-dogg-aus-kreuzberg-kriminell-jetzt-kaempft-er-um-seine-zukunft

[49] http://de.wikipedia.org/wiki/Denis_Cuspert; http://www.laut.de/Deso-Dogg

[50] http://de.wikipedia.org/wiki/DMX_(Rapper)

[51] http://de.wikipedia.org/wiki/Denis_Cuspert

[52] http://de.wikipedia.org/wiki/D-Flame

[53] http://www.laut.de/Deso-Dogg

[54] http://www.berlin.de/sen/inneres/verfassungsschutz/publikationen/lage-und-wahlanalysen/lageanalyse_denis_cuspert.pdf

[55] http://hiphop.de/video/deso-dogg-interview-part-4

[56] http://www.berlin.de/sen/inneres/verfassungsschutz/publikationen/lage-und-wahlanalysen/lageanalyse_denis_cuspert.pdf

[57] http://hiphop.de/video/deso-dogg-interview-part-2

[58] http://hiphop.de/video/deso-dogg-interview-part-3#.VCv7Xfl_sns

[59] http://www.berlin.de/sen/inneres/verfassungsschutz/publikationen/lage-und-wahlanalysen/lageanalyse_denis_cuspert.pdf

[60] http://www.berlin.de/sen/inneres/verfassungsschutz/publikationen/lage-und-wahlanalysen/lageanalyse_denis_cuspert.pdf

[61] http://www.berlin.de/sen/inneres/verfassungsschutz/publikationen/lage-und-wahlanalysen/lageanalyse_denis_cuspert.pdf

[62] http://www.faz.net/aktuell/feuilleton/debatten/rapper-denis-cuspert-in-allahs-gang-12635563.html

[63] http://www.ahlu-sunnah.de/attachments/281_Musik%20Haram.pdf

[64] http://www.ahlu-sunnah.de/attachments/281_Musik%20Haram.pdf

[65] http://www.mopo.de/politik---wirtschaft/berliner-is-kaempfer-deso-dogg-er-schwor-seinen-hass-eid-und-schaendete-eine-leiche,5066858,28348304.html

[66] https://www.youtube.com/watch?v=4pX92N6Oad4

[67] http://www.berlin.de/sen/inneres/verfassungsschutz/publikationen/lage-und-wahlanalysen/lageanalyse_denis_cuspert.pdf

[68] http://www.berlin.de/sen/inneres/verfassungsschutz/publikationen/lage-und-wahlanalysen/lageanalyse_denis_cuspert.pdf

[69] http://www.laut.de/Deso-Dogg

[70] https://www.youtube.com/watch?v=-jycc7NEQi4

[71] http://www.berlin.de/sen/inneres/verfassungsschutz/publikationen/lage-und-wahlanalysen/lageanalyse_denis_cuspert.pdf

[72] http://www.berlin.de/sen/inneres/verfassungsschutz/publikationen/lage-und-wahlanalysen/lageanalyse_denis_cuspert.pdf

[73] http://www.berlin.de/sen/inneres/verfassungsschutz/publikationen/lage-und-wahlanalysen/lageanalyse_denis_cuspert.pdf

[74] https://www.youtube.com/watch?v=-jycc7NEQi4

[75] https://www.youtube.com/watch?v=-jycc7NEQi4

[76] http://www.berlin.de/sen/inneres/verfassungsschutz/publikationen/lage-und-wahlanalysen/lageanalyse_denis_cuspert.pdf

[77] Schmidt, Wolf (2012): Jung Deutsch Taliban. Christoph Links Verlag GmbH. Berlin. Seite 124.

[78] https://www.youtube.com/watch?v=-jycc7NEQi4

[79] http://www.berlin.de/sen/inneres/verfassungsschutz/publikationen/lage-und-wahlanalysen/lageanalyse_denis_cuspert.pdf

[80] https://www.berlin.de/sen/inneres/verfassungsschutz/publikationen/lage-und-wahlanalysen/lageanalyse_salafistische_kampflieder_1.pdf

[81] https://www.berlin.de/sen/inneres/verfassungsschutz/publikationen/lage-und-wahlanalysen/lageanalyse_salafistische_kampflieder_1.pdf

[82] https://www.berlin.de/sen/inneres/verfassungsschutz/publikationen/lage-und-wahlanalysen/lageanalyse_salafistische_kampflieder_1.pdf

[83] https://www.berlin.de/sen/inneres/verfassungsschutz/publikationen/lage-und-wahlanalysen/lageanalyse_salafistische_kampflieder_1.pdf

[84] https://www.berlin.de/sen/inneres/verfassungsschutz/publikationen/lage-und-wahlanalysen/lageanalyse_salafistische_kampflieder_1.pdf

[85] https://www.berlin.de/sen/inneres/verfassungsschutz/publikationen/lage-und-wahlanalysen/lageanalyse_salafistische_kampflieder_1.pdf

[86] https://www.berlin.de/sen/inneres/verfassungsschutz/publikationen/lage-und-wahlanalysen/lageanalyse_salafistische_kampflieder_1.pdf

[87] http://www.berlin.de/sen/inneres/verfassungsschutz/publikationen/lage-und-wahlanalysen/lageanalyse_denis_cuspert.pdf

[88] https://www.berlin.de/sen/inneres/verfassungsschutz/publikationen/lage-und-wahlanalysen/lageanalyse_salafistische_kampflieder_1.pdf

[89] https://www.berlin.de/sen/inneres/verfassungsschutz/publikationen/lage-und-wahlanalysen/lageanalyse_salafistische_kampflieder_1.pdf

[90] https://www.berlin.de/sen/inneres/verfassungsschutz/publikationen/lage-und-wahlanalysen/lageanalyse_salafistische_kampflieder_1.pdf

[91] https://www.berlin.de/sen/inneres/verfassungsschutz/publikationen/lage-und-wahlanalysen/lageanalyse_salafistische_kampflieder_1.pdf

[92] http://www.faz.net/aktuell/feuilleton/debatten/rapper-denis-cuspert-in-allahs-gang-12635563.html

[93] http://www.faz.net/aktuell/feuilleton/debatten/rapper-denis-cuspert-in-allahs-gang-12635563.html

[94] http://www.n-tv.de/politik/Die-Radikalen-haben-immer-eine-Antwort-article13589056.html

[95] http://www.welt.de/politik/ausland/article131996621/Vom-Gangsta-Rapper-zum-Kader-der-IS-Terroristen.html

[96] http://www.berlin.de/sen/inneres/verfassungsschutz/publikationen/lage-und-wahlanalysen/lageanalyse_denis_cuspert.pdf

[97] http://www.berlin.de/sen/inneres/verfassungsschutz/publikationen/lage-und-wahlanalysen/lageanalyse_denis_cuspert.pdf

[98] https://www.youtube.com/watch?v=4pX92N6Oad4

[99] https://www.youtube.com/watch?v=4pX92N6Oad4

[100] http://www.berlin.de/sen/inneres/verfassungsschutz/publikationen/lage-und-wahlanalysen/lageanalyse_denis_cuspert.pdf

[101] https://www.youtube.com/watch?v=4pX92N6Oad4

[102] https://www.youtube.com/watch?v=4pX92N6Oad4

[103] https://www.youtube.com/watch?v=4pX92N6Oad4

[104] http://www.berlin.de/sen/inneres/verfassungsschutz/publikationen/lage-und-wahlanalysen/lageanalyse_denis_cuspert.pdf

[105] http://www.spiegel.de/politik/deutschland/salafisten-verbot-friedrich-verbietet-millatu-ibrahim-a-838592.html

[106] http://hiphop.de/video/deso-dogg-interview-part-2

[107] http://www.berlin.de/sen/inneres/verfassungsschutz/publikationen/lage-und-wahlanalysen/lageanalyse_denis_cuspert.pdf

[108] http://www.tagesspiegel.de/kultur/al-qaida-nach-noten-ein-ex-rapper-hetzt-fuer-den-dschihad/4581766.html

[109] http://www.morgenpost.de/politik/ausland/article119846696/Berliner-Ex-Rapper-Deso-Dogg-in-Syrien-verwundet.html

[110] http://www.berlin.de/sen/inneres/verfassungsschutz/publikationen/lage-und-wahlanalysen/lageanalyse_denis_cuspert.pdf

[111] https://www.youtube.com/watch?v=l1KFBZ_q7yo&feature=youtube_gdata_player

[112] https://www.youtube.com/watch?v=4pX92N6Oad4

[113] http://www.berlin.de/sen/inneres/verfassungsschutz/publikationen/lage-und-wahlanalysen/lageanalyse_denis_cuspert.pdf

[114] http://www.taz.net/aktuell/feuilleton/debatten/rapper-denis-cuspert-in-allahs-gang-12635563.html

[115] http://www.berlin.de/sen/inneres/verfassungsschutz/publikationen/lage-und-wahlanalysen/lageanalyse_denis_cuspert.pdf

[116] http://www.berlin.de/sen/inneres/verfassungsschutz/publikationen/lage-und-wahlanalysen/lageanalyse_denis_cuspert.pdf

[117] http://www.spiegel.de/politik/ausland/extremismus-bka-warnt-vor-denis-cuspert-a-929333.html

[118] http://www.berlin.de/sen/inneres/verfassungsschutz/publikationen/lage-und-wahlanalysen/lageanalyse_denis_cuspert.pdf

[119] http://www.berlin.de/sen/inneres/verfassungsschutz/publikationen/lage-und-wahlanalysen/lageanalyse_denis_cuspert.pdf

[120] http://www.welt.de/videos/article133294581/Der-heutige-Dschihad-ist-Pop-Barbarei-und-Mord.html

[121] http://www.welt.de/videos/article133294581/Der-heutige-Dschihad-ist-Pop-Barbarei-und-Mord.html

[122] http://www.berlin.de/sen/inneres/verfassungsschutz/publikationen/lage-und-wahlanalysen/lageanalyse_denis_cuspert.pdf

[123] http://www.welt.de/politik/ausland/article122743343/Mein-Gehirn-kam-ein-bisschen-raus.html

[124] http://www.berlin.de/sen/inneres/verfassungsschutz/publikationen/lage-und-wahlanalysen/lageanalyse_denis_cuspert.pdf

[125] http://www.berlin.de/sen/inneres/verfassungsschutz/publikationen/lage-und-wahlanalysen/lageanalyse_denis_cuspert.pdf

[126] http://www.berlin.de/sen/inneres/verfassungsschutz/publikationen/lage-und-wahlanalysen/lageanalyse_denis_cuspert.pdf

[127] http://www.berlin.de/sen/inneres/verfassungsschutz/publikationen/lage-und-wahlanalysen/lageanalyse_denis_cuspert.pdf

[128] http://www.berlin.de/sen/inneres/verfassungsschutz/publikationen/lage-und-wahlanalysen/lageanalyse_denis_cuspert.pdf

[129] http://www.bild.de/regional/berlin/itunes/nimmt-deso-dogg-lieder-aus-dem-store-37796798.bild.html

[130] http://www.bild.de/geld/wirtschaft/gema/finanziert-sie-den-isis-terror-mit-rapper-deso-dogg-38111374.bild.html

[131] http://www.heise.de/tp/artikel/43/43018/1.html

[132] http://www.welt.de/politik/deutschland/article133198589/IS-Rapper-kassieren-fuer-ihre-Videos-Geld-von-der-Gema.html

[133] http://www.rollingstone.de/news/meldungen/article646016/gema-stellungnahme-zum-artikel-islamisten-rapper-finanziert-die-gema-den-isis-terror.html

[134] http://www.spiegel.de/politik/deutschland/is-islamischer-staat-deso-dogg-denis-cuspert-kommt-auf-terrorliste-a-995308.html

[135] http://www.dw.de/deutscher-rapper-rekrutiert-f%C3%BCr-den-is/a-17907063?maca=de-rss-de-top-1016-rdf

[136] http://www.morgenpost.de/berlin/article132948270/Deso-Dogg-soll-auf-UN-Terrorliste-gesetzt-werden.html

[137] http://www.berlin.de/sen/inneres/verfassungsschutz/publikationen/lage-und-wahlanalysen/lageanalyse_denis_cuspert.pdf

[138] http://www.berlin.de/sen/inneres/verfassungsschutz/publikationen/lage-und-wahlanalysen/lageanalyse_denis_cuspert.pdf

[139] http://www.welt.de/videos/article133294581/Der-heutige-Dschihad-ist-Pop-Barbarei-und-Mord.html

[140] http://www.berlin.de/sen/inneres/verfassungsschutz/publikationen/lage-und-wahlanalysen/lageanalyse_denis_cuspert.pdf

[141] http://www.spiegel.de/politik/deutschland/is-islamischer-staat-deso-dogg-denis-cuspert-kommt-auf-terrorliste-a-995308.html

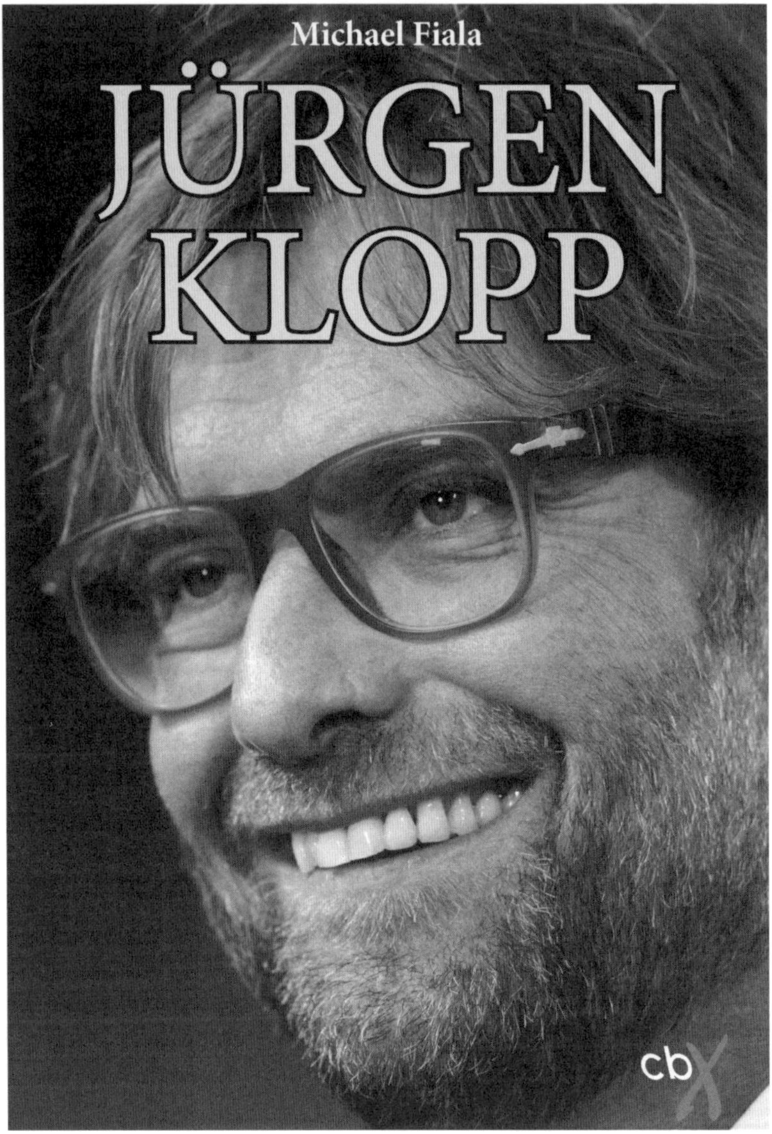
Michael Fiala
JÜRGEN
KLOPP

Alexander Kords
Bastian
Schweinsteiger
cbX